utb 5234

Eine Arbeitsgemeinschaft der Verlage

Böhlau Verlag · Wien · Köln · Weimar
Verlag Barbara Budrich · Opladen · Toronto
facultas · Wien
Wilhelm Fink · Paderborn
Narr Francke Attempto Verlag · Tübingen
Haupt Verlag · Bern
Verlag Julius Klinkhardt · Bad Heilbrunn
Mohr Siebeck · Tübingen
Ernst Reinhardt Verlag · München
Ferdinand Schöningh · Paderborn
Eugen Ulmer Verlag · Stuttgart
UVK Verlag · München
Vandenhoeck & Ruprecht · Göttingen
Waxmann · Münster · New York
wbv Publikation · Bielefeld

Basiswissen Philosophie

herausgegeben von
Michael Quante und Simon Derpmann

Weitere Titel:

utb 4667
A. Filius, S. Mischer:
Philosophische Texte schreiben im Studium

utb 4653
C. Runtenberg:
Philosophiedidaktik

utb 5240
T. Henning:
Allgemeine Ethik

Lisa Herzog

Politische Philosophie

WILHELM FINK

Die Autorin:

Lisa Herzog ist Professorin an der Fakultät für Philosophie der Universität Groningen, Niederlande. Vorherige Stationen waren Oxford, St. Gallen, Stanford, Frankfurt am Main, München und das Wissenschaftskolleg zu Berlin. Sie arbeitet an der Schnittstelle von politischer Philosophie und Ökonomie; Schwerpunkte sind politische und ökonomische Ideengeschichte, die normative Bewertung von Märkten, Ethik in Organisationen und politische Epistemologie. Auf deutsch erschienen: *Freiheit gehört nicht nur den Reichen* (2014) und *Die Rettung der Arbeit. Ein politischer Aufruf* (2019).

Umschlagabbildung:

Martin Mellen und Peter Zickermann, Bielefeld

Online-Angebote oder elektronische Ausgaben sind erhältlich unter **www.utb-shop.de**

Bibliografische Information der Deutschen Nationalbibliothek
Die Deutsche Nationalbibliothek verzeichnet diese Publikation in der Deutschen Nationalbibliografie; detaillierte bibliografische Daten sind im Internet über http://dnb.d-nb.de abrufbar.

Internet: www.fink.de

Printed in Germany.
Herstellung: Brill Deutschland GmbH, Paderborn
Einbandgestaltung: Atelier Reichert, Stuttgart

UTB-Band-Nr: 5234
ISBN 978-3-8252-5234-2

Inhalt

1. Einleitung

Die Wahl von Donald Trump zum Präsidenten der USA, ein Bestechungsskandal in der Lokalpolitik, der Abschluss eines internationalen Abkommens, eine Demonstration für mehr Klimaschutz – all dies sind Phänomene, die unter den Begriff „Politik" fallen. Was haben sie gemeinsam? Was grenzt „politische" Fragen von anderen Fragen, z.B. wirtschaftlichen oder gesellschaftlichen Fragen, ab? Gibt es spezifisch „politische" Argumente? Und geht es in der Politik überhaupt um Argumente, oder nur um Macht?

Was ist Politik?

In diesem einleitenden Kapitel werden zunächst einige Vorschläge dazu vorgestellt, was unter „Politik" zu verstehen ist. Anschließend geht es darum, was „politische Philosophie" ist und welche Art von politischer Philosophie in diesem Band behandelt wird; zuletzt folgt eine kurze Vorschau auf die einzelnen Kapitel.

Vorschau

1.1 Was ist Politik?

Was ist „Politik" oder „das Politische"? Die Definition von Begriffen ist selbst ein Gegenstand der politischen Philosophie, und so haben unterschiedliche Theoretiker*innen unterschiedliche Antworten auf diese Frage gegeben. Einige berühmte Antworten werden hier vorgestellt, bevor das Verständnis, das dieser Einführung zugrunde liegt, beschrieben wird.

Definition von „Politik"

Eine immer noch oft zitierte Definition stammt von dem deutschen Staatsrechtler Carl Schmitt (1888–1985), der wegen seines Verhältnisses zum NS-Regime umstritten ist. Schmitt zufolge ist Politik der Bereich, in dem zwischen „Freund" und „Feind" unterschieden wird.[1] Hier gibt es die Bereitschaft zum Kampf, notfalls auch unter Einsatz des Lebens.[2] Diese Definition betont, dass in der Politik etwas auf dem Spiel steht; gäbe es Interessenharmonie, oder würde niemand die Sache ernst nehmen, bräuchte es keine Politik.

Schmitt: Freund/Feind

1 Carl Schmitt: *Der Begriff des Politischen*. Berlin: Duncker & Humblot, 1963 [1932], 25ff.

2 Ebd., 26.

Machiavelli: Politiker als Fuchs und Löwe

Der italienische Politiker und Autor Niccolò Machiavelli (1469–1527) vertrat schon lange vorher ein ähnliches Verständnis von Politik. Sein Name ist sprichwörtlich geworden für die Behauptung, Politik sei ein schmutziges Geschäft. Machiavelli beschreibt in *Der Fürst* (*Il Principe*, 1513), was ein Herrscher tun müsse, um an der Macht zu bleiben. Er müsse mit dem Schicksal, der „fortuna“, kämpfen, wofür er „virtù“, Tugend oder Handlungsfähigkeit, benötige.[3] Wie Machiavelli in einer berühmten Passage schreibt: Ein Fürst müsse „ein Fuchs sein, um die Schlingen zu erkennen“ – also klug und listig sein – und „ein Löwe, um die Wölfe zu schrecken“ – also auch vor Gewaltanwendung nicht zurückschrecken.[4]

Kritik an diesem Politikverständnis

Aber erfasst dieses Verständnis wirklich, was wir mit „Politik“ meinen? Kann es nicht auch Freundschaften und Feindschaften zwischen Privatleuten geben, die wir nicht als „politisch“ beschreiben würden? In dieser Hinsicht scheint das Verständnis zu weit zu gehen. Andererseits schließt es friedliche Verfahren aus, die wir normalerweise als „politisch“ beschreiben würden, zum Beispiel öffentliche Diskussionen über Politik, parlamentarische Debatten, oder die Arbeit in Ausschüssen und Ministerien.

Aristoteles: Mensch als „zoon politikon“

Eine andere Traditionslinie versteht Politik als die Regelung der gemeinsamen Angelegenheiten einer Gruppe von Menschen. Der griechische Philosoph Aristoteles (384-322 v.Chr.) beschrieb den Menschen als „zoon politikon“, also als ein Wesen, für das das Leben in Gemeinschaft essentiell ist.[5] Aber während Tiere, die in Gruppen zusammenleben, wie z.B. Bienen, von ihren Instinkten geleitet werden, müssen Menschen ihr Zusammenleben aktiv gemeinsam gestalten, wofür die Fähigkeit zu Sprache und Diskurs eine zentrale Rolle spielt. Der Begriff „Politik“ stammt vom griechischen Begriff der „Polis“ ab, der den antiken Stadtstaat bezeichnet. Von ihm unterschieden wurde der „Oikos“, der Haushalt, in dem die Bürger ihren Frauen, Kindern und Sklaven vorstanden. In der Polis herrschte, zumindest der Idee nach, Gleichheit.

Arendt: Miteinandersein der Verschiedenen

Eine Denkerin der jüngeren Zeit, die in dieser Tradition steht, ist Hannah Arendt (1906–1975). Sie betont allerdings, in teilweiser Abgrenzung davon, dass es bei Politik nicht um ein allen Menschen gleiches „menschliches Wesen“ gehe. Vielmehr beru-

3 Niccolò Machiavelli: *Der Fürst*. Übersetzt von Philipp Rippel. Stuttgart: Reclam, 1986/2007 [1513], Kapitel VI, 41.

4 Ebd., Kapitel XVIII, 137.

5 Aristoteles: *Politik*, Buch I, Kapitel 2, 1253 a. Reinbek: Rowohlt, 1965/2014, 47.

he Politik „auf der Tatsache der Pluralität der Menschen."[6] Einerseits sei dabei die Gleichheit, andererseits die Verschiedenheit der Menschen zentral: Ohne Gleichheit wäre Verständigung nicht möglich, ohne Verschiedenheit wäre sie nicht nötig. Politik erscheint in dieser Tradition in einem viel positiveren Licht als bei Schmitt und Machiavelli. Besonders die menschliche Fähigkeit zur Sprache wird hervorgehoben. Wie Aristoteles feststellte: Mit ihr geht die Fähigkeit einher, danach zu fragen, was gut und schlecht, gerecht und ungerecht ist.[7]

Habermas: öffentlicher Diskurs

Die Fähigkeit, derartige Fragen zu stellen, gemeinsam über sie zu diskutieren und durch Argumente zu Einigungen zu gelangen, steht auch im Mittelpunkt eines weiteren Verständnisses von Politik, das unter anderem von Jürgen Habermas (*1929) vertreten wird, dem derzeit international bekanntesten lebenden deutschen Philosophen. Im Zentrum der „deliberativen Demokratietheorie" steht der öffentliche Diskurs, an dem alle Mitglieder einer Gesellschaft teilnehmen können.[8] Die politischen Institutionen, allen voran die Parlamente, übersetzen die Willensbildung, die im öffentlichen Diskurs stattfindet, in politische Maßnahmen. Wenn sich z.B. das Verständnis der Geschlechterrollen verändert und Elternschaft nicht mehr als reine Frauensache betrachtet wird, gibt es darüber öffentliche Diskussionen; die Themen werden von den politischen Parteien aufgegriffen, in die Parlamente getragen, und dort in Gesetzesänderungen, z.B. zur Elternzeit für Väter, gegossen.

Macht oder Argumente?

Welche Seite hat nun recht – die, die Politik über Kämpfe definiert, oder jene, die die gemeinsame Regelung des Zusammenlebens in den Mittelpunkt stellt? Für beide Seiten bringen politische Philosoph*innen bis heute Argumente vor. Die Bilder, die Arendt und Habermas von Politik zeichnen, kann man dafür kritisieren, dass sie sehr idealistisch sind und die dunkleren Seiten von Politik kaum berücksichtigen.[9] Allerdings stimmt umgekehrt auch nicht, dass es in der Politik *ausschließlich* um Kämpfe und Konflikte geht.

6 Hannah Arendt: *Was ist Politik*. München: Piper, 1993/2010 [1950], 9.
7 Vgl. Aristoteles: *Politik*, Buch I, Kapitel 2, 1253 a, 47.
8 Vgl. Jürgen Habermas: *Faktizität und Geltung*. Frankfurt am Main: Suhrkamp, 1992.
9 Diese Kritik formulieren z.B. Ernesto Laclau (1935–2014) und Chantal Mouffe (*1943) in *Hegemonie und radikale Demokratie*. Wien: Passagen, 1991 [1985]. Der antagonistischen Demokratietheorie zufolge wird das Politische durch fortdauernden Widerstreit bestimmt.

Auch Argumente zählen

Ein Politikverständnis, das nur auf die Aspekte von Kampf und Konflikt abzielt, übersieht, dass auch Argumente politische Wirkung entfalten können. Denn die Präferenzen und Interessen der politischen Akteur*innen und der Bürger*innen stehen nicht immer von vornherein fest, sie bilden sich oft erst im politischen Diskurs. Deshalb können dort vorgetragene Argumente, die andere überzeugen, Macht entfalten. Allerdings können dies auch emotional verzerrte Darstellungen oder Appelle an Ressentiment gegen Minderheiten tun. Auch diese kommen im öffentlichen Diskurs vor.

Fragen der gesellschaftlichen Grundordnung

Betont man die Rolle des öffentlichen Diskurses für die Politik, ist es sinnvoll, eine weitere Eingrenzung vorzunehmen. Denn nicht alle öffentlichen Diskurse und Formen des öffentlichen Handelns sind per se politisch. „Politisch" sind sie, wenn sie sich auf Fragen der gesellschaftlichen Ordnung, die das Zusammenleben regelt, beziehen – und hier muss man zugestehen, dass es dabei letztlich immer auch um Macht geht, denn diese gesellschaftliche Ordnung bestimmt die Verteilung von Macht in der Gesellschaft.

Weber: Streben nach Macht

An diesem Punkt setzt eine weitere berühmte Definition von Politik an, nämlich die des Soziologen Max Weber (1864–1920). Er versteht Politik als „Streben nach Machtanteil oder nach Beeinflussung der Machtverteilung, sei es zwischen Staaten, sei es innerhalb eines Staates zwischen den Menschengruppen, die er umschließt."[10] Ausgehend von der Annahme, dass Menschen in der Regel in Gemeinschaften mit einer politischen Ordnung leben, geht es also darum, wie diese Ordnung gestaltet wird.

„Politisch" versus „privat"?

Der Fokus auf die gesellschaftliche Ordnung grenzt Politik von dem ab, was man typischerweise als das „Privatleben" bezeichnet. Allerdings ist es selbst eine politische Frage, wie diese Grenze gezogen wird. Zum Beispiel haben viele feministische Denker*innen das traditionelle Bild kritisiert, demzufolge das Familienleben eine reine Privatangelegenheit sei. Ihr Argument ist, dass viele Aspekte des Familienlebens, und insbesondere die Machtverhältnisse innerhalb von Familien, von der Ordnung der Gesellschaft beeinflusst würden und diese umgekehrt beeinflussten, so dass man hier keine Grenze ziehen könne.[11]

---

10 Max Weber: *Politik als Beruf*, in: ders.: *Wissenschaft als Beruf 1917/1919, Politik als Beruf 1919*, hg. von Wolfgang J. Mommsen und Wolfgang Schluchter in Zusammenarbeit mit Birgitt Morgenbrod. Tübingen: J.C.B. Mohr (Paul Siebeck), 1992, 35–88, 36.

11 Siehe z.B. Susan Moller Okin: *Justice, Gender, and the Family*. New York: Basic Books, 1989.

„Politik“ und „Staat“

„Politik“ wird oft auf den „Staat“ bezogen. In modernen Rechtsstaaten hat der Staat das Gewaltmonopol inne und entscheidet über die gesetzliche Ordnung, innerhalb derer die Individuen ihr Leben führen. Im Extremfall kann er Gewalt einsetzen, um diese Ordnung durchzusetzen. Deswegen drehen sich viele Überlegungen der politischen Philosophie um die Frage, was der Staat ist und was er sein soll, was eine gute staatliche Ordnung und gutes Regieren ausmacht und was sie von schlechteren Formen unterscheidet.[12] Wie die staatliche Ordnung gestaltet ist, hat einen enormen Einfluss darauf, wie Individuen ihr Leben führen können.

Enger und weiter Begriff von „Politik“

Man kann dabei einen engen von einem weiten Begriff von Politik unterscheiden. Der enge Begriff bezieht sich auf staatliche Institutionen, z.B. Parlamente, Verwaltungen oder Gerichte. Der weite Begriff umfasst auch Institutionen, die nicht direkt staatlich sind, die aber stark von der staatlichen Ordnung beeinflusst werden. Darunter fallen z.B. Fragen des Wirtschaftssystems: Es wird davon geprägt, wie der Staat die Eigentumsverhältnisse, aber auch das Vertragsrecht, Kartellrecht und Arbeitsrecht gestaltet. Auch diese weiten Fragen verdienen die Aufmerksamkeit der politischen Philosophie, denn auch hier geht es um die Verteilung von Macht und um die Gestaltung der gesellschaftlichen Ordnung.

Politik: Macht, gesellschaftliche Ordnung

Wir können also zwei zentrale Stichworte festhalten, die abstecken, was mit dem Begriff „Politik“ gemeint ist: Es geht um *Macht*, um die mehr oder weniger friedlich, mit Argumenten oder anderen Waffen, gestritten wird, und es geht darum, wie die *öffentliche Ordnung der Gesellschaft* gestaltet wird. Die Frage, an *welchen* Stellen der gesellschaftlichen Ordnung welche Formen von Macht ihren Platz haben und haben *sollen*, ist selbst eine der zentralen Fragen der politischen Philosophie. Um sie zu beantworten, muss man sich den Werten und Prinzipien zuwenden, an denen sich die Gestaltung der gesellschaftlichen Ordnung orientiert. Darüber hinaus muss es um die Institutionen gehen, durch die dies konkret geschieht, und um das Handeln, durch das Menschen diese Institutionen gestalten. Das ist die Logik, der diese Einführung folgt.

---

12 Siehe auch Adam Swift: *Political Philosophy: A Beginners' Guide for Students and Politicians*. Cambridge: Polity Press, 2006, 5 f., und David L. Miller: *Political Philosophy – A very short Introduction*. Oxford: Oxford University Press, 2003, 2.

1.2 Was ist politische Philosophie?

Philosophie

Wenn wir Politik auf diese Weise verstehen, was meint dann „Politische Philosophie"? „Philosophie" bedeutet bekanntlich „Liebe zur Weisheit." Ursprünglich gehörten viele Fragen, die heute in anderen Fächern behandelt werden, zur Philosophie. Aristoteles zum Beispiel schrieb nicht nur Bücher über Logik, Metaphysik und politische Philosophie, sondern auch über Dichtkunst und Biologie. Konfuzius (551–479 v. Chr.), einer der wichtigsten frühen Philosophen Chinas, befasste sich mit Fragen der Moralphilosophie, aber auch der Pädagogik und der politischen Ordnung.

Philosophie und Einzelwissenschaften

Heute werden viele dieser Fragen durch einzelne Wissenschaften, die z.B. mit experimentellen oder beobachtenden Methoden arbeiten, beantwortet. Die Philosophie dagegen beschäftigt sich mit Fragen, die sich so nicht beantworten lassen. Sie fragt z.B. danach, was überhaupt existiert, mit welchen Begriffen und Kategorien man es erfassen kann, und was es bedeutet, etwas über die Welt zu „wissen". Sie beschäftigt sich auch damit, wie unterschiedliche Gegenstandsbereiche zusammenhängen und in ein „größeres Ganzes" eingeordnet werden können. „Politische Philosophie" stellt derartige Fragen in Bezug auf die Politik.[13]

Politische Philosophie und Politikwissenschaft

Natürlich ist die politische Philosophie nicht alleine mit ihrem Ansinnen, „Politik" zu erforschen. Die *empirische* Politikwissenschaft beschäftigt sich ebenfalls mit der Analyse von politischen Systemen, politischen Institutionen und internationalen Beziehungen, also den Beziehungen zwischen Staaten. Sie versucht dabei, adäquate Beschreibungen dieser Phänomene zu liefern und eventuell auch Vorhersagen über zukünftige Entwicklungen zu treffen. Sie arbeitet mit unterschiedlichen empirischen Methoden, z.B. Umfragen oder statistischen Analysen, setzt dabei jedoch viele Begriffe, z.B. „Staat" oder „Demokratie", als gegeben voraus. Die Politische Philosophie dagegen fragt danach,

---

13 Ähnlich wird auch der Begriff „Politische Theorie" verwendet. „Theorie" stammt vom griechischen Wort *theorein*, das „beobachten" oder „schauen" bedeutet. Theorien sind systematische Mengen an Sätzen, die versuchen, einen bestimmten Gegenstandsbereich angemessen zu beschreiben, zu interpretieren, und eventuell auch Prognosen über zukünftige Entwicklungen abzugeben. „Politische Theorie" will also systematisch ergründen, was der Bereich der „Politik" ist. Die Begriffe werden manchmal unterschiedlich definiert, oder aber herangezogen, um die Zuordnungen zu Philosophie- oder Politikfakultäten zu beschreiben.

was diese Begriffe überhaupt bedeuten: was *ist* ein Staat, was *ist* Demokratie?

Deskriptiv versus normativ

Ein weiterer Arbeitsbereich der politischen Philosophie fragt danach, wie Politik sein *soll*. Dies steht im Gegensatz zum Anliegen der empirischen Politikwissenschaft, die fragt, was der Fall *ist*, und versucht, dies wertneutral zu beschreiben.[14] Hat man die Fakten zu einem Gegenstandsbereich erhoben und die Mechanismen, die hinter ihnen stehen, verstanden, lassen sich *deskriptive* Theorien aufstellen. Allerdings ist die Politikwissenschaft eine Sozial- und keine Naturwissenschaft. Ihre Aussagen können in der Regel nicht beanspruchen, für alle Zeiten und Orte gleichermaßen zu gelten, sondern sind auf bestimmte politische Systeme bezogen.

Normative Fragen: Was *soll* sein?

Neben deskriptiven Fragestellungen gibt es auch *normative* Fragestellungen: Sie fragen, was sein *soll*. Welche Fragen *sollen* z.B. durch demokratische Abstimmungen entschieden werden, welche *sollen* an Expert*innen delegiert werden? Sind bestimmte Institutionen *besser* als andere? Und: Warum ist dies so, welche Werte und Prinzipien stehen dahinter? Im politischen Alltag liberaler Demokratien wird leidenschaftlich darüber gestritten, wie Politik gestaltet werden soll. Dabei bleiben jedoch viele Argumente unvollständig, Einwände werden nicht beachtet, Ideale wie „Freiheit" oder „Gerechtigkeit" werden unterschiedlich verstanden. Die politische Philosophie bohrt hier tiefer: Sie will ein gründlicheres Verständnis der Werte und Prinzipien erreichen, unterschiedliche Lesarten analysieren und ihr Verhältnis zueinander begreifen.

Zusammenarbeit von politischer Philosophie und Politikwissenschaft

Dabei operiert sie aber nicht völlig losgelöst von der empirischen Politikwissenschaft. Denn die Werte und Prinzipien, über die sie nachdenkt, werden in politischen Systemen und Institutionen realisiert. Um erstere zu verstehen, muss man zumindest ein grundlegendes Verständnis von letzteren haben. Unterschiedliche politische Philosoph*innen arbeiten auf unterschiedlichen Abstraktionsniveaus: Manche fragen sehr grundsätzlich danach, was z.B. der Begriff der Gerechtigkeit meint;[15]

14 Ob und wie wertneutrale Aussagen in den Sozialwissenschaften überhaupt möglich sind, ist eine Frage der Wissenschaftstheorie, auf die hier aus Platzgründen nicht eingegangen werden kann. Klar ist, dass Normativität in der empirischen Sozialwissenschaft einen anderen Status hat als in der explizit normativen politischen Philosophie.

15 So etwa John Rawls in seinem einflussreichen Werk *Eine Theorie der Gerechtigkeit*. Frankfurt am Main: Suhrkamp, 1975/1979 [1971].

andere entwickeln konkrete Vorschläge, wie z.B. das Bildungssystem eines Landes gerechter gestaltet werden kann.[16] Je stärker es um konkrete Anliegen geht, desto wichtiger ist die Zusammenarbeit mit empirisch arbeitenden Politikwissenschaftler*innen.

Historische Bezüge

Die heutige politische Philosophie muss dabei das Rad nicht neu erfinden. Im Gegenteil: Sie kann auf einen reichen Fundus historischer Texte zurückgreifen, in denen sich Denker*innen der unterschiedlichsten Epochen und Weltregionen mit Fragen nach politischen Prinzipien, Werten und Institutionen beschäftigt haben. Viele dieser Texte wirken bis heute nach, weil sie unser Verständnis dessen prägen, was ein politisches Gemeinwesen ist oder was „Gerechtigkeit" bedeutet. Es liegt schon in der Natur der menschlichen Sprache, dass Begriffe und Ideen von Generation zu Generation weitergegeben werden. Allerdings verändern sie dabei oft ihre Bedeutung, wie sich auch die Phänomene, auf die sie sich beziehen, oft verändern. Deswegen ist eine Einordnung in den historischen Kontext unverzichtbar, wenn man historische Autor*innen verstehen möchte.[17]

Lektüre in systematischer Absicht

Aber die Lektüre von Texten aus der Tradition der politischen Philosophie ist kein rein historisches Unterfangen; auch für die Gegenwart ist sie bedeutsam. Manche der Fragen der politischen Philosophie, z.B. die nach der Legitimität staatlicher Autorität, sind von epochenübergreifender Bedeutung. Wir können bis heute von historischen Texten lernen, sei es, weil wir ihre Argumente überzeugend finden, oder sei es, weil sie uns nicht überzeugen und uns deswegen anregen, bessere Argumente zu entwickeln. Aber es geht auch darum, zu verstehen, wo die Begriffe, Ideen und Argumente herkommen, mit denen wir bis heute operieren – und ob wir sie möglicherweise durch andere ersetzen sollten, weil uns die Denkschemata der Vergangenheit in die Irre führen.

Systematische Fragen

Neben diesen Fragen nach historischen Denkzusammenhängen, und oft auch in Verbindung mit ihnen, stellt die politische Philosophie *systematische* Fragen. Diese lassen sich grob unterteilen in die Arbeit an *Begriffen, Argumenten* und *Theorien*.

Begriffe

Definitionen und Begrifflichkeiten zu entwickeln, die politische Phänomene gut erfassen, ist eine zentrale Aufgabe der politischen Philosophie. Begriffe sind wie Linsen, mit deren Hilfe

16 So etwa Harry Brighouse: *School Choice and Social Justice*. Oxford: Oxford University Press, 2000.

17 Siehe dazu insbesondere Quentin Skinner: „Meaning and Understanding in the History of Ideas", *History and Theory* 8(1) (1969), 3–53.

wir entscheiden, auf welche Punkte wir scharfstellen und welche wir nur verschwommen am Rande wahrnehmen. Viele Begriffe sind nicht rein beschreibend, sondern enthalten eine normative Komponente: Wenn man z.B. von „Ordnung" spricht, klingt das positiv oder neutral; „staatlicher Zwang" klingt dagegen eher negativ. Außerdem geht es in der politischen Philosophie vielfach darum, was genau Begriffe bedeuten, die unterschiedlich verwendet werden, wie etwa der Begriff „Freiheit". Im Englischen unterscheidet man in solchen Fällen zwischen „concept" und „conception": Das „Konzept" ist die allgemeine Struktur eines Begriffs, die „Konzeption" ist die genauere Spezifikation, die entsteht, wenn man die Details ausfüllt.[18]

Argumente

Argumente sind das Arbeitsmittel der politischen Philosophie schlechthin – sie werden verwendet, um für oder gegen bestimmte Positionen zu streiten. Sie sind für normative Fragestellungen unverzichtbar, denn um zu behaupten, dass etwas sein *soll*, reicht es nicht, auf Fakten zu verweisen. Oft verbinden Argumente ein konkretes politisches Phänomen mit einem Wert oder einem Prinzip. So wird z.B. das Bildungswesen als kritikwürdig beschrieben, weil es „ungerecht" sei. Aber das ist erst der Anfang eines Arguments. Was genau an dem Zustand ist ungerecht? Welcher Begriff von Gerechtigkeit wird dabei verwendet? Gibt es Alternativen, die gerechter wären? Damit befinden wir uns mitten in Debatten der politischen Philosophie.

Theorien

Theorien verwenden zusammenhängende Begriffe und Argumente, um einen Gegenstandsbereich umfassend zu erläutern. Viele normative Theorien orientieren sich dabei entweder an Prinzipien (z.B. als „Theorie der Gerechtigkeit"[19]), an Institutionen, z.B. dem Staat oder der Demokratie, oder an aktuellen Herausforderungen, z.B. dem Phänomen der Migration. Wer eine Theorie entwickelt, dem geht es nicht nur um einzelne Begriffe oder Argumente, sondern um die systematischen Zusammenhänge zwischen verschiedenen Begriffen und Argumenten. Die innere Kohärenz ist ein wichtiges Kriterium für die Qualität einer Theorie, ebenso wie die äußere Angemessenheit für den Gegenstandsbereich.

Überlegungsgleichgewicht

Bei der Entwicklung von Begriffen, Argumenten und Theorien der politischen Philosophie gibt es keine vorgegebene Methode, die immer zu den „richtigen" Ergebnissen führen würde. Das heißt aber nicht, dass alle von ihnen gleich überzeugend

18 Siehe auch Swift: *Political Philosophy*, 11.

19 Rawls: *Eine Theorie der Gerechtigkeit.*

sind: Manche sind logisch inkonsistent, andere sind nicht trennscharf genug, um das relevante Problem zu erfassen, wieder andere haben Implikationen, die mit weithin geteilten moralischen Intuitionen unvereinbar sind. Entscheidend ist, ob beim Durchdenken von Begriffen, Argumenten und Theorien die Ergebnisse mit unseren Intuitionen und Urteilen in Einklang gebracht werden können. John Rawls (1921–2002), einer der wichtigsten politischen Philosophen des 20. Jahrhunderts, prägte dafür den Begriff des „Überlegungsgleichgewichts": Wir bewegen uns zwischen allgemeinen Prinzipien, die wir für plausibel halten, und konkreten Urteilen über Einzelfälle hin und her und verfeinern und modifizieren beide Seiten so lange, bis wir zu einem kohärenten Gesamtbild kommen.[20]

Wissenschaftler/in und Bürger/in

Der Gegenstand der politischen Philosophie bringt es dabei mit sich, dass diejenigen, die sich mit ihm beschäftigen, nicht völlig neutral sein können. Man ist als Bürger*in selbst davon betroffen, wie z.B. „Freiheit" und „Gerechtigkeit" von der Gesellschaft, in der man lebt, verstanden werden.[21] Wir nehmen an politischen Institutionen, z.B. demokratischen Wahlen, teil. Es ist etwas grundlegend anderes, zwischenmenschliche Phänomene verstehen zu wollen, als naturwissenschaftliche Kausalzusammenhänge zu untersuchen, bei denen es eine derartige Innenperspektive gar nicht gibt. Schon die Wahl der Themen, mit denen man sich beschäftigt, bedingt, dass man bestimmte Fragen als wichtig betrachtet, was ein Werturteil darstellt; das gilt übrigens auch für die empirische Politikwissenschaft.

Politische Philosophie und Aktivismus

Dennoch, und obwohl die Grenzen manchmal schwer zu ziehen sind, ist politische Philosophie nicht gleichzusetzen mit politischem Aktivismus, der für ein bestimmtes Anliegen kämpft. Als politische/r Philosoph*in ist man der Suche nach dem überzeugenderen Begriff, dem besseren Argument, der plausibleren Theorie verpflichtet. Wer sich auf politische Philosophie einlässt, riskiert, dass sich eigene Meinungen ändern – aber mit der Aussicht, dass die Positionen, zu denen er oder sie gelangt, besser begründet sind. In diesem Sinne hat politische Philosophie immer potentiell politisch-praktische Implikationen.

---

20 Siehe insbesondere John Rawls: „The Independence of Moral Theory", *Proceedings and Addresses of the American Philosophical Association* 48 (1974–1975), 5–22.

21 Vgl. auch Bernd Ladwig: *Moderne politische Theorie*. Schwalbach am Taunus: Wochenschau, 2009, 29.

1.3 Charakter der Einführung und Überblick über die Themen

Systematisches Vorgehen

Die vorliegende Einführung geht *systematisch* vor, ist also nach Themen gegliedert, nicht chronologisch nach Autor*innen. Im Mittelpunkt stehen politische Prinzipien, politische Institutionen und aktuelle Herausforderungen für das politische Handeln. Dabei werden Begriffe, z.B. der Begriff der Freiheit, Argumente, z.B. das Sozialvertragsargument für staatliche Autorität, und Theorien, z.B. Theorien der Gerechtigkeit, diskutiert. Um sie vorzustellen, wird an vielen Stellen auf historische Texte zurückgegriffen.

Westliche Tradition

Die meisten der Autor*innen, deren Ideen vorgestellt werden, gehören zur westlichen Tradition der politischen Philosophie. Gelegentlich werden Denker*innen einbezogen, die nicht den Status von „Klassikern" haben, die nicht „weiß" und nicht „männlich" sind. Die politische Philosophie war in der Vergangenheit stark eurozentrisch geprägt, sodass viele interessante Stimmen, z.B. aus der afrikanischen Philosophie, außen vor blieben.[22] Derzeit ist sie dabei, sich zu öffnen; in der globalisierten Welt des 21. Jahrhundert ist dies längst an der Zeit. Aber um den Dialog mit nicht-westlichen Traditionen zu beginnen, muss man wichtige Quellen der eigenen, europäischen Denkweisen kennen. Daher dürfen manche „Klassiker" in einer Einleitung nicht fehlen.

Analytische Tradition

Eine Einführung ist notwendigerweise selektiv. Der Fokus liegt auf deutschen und angelsächsischen Debatten, wobei die sogenannte „analytische" Tradition eine wichtige Rolle spielt. Sie legt besonderen Wert auf begriffliche Analyse und argumentative Klarheit, und hat sich in den letzten Jahren stark aktuellen politischen Herausforderungen zugewandt.[23] Die Analyse konkreter politischer Probleme dient aber nicht nur der Entwicklung von Lösungsvorschlägen. Sie hilft auch, abstrakte Begriffe, Argumente und Theorien besser zu verstehen, weil man sie an konkreten Problemen überprüfen kann. Denn oft sehen wir erst

---

22 Zur afrikanischen Philosophie siehe z.B. Lewis Ricardo Gordon: *An Introduction to Africana Philosophy*. Cambridge: Cambridge University Press, 2008, oder Franziska Dübgen und Stefan Skupien: *Afrikanische politische Philosophie: Postkoloniale Positionen*. Berlin: Suhrkamp, 2015.

23 In dieser Hinsicht trifft sie sich mit dem ursprünglichen Anliegen der „Kritischen Theorie", die durch die Verbindung von Philosophie und Sozialforschung bestehende Machtverhältnisse kritisieren wollte. Siehe als Gründungstext v.a. Max Horkheimer: „Traditionelle und kritische Theorie", in: ders.: *Gesammelte Schriften, Band 4: Schriften 1936–1941*. Frankfurt am Main: Fischer, 1988 [1937], 188–242.

in der konkreten Anwendung auf heutige Fragen, was abstrakte Begriffe oder Prinzipien wirklich bedeuten.

Überblick über die Themen

Teil I stellt zentrale Werte und Prinzipien der politischen Philosophie dar, ausgehend von der Trias der Französischen Revolution, die als Geburtsstunde der modernen Demokratie gilt: Freiheit – Gleichheit – Brüderlichkeit. Anschließend wird der Fokus geweitet auf Themen, die 1789 noch außen vor blieben, nämlich Gerechtigkeit für Frauen und ethnische Minderheiten sowie Fragen der Gerechtigkeit jenseits des Nationalstaats. *Teil II* beschäftigt sich mit politischen Institutionen, wobei es weiterhin um die normative Perspektive geht, also um die Frage, welche politischen Institutionen *gerechtfertigt* werden können. Diskutiert werden staatliche Autorität, Demokratie, der Rechtsstaat sowie die wirtschaftliche Ordnung. *Teil III* diskutiert die spezifischen Herausforderungen politischen Handelns sowie drei der großen politischen Herausforderungen der Gegenwart: Klimawandel, Migration und Digitalisierung.

Weiterführende Literatur:

Für einen historisch aufgebauten Zugang zum politischen Denken in mehreren Bänden sehr empfehlenswert ist Henning Ottmann: *Geschichte des politischen Denkens. Von den Anfängen bei den Griechen bis auf unsere Zeit* (Stuttgart: J.B. Metzler, 2001ff). Andere systematische Einführungen in deutscher Sprache sind z.B. Robin Celikates und Stefan Gosepath: *Grundkurs Philosophie. Band 6: Politische Philosophie* (Stuttgart: Reclam, 2013), Gerhard Göhler, Mattias Iser und Ina Kerner (Hrsg): *Politische Theorie – 25 umkämpfte Begriffe zur Einführung* (Wiesbaden: Verlag für Sozialwissenschaften, 2004/2011) oder Bernd Ladwig: *Moderne politische Theorie* (Schwalbach am Taunus: Wochenschau, 2009).

Teil I
Prinzipien der Politischen Philosophie

2. Freiheit – aber welche?

2.1 Einleitung

Freiheit als Ideal

„Freiheit" ist ein Ideal, das vielleicht so alt ist wie die Menschheit selbst. Sie wurde bedichtet und besungen, in ihrem Namen wurde gestorben und getötet. Aber was macht einen Menschen frei? *Wovon* wollen Menschen frei sein und *wozu*? Was macht *politische* Freiheit im Gegensatz zu anderen Formen der Freiheit aus? Freiheit ist ein Kernbegriff der politischen Philosophie, aber sie ist auch etwas, das wir sehr konkret erleben können – besonders, wenn sie fehlt.

Begriffliche Klärung

Nicht alle, die „Freiheit" sagen, meinen das Gleiche. „Freiheit" ist das erste Schlagwort der französischen Revolution und steht auf den Bannern vieler progressiver Bewegungen. Auf „Freiheit" haben sich jedoch auch unterdrückerische Regime berufen und den Begriff dabei oft missbraucht. Man muss also genauer hinschauen, was mit „Freiheit" gemeint ist.

Vorschau

Im Folgenden werden einige wichtige Ausschnitte aus der Geschichte des politischen Nachdenkens über Freiheit vorgestellt. Wie in der Diskussion üblich, folge ich dem Dreischritt von „negativer", „positiver" und „republikanischer" Freiheit.[1] Anschließend werden Vermittlungsversuche vorgestellt, die diese Freiheitsbegriffe wieder zusammenführen wollen.

Politische Freiheit versus Willensfreiheit

Vorher soll jedoch ein mögliches Missverständnis aus dem Weg geräumt werden. Die Frage nach *politischer* Freiheit fragt nicht nach der *Willensfreiheit*. Ob Menschen einen freien Willen haben, wird uns nicht beschäftigen[2] – in der *politischen* Philosophie wird gemeinhin davon ausgegangen, dass Menschen frei entscheiden können. Denn nur unter Annahme eines freien

1 Siehe z.B. Gerald Gaus, Shane D. Courtland und David Schmidtz: „Liberalism", in: *The Stanford Encyclopedia of Philosophy* (1996/2018). Hrsg. Edward N. Zalta, https://plato.stanford.edu/entries/liberalism/; Christine Bratu und Moritz Dittmeyer: *Theorien des Liberalismus zur Einführung*. Hamburg: Junius Verlag, 2017, Kapitel 2.1; Lisa Herzog, *Freiheit gehört nicht nur den Reichen. Plädoyer für einen zeitgemäßen Liberalismus*. München: Beck, 2014, 68–83.

2 Siehe dazu z.B. Geert Keil: *Willensfreiheit und Determinismus*. Stuttgart: Reclam, 2009.

Willens kann dem eigenen Handeln und dem Handeln anderen Personen (politische) Verantwortung zugeschrieben werden.[3]

2.2 „Negative" Freiheit

„Negative" Freiheit

Viele Menschen denken bei „Freiheit" als erstes an die Abwesenheit von Zäunen oder Mauern. Das Bild ist das eines Raumes, in dem man sich frei bewegen kann, ohne Fesseln oder Hindernisse. Die Freiheit ist umso größer, je größer dieser Raum ist. Dieses Bild entspricht dem Verständnis von Freiheit, das im Kontext des politischen Denkens „negative" Freiheit genannt wird. „Negativ" meint, dass diese Form von Freiheit durch die *Abwesenheit* von Schranken, Grenzen oder Hindernissen definiert wird. Es geht also um die Freiheit *von* Einschränkungen.

Freiheit in Gemeinschaft

Allerdings leben Menschen meist in Gemeinschaft – ein *maximaler* Raum der Freiheit wäre schon deswegen problematisch, weil auch andere Menschen Freiheitsräume fordern. Gleichzei-

Abb. 1: Endloser Strand – Gefühl von Freiheit?

3 Siehe dazu z.B. das berühmte Argument von Peter F. Strawson: „Freedom and Resentment", *Proceedings of the British Academy* 48 (1962), 1–25.

tig *entstehen* gerade durch das Leben in Gemeinschaft viele Möglichkeiten. Man vergleiche das Leben in einer einsamen Strandhütte mit dem in einer Großstadt: Einerseits gibt es in der Stadt zahlreiche Hindernisse, u.a aufgrund der Freiheiten anderer Menschen, mit denen man sich arrangieren muss. Andererseits erschließen sich durch das Zusammenleben neue Möglichkeiten, wie man die eigene Freiheit nutzen kann. So zeigt sich, dass ein rein negativer Freiheitsbegriff nicht vollständig erfassen kann, worum es bei einem freien Leben geht.

Ablehnung von Autoritäten

Die Möglichkeit, innerhalb eines geschützten Raumes zu tun und zu lassen, was man möchte, ist nichtsdestoweniger ein wesentliches Element von Freiheit. Historisch wurde die Bedeutung negativer Freiheit oft hervorgehoben, um sich gegen staatliche oder religiöse Autoritäten zu wehren, die den Anspruch hatten, das Leben der Individuen bis ins kleinste Detail zu regeln. Dagegen errichtet negative Freiheit sozusagen einen Zaun, der einen Raum schafft, in dem die Individuen keinen fremden Einflüssen unterworfen sind.

Individuelle Rechte

Praktisch erfolgt dies über individuelle Rechte, zum Beispiel die Rechte auf Religions- und Meinungsfreiheit und andere Rechte, die manchmal unter dem Stichwort „bürgerliche Freiheiten" zusammengefasst werden. Sehr viele politische Kämpfe der vergangenen Jahrhunderte waren Konflikte um diese Freiheitsrechte.

„Schadensprinzip"

Wie aber sollen die Grenzen der negativen Freiheiten des Einzelnen gezogen werden? Ein berühmter Vorschlag stammt vom englischen Sozialphilosophen John Stuart Mill (1806–1873): das „Schadensprinzip" („harm principle"). Demnach könne es nur eine einzige Rechtfertigung dafür geben, dass der Staat oder die Gesellschaft die Freiheit des Einzelnen einschränken: die Verhinderung der Schädigung Dritter. Über alles, das lediglich den eigenen Körper und Geist angehe, müsse das Individuum hingegen sein eigener Herr sein.[4]

Gegen Paternalismus

Damit richtet sich Mill gegen zwei Denkrichtungen, die dem Staat das Recht zuschreiben, die individuelle Freiheit weitreichender einzuschränken: den Paternalismus und den Perfektionismus. Paternalismus meint, dass der Staat wie ein guter Vater

4 John Stuart Mill: *On Liberty/Über die Freiheit*. Stuttgart: Reclam, 2009 [1859]. Englischer Originaltext z.B. in: *Collected Works of John Stuart Mill, Volume XVIII – Essays on Politics and Society Part I*, Hrsg. John Robson. Toronto: University of Toronto Press, London: Routledge and Kegan Paul, 1977, 213–310.

(lat. „pater") die Freiheit einschränken darf, wenn Menschen Gefahr laufen, *sich selbst* zu schädigen.[5]

Gegen Perfektionismus

„Perfektionismus" beschreibt die Vorstellung, dass der Staat bestimmte Dinge in Bezug auf das Leben der Individuen „perfektionieren" soll.[6] Die Vorstellung ist, dass es im Leben darum gehe, bestimmte Güter – z.B. die im Menschen schlummernden Talente oder Tugenden – zu perfektionieren. Der Staat solle die Individuen dabei unterstützen oder sie sogar aktiv dazu bewegen, dies zu tun.

Liberale Kritik …

Zahlreiche liberale Denker*innen lehnen sowohl Paternalismus als auch Perfektionismus ab. Weder Staat noch Gesellschaft hätten dem Individuum vorzuschreiben, wie es sein Leben zu führen habe. Was Mills Argument große Plausibilität verleiht, ist das Missbrauchspotential, das Perfektionismus und Paternalismus innewohnt. Paternalistische oder perfektionistische Argumente wurden oft verwendet, um die negative Freiheit von Individuen übermäßig und ungerechtfertigt einzuschränken.

… und die Kritik daran

Aber sind sie deswegen vollkommen falsch? Unserer Praxis zufolge scheint dies nicht immer der Fall zu sein. Zum Beispiel schreibt der Staat das Anlegen von Autogurten vor – eine klar paternalistische Maßnahme. Aber greift er damit auf eine problematische Weise in die individuelle Freiheit ein? Schließlich soll die Maßnahme verhindern, dass Menschen durch Verletzungen oder sogar den Verlust des eigenen Lebens viel größere Freiheitsverluste erleiden. Und ist ein gewisser Perfektionismus, zum Beispiel im Bereich der öffentlichen Bildung, nicht ebenso vertretbar? Mills „Schadensprinzip" ist auf den ersten Blick überzeugend, auf den zweiten Blick ist die Sache komplizierter.[7]

Negative Freiheit ausreichend?

Negative Freiheit ist ein zentraler Bestandteil von Freiheit. Aber wie bereits erwähnt, kann sie nicht alles abdecken, was für

---

5 Für einen Überblick über die Diskussion über Paternalismus siehe z.B. Gerald Dworkin: „Paternalism", *The Stanford Encyclopedia of Philosophy* (2017), Hrsg. Edward N. Zalta, <https://plato.stanford.edu/archives/win2017/entries/paternalism/>

6 Für einen Überblick zum Perfektionismus siehe z.B. Steven Wall: „Perfectionism in Moral and Political Philosophy", in: *The Stanford Encyclopedia of Philosophy* (Winter 2012 Edition). Hrsg. Edward N. Zalta, http://plato.stanford.edu/archives/win2012/entries/perfectionism-moral/.

7 Auch Mill selbst vertritt einen schwachen Perfektionismus der menschlichen Selbstentwicklung (*On Liberty*, Kap. 3). Siehe auch Bratu und Dittmeyer: *Theorien des Liberalismus zur Einführung*, 88ff., zum perfektionistischen Liberalismus.

ein „freies Leben“ nötig ist. Eine wichtige Frage in diesem Zusammenhang ist, wie man die ungleiche Verteilung von Ressourcen bewertet. Denn wer keine Ressourcen – konkret: kein Geld – hat, der kann seine negative Freiheit oft nicht nutzen. Die Rechte *anderer*, besonders ihre Eigentumsrechte, sind Hindernisse bei der Verwirklichung eigener Ziele. Wenn ich zum Beispiel eine Zugreise unternehmen möchte, haben die Eigentümer der Eisenbahn das Recht, von mir den Kauf eines Tickets zu verlangen – ohne Ressourcen kann ich mein Recht auf Bewegungsfreiheit also nur eingeschränkt nutzen.

Freiheit und Eigentumsrechte

In jeder Eigentumsordnung existieren „komplexe Strukturen von Freiheit und Unfreiheit“, wie der britisch-kanadische Philosoph Gerald Allan Cohen (1941–2009) dies nannte.[8] Ähnliches gilt in Bezug auf andere Rechte: Die Rechte der Einen sind die Freiheitshindernisse der Anderen. Wie also soll man zwischen ihnen abwägen? Hilfreich dafür ist, zu fragen, was den Raum negativer Freiheit eigentlich wertvoll macht.[9] Dies führt zum Begriff der „positiven“ Freiheit.

2.3 „Positive“ Freiheit

Berlin: negative und positive Freiheit

Der russisch-britische Philosoph Isaiah Berlin (1907–1997) führte 1958 die Unterscheidung von „negativer“ und „positiver“ Freiheit ein. Positive Freiheit verstand Berlin als den Begriff, der eine Antwort auf die Frage „Wer regiert?“ gibt.[10] Berlin selbst sah den Begriff skeptisch und betonte vor alle sein Missbrauchspotential. Ob diese kritische Haltung berechtigt ist, ist allerdings umstritten.

8 Gerald Allan (Jerry) Cohen: „Capitalism, Freedom and the Proletariat“, in: *The Idea of Freedom. Essays in Honour of Isaiah Berlin.* Hrsg. Alan Ryan, Oxford: Oxford University Press, 1979, 9–25; von ihm stammt auch das erwähnte Beispiel der Zugreise.

9 Siehe dazu auch Charles Taylor: „What's Wrong with Negative Liberty?“, in: *The Idea of Freedom. Essays in Honour of Isaiah Berlin.* Hrsg. Alan Ryan, Oxford: Oxford University Press, 1979, 175–193.

10 Isaiah Berlin: „Zwei Freiheitsbegriffe“, in: *Deutsche Zeitschrift für Philosophie* 41 (4) (1983), 741–776. Englisches Original: *Two Concepts of Liberty: An Inaugural Lecture Delivered before the University of Oxford on 31 October 1958*, Oxford: Clarendon Press, 1958.

Abb. 2: Isaiah Berlin bei der Verleihung des Erasmus-Preises 1983

„Positive" Freiheit als die Antwort auf die Frage „Wer regiert?" kann zunächst auf einzelne Individuen bezogen werden. Hier wird oft gleichbedeutend der Begriff „Autonomie" verwendet, der die „Herrschaft über sich selbst" bezeichnet. Eine autonome Entscheidung ist eine, die die Person aus sich selbst heraus trifft. Zwei Bedingungen sind dafür wesentlich: Das Individuum muss selbst *wählen können* („Kompetenzbedingung"), und es muss *selbst* wählen können („Authentizitätsbedingung").[11] Die Vorstellung von Autonomie setzt voraus, dass es im Inneren des Individuums unterschiedliche Instanzen gibt, beispielsweise „Willenskraft" oder „Vernunft", die über andere Instanzen herrschen sollen, zum Beispiel über die „Triebe".

Autonomie und Ressourcen

Autonomie setzt Ressourcen voraus, um elementare Bedürfnisse zu befriedigen – erst mithilfe entsprechender Ressourcen kann man ein selbstbestimmtes Leben führen. Das zeigte sich insbesondere in der zweiten Hälfte des 19. Jahrhunderts in den USA und in Europa. Leibeigenschaft und Sklaverei waren abgeschafft; viele Individuen hatten auf dem Papier bürgerliche Freiheiten gewonnen. Aber Armut und existenzielle Unsicherheit bedrohten weite Teile der Bevölkerung. Nach und nach wurden Absicherungsmechanismen gegen Unfälle und Krankheiten erkämpft und öffentliche Schulen und Krankenhäuser eröffnet, die allen Mitgliedern der Gesellschaft das materielle Minimum

11 Für eine Zusammenfassung hierzu siehe John Christman: „Autonomy in Moral and Political Philosophy", in: *The Stanford Encyclopedia of Philosophy* (2003/ 2015). Hrsg. Edward N. Zalta, https://plato.stanford.edu/entries/autonomy-moral/. Siehe auch die Aufsätze in *Autonomie der Person*. Hrsg. Monika Betzler. Münster: Mentis, 2013.

für eine würdige Existenz sichern sollten.[12] In vielen Ländern ist dieser Kampf bis heute nicht abgeschlossen.

Bedingungen positiver Freiheit

Welche konkreten äußeren Bedingungen für ein selbstbestimmtes Leben nötig sind, ist bis heute umstritten. Das zeigt sich u.a. in den Auseinandersetzungen um die Ausgestaltung des Sozialstaats: Welche Ressourcen benötigen Individuen, um ein selbstbestimmtes Leben zu führen? Und welche *Fähigkeiten* benötigen sie? Dies hängt stark von den gesellschaftlichen Umständen ab; zum Beispiel ist es in vielen westlichen Gesellschaft schwierig, ein selbstbestimmtes Leben zu führen, wenn man nicht über Schreib-, Lese- und grundlegende Mathematikkenntnisse verfügt.

Hindernisse für Autonomie beseitigen

Über Ressourcenfragen hinaus ist der Autonomie-Begriff auch hilfreich dafür, zwischen verschiedenen Formen negativer Freiheit abzuwägen – z.B. der Freiheit von Firmen, Werbung zu schalten und der Freiheit von Individuen, sich unbeeinflusst von Werbung im öffentlichen Raum zu bewegen. Der Staat legt durch seinen Rechtsrahmen fest, in welchem Maß sich unterschiedliche Akteur*innen *gegenseitig* bei der Herausbildung ihrer Präferenzen und Werte beeinflussen dürfen. Es gibt viele offensichtliche Hindernisse der Autonomie Einzelner, z.B. mangelnder Zugang zu Information, der die Kompetenzbedingung gefährdet. Durch staatliche Maßnahmen können solche Hindernisse abgebaut werden.

Kollektive Dimension

Positive Freiheit kann auch als Selbstbestimmung in einem *kollektiven* Sinn verstanden werden. Wenn Gruppen sich selbst Gesetze geben, anstatt fremder Herrschaft unterworfen zu sein, wird das Prinzip der Selbstgesetzgebung (Autonomie) auf Kollektive angewandt.

Rousseau: „volonté générale"

Dieser Gedanke wurde insbesondere von Jean-Jacques Rosseau (1712–1778) betont, einem der wichtigsten, aber auch schillerndsten, Denker der französischen Aufklärung. Rousseau spricht dabei vom Gemeinwillen („volonté générale"): dem gemeinsamen Willen aller Individuen, unter gemeinsam beschlos-

12 Zur Abfolge der Erringung von bürgerlichen Rechten im 18. und politischen Rechten im 19. Jahrhundert siehe Thomas Humphrey Marshall: *Bürgerrechte und soziale Klassen – Zur Soziologie des Wohlfahrtsstaates*. Frankfurt: Campus Verlag, 1992 [1949]. Die dritte Welle, soziale Rechte, die Marshall im 20. Jahrhundert erreicht sieht, fällt in der Systematik dieser Einführung unter den Begriff der Gerechtigkeit (siehe Kapitel 3).

Abb. 3: Jean-Jacques Rousseau, Portrait von Maurice Quentin de La Tour, vor 1753

senen Gesetzen zu leben.[13] Der Gemeinwille richtet sich auf das Gemeinwohl; er ist deshalb etwas anderes als die Summe von Einzelwillen („volonté de tous"). Was genau kollektive Selbstbestimmung in der Praxis bedeutet, ist allerdings umstritten: Verlangt sie beispielsweise direkte Demokratie oder ist sie im Rahmen repräsentativer Demokratie ebenso möglich?[14]

Berlins Kritik

Berlin sah die Gefahr, dass mit einem Begriff positiver Freiheit *Dritte* beanspruchen könnte, im Namen dieser höheren Instanz über Individuen zu herrschen. So könnte ein/e Diktator*in behaupten, dass es eine/n Dissidenten/in „freier" machte, wenn er oder sie im Straflager von seinen „falschen" Trieben befreit würde – eine Perversion des Freiheitsbegriffs. Berlin zufolge ist auch die kollektive Version positiver Freiheit gefährlich, weil eine demokratische Mehrheit die negative Freiheit der Einzelnen gefährden könne.[15] Es ist aber fraglich, ob man aufgrund dieses Missbrauchspotentials den Begriff der positiven Freiheit vermeiden sollte, oder ob er für das, was wir mit „Freiheit" meinen, nicht doch unverzichtbar ist. Es bedeutet aber, dass negative Freiheit nicht durch sie *ersetzt* werden kann.

Freiheit in sozialen Strukturen

Ein Grund, warum es wichtig ist, sich mit kollektiver positiver Freiheit zu beschäftigen, ist, dass so die Frage in den Blick kommt, woher die sozialen Strukturen stammen, innerhalb derer unterschiedliche Formen von Freiheit ihren Ort haben. Da-

13 Jean-Jacues Rousseau: *Du Contrat Social/Vom Gesellschaftsvertrag*. Stuttgart: Reclam, 1977/2010 [1762].

14 Diese Frage wird in Kapitel 8 thematisiert werden.

15 Vgl. Isaiah Berlin: „Zwei Freiheitsbegriffe", 769. Auch Alexis de Tocqueville warnt vor einer Demokratie, die ins Totalitäre umschlägt – vor einer „Tyrannei der Mehrheit". Siehe *Über die Demokratie in Amerika*. Stuttgart: Reclam, 2006 [1835/1840].

mit kommt auch der dritte Strang des Nachdenkens über Freiheit in der Ideengeschichte des Westens in den Blick, der hier vorgestellt wird: der republikanische Freiheitsbegriff.

2.4 „Republikanische Freiheit"

Republikanische Freiheit

Der Begriff der „republikanischen „Freiheit" hat seine Wurzeln in der Antike und zieht sich durch die gesamte Ideengeschichte des Westens; in den letzten Jahren wurde diese Tradition wiederbelebt.[16] Im Mittelpunkt steht hier der Kontrast zwischen dem Status als Bürger*in oder als Sklav*in oder Untertan*in: Erstere/r ist frei, Letztere/r nicht.[17] Als Bürger*in ist man rechtlich selbständig und steht nicht unter dem Kommando einer anderen Person. Das ist etwas anderes als die Gewährung negativer Freiheit durch jemanden, von dem man abhängig bleibt, z.B. einem großzügigen Sklavenhalter.

Gleicher Status

Während Herr*in und Sklav*in in einem hierarchischen Verhältnis stehen, begegnen sich die Bürger*innen einer Republik auf Augenhöhe. Philip Pettit (*1945), einer der wichtigsten heutigen Vertreter*innen republikanischer Freiheit, schlägt dies denn auch als Test für den Status freier Bürger*innen vor: Können sie sich gegenseitig ohne Furcht und ohne die Notwendigkeit, sich einzuschmeicheln, in die Augen sehen?[18] Aus dieser Perspektive sind Einschränkungen der negativen Freiheit durch allgemeine Gesetze, die man gemeinsam beschlossen hat, keine Einschränkungen von Freiheit. Freiheit wird hier verstanden als ein Zustand, in dem man von niemand beherrscht wird („non-domination") – und solche Gesetze „beherrschen" einen nicht; vielmehr *schaffen* sie Freiheit von der willkürlichen Herrschaft anderer.

Mittel oder Zweck

Wenn die Mitglieder einer Gesellschaft gemeinsam ihre Gesetze erlassen, können sie dabei Lösungen für die Abwägungs-

16 Maßgeblich für diese Wiederentdeckung war u.a. John Greville Agard Pocock: *The Machiavellian moment: Florentine political thought and the Atlantic republican tradition*. Princeton: Princeton University Press, 1975/2003.

17 Wichtige Werke hierzu sind Philip Pettit: *Republicanism: A Theory of Freedom and Government*. Oxford: Oxford University Press, 1997/2010 und Quentin Skinner: *Liberty before Liberalism*. Cambridge: Cambridge University Press, 1998/2008.

18 Philip Pettit nennt dies „Blickwechsel-Test" („Eyeball Test"). Siehe *Gerechte Freiheit: Ein moralischer Kompass für eine gerechte Welt*. Berlin: Suhrkamp, 2015, 26.

probleme zwischen unterschiedlichen Formen von Freiheit finden. Allerdings stellt sich damit auch die Frage, ob republikanische Freiheit ein Zweck an sich ist, wie Pettit und andere dies sehen, oder ob sie vielmehr ein *Mittel* ist, um andere Formen von Freiheit sicherzustellen. Individuen, die im republikanischen Sinne frei sind, werden dadurch z.B. in die Lage versetzt, sich im Sinne kollektiver positiver Freiheit selbst Gesetze zu geben.

Freiheit und Gleichheit

Man kann auch fragen, ob es bei republikanischer Freiheit wirklich um *Freiheit* oder vielmehr um *Gleichheit* geht. Gleichheit und Freiheit sind nicht *logisch* verkoppelt; man kann sich Gesellschaften vorstellen, in denen manche Personen frei und andere unfrei sind. Aber wer Freiheit als *Wert* hochhalten möchte, kann sie nicht nur für sich selbst in Anspruch nehmen. „Freiheit ist immer die Freiheit der Andersdenkenden", wie die sozialistische Vordenkerin Rosa Luxemburg (1871–1919) es einmal formulierte.[19] Zwar war Luxemburgs ursprüngliche Aussage in einem sehr spezifischen Sinn gemeint, doch der Spruch hat sich verselbständigt, weil er einen wichtigen Gedanken erfasst. Der republikanische Freiheitsbegriff baut Gleichheit von Anfang an in seine Konzeption ein.

2.5 Vermittlungsvorschläge

Wie ist das Verhältnis zwischen diesen drei Freiheitskonzeptionen zu sehen? Es gibt verschiedene Vorschläge, wie man ihr Verhältnis zueinander denken kann.

MacCallum: Freiheit als dreistellige Relation

Ein Vorschlag stammt von dem amerikanischen Philosophen Gerald MacCallum (1925–1987): Freiheit sei immer eine dreistellige Relation aus *Akteur*in, verhindernden Bedingungen*, und den Dingen, die der/die Akteur*in *tun oder werden* möchte („x is (is not) free from y to do (not do, become, not become) z").[20] Auf der begrifflichen Ebene ist dies plausibel, aber es bedeutet, dass der Freiheitsbegriff zu einer formalen Hülle wird. Denn es kommt dann entscheidend darauf an, wie seine drei Dimensionen verstanden werden. Die politischen Fragen nach Freiheit lassen

19 Rosa Luxemburg: „Die Russische Revolution", in: dies.: *Gesammelte Werke.* Bd. 4, Berlin: Dietz, 1974 [1918], 359.

20 Gerald C. MacCallum, Jr.: „Negative and Positive Freedom", *The Philosophical Review* 76(3) (1967), 312–334, 314.

sich anhand von MacCallums Triade zwar strukturieren, aber nicht beantworten.

Honneth: „soziale" Freiheit

Der Frankfurter Philosoph Axel Honneth (*1949) hat kürzlich einen weiteren Freiheitsbegriff wiederbelebt: die „soziale" Freiheit als Freiheit, die nicht nur individuelle Personen, sondern auch soziale Strukturen betrifft. Er schreibt: „[...] auch die äußere, soziale Realität soll so vorgestellt werden, daß sie frei von aller Heteronomie und jedem Zwang ist."[21] Dies ist nach Honneth möglich, wenn die Individuen einander als Akteur*innen anerkennen, die sich gegenseitig in ihrem Freiheitsstreben ergänzen und gemeinsame Ziele verfolgen.

Freiwilligkeit versus Zwang

Nach Honneths Verständnis baut soziale Freiheit auf Freiwilligkeit auf: Ich sehe die andere Person nicht als Hindernis meiner Freiheit, sondern als Bestandteil ihrer Verwirklichung im Rahmen gemeinsamer Projekte. Strukturen zu schaffen, die es den Individuen ermöglichen, gemeinsam Projekte zu verwirklichen, ist ein wichtiger Aspekt von Freiheit. Aber was ist mit denjenigen staatlichen Strukturen, bei denen es um entgegengesetzte Interessen und Konflikte geht? Diese Frage gehört zu den schwierigsten Fragen der politischen Philosophie, und der Begriff der sozialen Freiheit kann nicht direkt zu ihrer Beantwortung beitragen.

Ein Begriff oder mehrere Begriffe von Freiheit?

Aber ist es überhaupt sinnvoll, alle Dimensionen von Freiheit auf *einen* Begriff zurückzuführen? Begriffliche Vereinheitlichung ist wichtig, darf aber nicht auf Kosten der Phänomene gehen, die man erfassen will. Gerade die Vielfalt der Dimensionen von Freiheit macht die Stärke dieses Begriffs aus.[22] Die Gefahr, dass *bestimmte* Dimensionen von Freiheit politisch missbraucht werden könnten, lässt sich bannen, indem man an der Bedeutung *anderer* Dimensionen festhält. Negative Freiheit sichert einen *Raum* der freien Entfaltung. Individuelle positive Freiheit fragt danach, wie in diesem Raum Selbstbestimmung möglich ist, und sagt uns damit auch, *warum* dieser Raum wertvoll ist. Kollektive positive und republikanische Freiheit betonen, dass wir die Strukturen, in denen ein freies Leben stattfinden kann, gemeinsam schaffen und erhalten müssen.

21 Axel Honneth: *Das Recht der Freiheit: Grundriss einer demokratischen Sittlichkeit.* Berlin: Suhrkamp, 2011, 84.

22 Siehe dazu auch Ian Carter: „Positive and Negative Liberty", in: *The Stanford Encyclopedia of Philosophy* (2003/ 2016). Hrsg. Edward N. Zalta, https://plato.stanford.edu/entries/liberty-positive-negative/. Und vgl. auch: Taylor: „What's Wrong with Negative Liberty?", 175.

Spannungen und Ergänzungen

Dabei können durchaus Spannungen entstehen – zum Beispiel zwischen der Freiheit der einen Person, ihr Eigentum zu genießen, und der Freiheit anderer Personen, durch öffentliche, mit Steuergeldern finanzierte Schulen die Fähigkeiten für ein selbstbestimmtes Leben zu erlangen. Derartige Abwägungen werden im Idealfall gemeinsam getroffen. Hier zeigt sich die Wichtigkeit der dritten Dimension von Freiheit, der gleichen Teilhabe freier Bürger*innen an der Gestaltung der politischen Strukturen, die selbst Ausdruck von Freiheit ist. Die unterschiedlichen Formen von Freiheit stärken sich gegenseitig, wie ein Möbelstück, das auf drei Beinen stabiler steht als auf einem oder zweien.

Wessen Freiheit?

Wesentlich für die Debatte über Freiheit ist nicht nur, *welche* Freiheit auf dem Spiel steht, sondern auch, um *wessen* Freiheit es geht. Manchmal wird der Freiheitsbegriff missbraucht, um Interessen oder Machtpositionen zu verteidigen, die auf Kosten der Freiheit anderer Personen gehen. Bei jeder Berufung auf Freiheit im öffentlichen Diskurs muss man daher fragen: *Wessen* Freiheit wird hier gegen *welche* Freiheiten *anderer* Personen oder Interessensgruppen beschworen?[23]

Historische Errungenschaft

Freiheit ist ein vielschichtiges Konzept – und sie ist keine Selbstverständlichkeit. In der Geschichte der Menschheit war der Normalfall, dass breite Teile der Bevölkerung in sehr vielen Hinsichten unfrei waren. Freiheit ist eine historische Errungenschaft, die es zu bewahren gilt. Was dabei jeweils die größte Bedrohung von Freiheit ist, und welche Dimensionen von Freiheit dementsprechend besondere Betonung verdienen, ändert sich im Zeitverlauf. Deswegen wird die Debatte über Freiheit die politische Philosophie sicher auch in Zukunft beschäftigen.

Weiterführende Literatur:

John Stuart Mills *On Liberty/Über die Freiheit* (Stuttgart: Reclam, 2009 [1859]) sollte jede/r Student/in der politischen Philosophie kennen. Als Sekundärliteratur empfehlenswert ist z.B. Christine Bratu und Moritz Dittmeyer: *Theorien des Liberalismus zur Einführung* (Hamburg: Junius Verlag, 2017). Eine anspruchsvolle Auseinandersetzung mit verschiedenen Freiheitsbegriffen und deren Geschichte bietet Axel Honneth, *Das Recht der Freiheit: Grundriss einer demokratischen Sittlichkeit.* (Berlin: Suhrkamp, 2011).

23 Siehe auch Herzog: *Freiheit gehört nicht nur den Reichen*, Kap. 3.

3. Gleichheit – oder Gerechtigkeit?

3.1 Einleitung

Gleichheit, Gerechtigkeit: formale Begriffe

Das zweite Schlagwort der Französischen Revolution ist kaum weniger umstritten als das erste: „Gleichheit“. Um Gleichheit, Gerechtigkeit,[1] und deren Verhältnis geht es in diesem Kapitel. Formal bedeutet „Gleichheit“, dass es keine Abweichungen von einem allgemeinen Prinzip gibt. Aber was ist das relevante Prinzip? Welche Individuen oder Gruppen fallen darunter? Für „Gerechtigkeit“ gibt es eine formale Definition, die seit der Antike verwendet wird: Sie lautet, „jedem das Seine“ zu geben („suum cuique“). Was aber ist dieses „Seine“, das „jedem“ zusteht? Wann sind gleiche oder ungleiche Behandlungen gerecht?

Gedanken-experiment: arm und reich

Beginnen wir mit einem Gedankenexperiment: Stellen Sie sich vor, eine Person mit durchschnittlichem Einkommen und Vermögen begegnet einer der reichsten Personen der gleichen Gesellschaft. Würde sie sich dieser Person gegenüber „gleich“ fühlen? Sind die Vermögensunterschiede „gerecht“? Stellen Sie sich jetzt eine anders gelagerte Konstellation vor: Die Person begegnet jemandem, der zu den ärmsten Gruppen ihrer Gesellschaft gehört. Wie würde sie diese Situation einschätzen?

Vorschau

Es geht im Folgenden um die Frage, was Gleichheit und Gerechtigkeit in der Gegenwart bedeuten können. Zunächst geht es um moralische Gleichheit als Voraussetzung einer gerechten Gesellschaft, anschließend um die *Verteilungsgerechtigkeit*. Dazu wird die wichtigste Gerechtigkeitstheorie des 20. Jahrhunderts vorgestellt: Die *Theorie der Gerechtigkeit* von John Rawls. Das Kapitel schließt mit einigen Überlegungen dazu formulieren, wie Gerechtigkeit als *Sprache* des Politischen dienen kann.

3.2 Gleicher Status

Gleicher Status

Wir betrachten es heute als selbstverständlich, dass alle Menschen gleiche Rechte haben, und dass sich dies auch in ihrer Gleichstellung in der Rechtsordnung niederschlägt. Jemanden

1 Aus Platzgründen werden Fragen der *Straf*gerechtigkeit ausgeklammert.

Abb. 4: Great Chain of Being, Abbildung aus der Rhetorica christiana von Diego de Valades (1579)

höher oder niedriger zu stellen, zum Beispiel aufgrund von Geschlecht, ethnischer Zugehörigkeit oder materiellem Besitz, halten wir für moralisch falsch. Gleichheit ist der normative Ausgangspunkt; ungleiche Behandlung bedarf der Rechtfertigung.[2]

Historisch: Hierarchien

Historisch gesehen ist dies keine Selbstverständlichkeit: Über Jahrhunderte hinweg wurden Gesellschaften als hierarchisch strukturiert verstanden. Das Weltbild des christlichen Mittelalters zum Beispiel sah menschliche Gesellschaften als eingebettet in einen hierarchisch geordneten Kosmos. Abbildung 4, eine Illustration der „großen Kette des Daseins", zeigt dieses Weltbild. An der Spitze steht der Schöpfergott, dann kommen Engel, Menschen, Tiere und Pflanzen. Die Menschheit ist intern ebenfalls hierarchisch gegliedert: Jedes Individuum steht auf einer bestimmten Stufe, Männer über Frauen, Kleriker über Laien, Adelige über Nicht-Adeligen, etc.[3] Die Aufklärung und die Französische Revolution wälzten dieses Weltbild um, doch die praktische Umsetzung blieb eine Herausforderung.

Kampf um Gleichheit

Der gleiche moralische Wert aller Menschen musste über Jahrhunderte hinweg erkämpft werden. Waren es zunächst nur Männer – aber aus immer mehr Klassen und Schichten – für die diese Gleichheit galt, konnten nach und nach auch Frauen, Nicht-Weiße und sexuelle Minderheiten gleiche Rechte erkämpfen. Zumindest auf der theoretischen Ebene hat sich die „Präsumption der Gleichheit"[4] durchgesetzt: die Annahme, dass von Gleichheit ausgegangen wird und Abweichungen davon gerechtfertigt werden müssen.

Welche Ungleichheiten sind rechtfertigbar?

Welche und wie große Ungleichheiten, in materieller wie immaterieller Hinsicht, sind mit moralischer Gleichheit vereinbar? Sind z.B. die Vermögensunterschiede zwischen den reichsten und den ärmsten Mitgliedern heutiger Gesellschaften rechtfertigbar? Es ist offensichtlich, dass Menschen unterschiedliche Talente, Interessen und Lebensentwürfe haben. Gerechtigkeit sollte nicht zu erzwungener Konformität führen – oder dazu, dass alle gleich sind, aber auf einem sehr niedrigen Niveau. Heißt das, dass *jede* Form materieller Ungleichheit rechtfertigbar ist, oder gibt es Kriterien dafür, wie hoch sie sein darf? Eine Antwort auf diese Frage gibt Rawls' *Theorie der Gerechtigkeit* (1971).

---

2 Dazu siehe auch Stefan Gosepath: *Gleiche Gerechtigkeit – Grundlagen eines liberalen Egalitarismus*. Frankfurt am Main: Suhrkamp, 2004.

3 Die Stufenleiter der Natur („Scala Naturae"), wie die „große Kette des Daseins" auch bezeichnet wird, prägte das europäische Denken lange Zeit. Vgl. Arthur Oncken Lovejoy: *Die große Kette der Wesen: Geschichte eines Gedankens*. Frankfurt am Main: Suhrkamp, 1985 [1936].

4 Stephan Gosepath: *Gleiche Gerechtigkeit*, 202.

3.3 Rawls' Vorschlag: Gerechtigkeit als Fairness

Abb. 5: John Rawls

Rawls gilt als Neubegründer der angelsächsischen politischen Philosophie im 20. Jahrhundert. Seine Theorie bietet eine Alternative zum *Utiliarismus,* der besagt, dass der Gesamtnutzen einer Gesellschaft maximiert werden solle. Es klingt auf den ersten Blick plausibel, das *größte Glück der größten Zahl* anzustreben, wie einer der Gründer des Utilitarismus, Jeremy Bentham (1748–1832), es forderte.[5] Das Problem ist: Oft lässt sich der gesellschaftliche Gesamtnutzen erhöhen, indem man die Rechte einiger Individuen opfert. Ein drastisches Beispiel wäre, Individuen zu töten, wenn ihre Organe als Spenderorgane mehrere Leben retten können. Dies widerspricht der Vorstellung von der moralischen Gleichheit aller Individuen fundamental.

Alternative zum Utilitarismus

Sozialvertrag

Rawls vermeidet dieses Problem, indem er ein klassisches Gedankenexperiment der politischen Philosophie wiederbelebt: den Sozialvertrag. Demnach ist eine soziale Ordnung dann gerechtfertigt, wenn man sich einen hypothetischen Vertrag vorstellen kann, bei dem alle Mitglieder einer Gesellschaft dieser Ordnung zustimmen. Der Clou ist: *Alle* Mitglieder müssen zustimmen – und wer würde einer Ordnung zustimmen, in der, wie im Utilitarismus, die eigenen Interessen dem Gesamtnutzen geopfert werden könnten?

Grundstruktur

Rawls möchte mit seinem Sozialvertrag die Frage beantworten, was eine gerechte Gesellschaft ausmacht. Sein Gerechtig-

5 Vgl. Jeremy Bentham: *An Introduction to the Principles of Morals and Legislation* (Oxford: Clarendon Press, 1907 [1780/1789]). Für einen Einblick in die utilitaristische Philosophie und eine deutschsprachige Übersetzung einiger Passagen aus dem genannten Text von Bentham siehe z.B. *Einführung in die utilitaristische Ethik.* Hrsg. von Otfried Höffe. Tübingen: Narr Francke Attempto/UTB, 1992/2013. Ein anderer zentraler Text des Utilitarismus ist John Stuart Mill: *Utilitarianism/Der Utilitarismus.* Stuttgart: Reclam, 1976/2010 [1861/1871].

keitsbegriff bezieht sich auf die „Grundstruktur" („basic structure") der Gesellschaft: auf die politische Verfassung und die wichtigsten ökonomischen und sozialen Arrangements.[6] Diese Institutionen haben einen tiefgreifenden Einfluss darauf, wie Rechte und Pflichten in der Gesellschaft verteilt sind. Sie sind maßgeblich für den Charakter einer Gesellschaft und die Lebenschancen ihrer Mitglieder.

Schleier des Nichtwissens

Rawls' Ansatz ist, dass die Individuen den Gesellschaftsvertrag über die Grundstruktur der Gesellschaft in einem Urzustand hinter dem „Schleier des Nichtwissens" („veil of ignorance") abschließen.[7] Durch diesen Schleier wissen sie nicht, welche Position sie in der zukünftigen Gesellschaft haben werden, zum Beispiel, welchen Familienhintergrund, welche Religion und welche Vorstellung vom guten Leben sie haben werden. Dadurch, dass man die eigene Position nicht kennt, werden Argumente herausgefiltert, die man nur vortragen würde, um die eigene Position zu verteidigen.[8]

Gleichheit im Urzustand

Übrig bleiben Argumente, die von allen gleichermaßen akzeptiert werden können. Der Schleier des Nichtwissens drückt also die grundlegende moralische Gleichheit aller Gesellschaftsmitglieder aus. Rawls argumentiert nun, dass hinter dem Schleier des Nichtwissens zuerst bestimmte Grundnormen gesetzt werden. In einem zweiten Schritt wird dann danach gefragt, wie es um die am schlechtesten gestellte Gruppe der Gesellschaft steht – denn man könnte selbst zu dieser Gruppe gehören.

Gerechtigkeitsprinzipien

Rawls zufolge würde man sich hinter dem Schleier des Nichtwissens auf zwei Prinzipien einigen, von denen das erste immer Priorität vor dem zweiten hat:

1. „Jedermann hat gleiches Recht auf das umfangreichste Gesamtsystem gleicher Grundfreiheiten, das für alle möglich ist.
2. Soziale und wirtschaftliche Ungleichheiten müssen folgendermaßen beschaffen sein:
   (a) sie müssen [...] den am wenigsten Begünstigten den größtmöglichen Vorteil bringen, und (b) sie müssen mit Ämtern und Positionen verbunden sein, die allen gemäß fairer Chancengleichheit offenstehen."[9]

6 Vgl. Rawls: *Eine Theorie der Gerechtigkeit*, Kapitel 1.2.

7 Ebd., Kap. 1.3; siehe insbesondere auch Kapitel 3, Abschnitt 24.

8 Vgl. ebd., Kap. 1. 4.

9 Ebd., Kapitel 5, Abschnitt 46. 336 f.

Differenzprinzip

Diese Prinzipien fordern größtmögliche gleiche Freiheitsrechte (1) und Chancengleichheit (2b), und sie geben mit dem sogenannten „Differenzprinzip“ (2a) einen Maßstab dafür an, wie viel Ungleichheit mit dem gleichen moralischen Status aller Bürger*innen vereinbar ist. Die Begründung ergibt sich aus dem Urzustand: Weil man selbst zur schlechtestgestellten Gruppe gehören könnte, möchte man, dass deren Position möglichst gut ist. Anders formuliert: Ausgehend von einem Zustand der Gleichverteilung, werden sich Mitglieder dieser Gruppe der Einführung von Ungleichheiten kaum widersetzen, wenn diese ihre Position verbessern.

Anwendungsfall: Marktwirtschaft

Ein Fall, auf den das Differenzprinzip angewandt werden kann, ist beispielsweise die Einführung von Märkten in eine Gesellschaft: Märkte bringen tendenziell Ungleichheit, aber wenn sie von anderen Institutionen begleitet werden (z.B. öffentlichen Schulen und Universitäten, einem großzügigen Sozialversicherungssystem und der Regulierung der Einkommensverteilung durch Steuern und andere Mechanismen[10]), kann dies der Gesellschaft als ganzer, und insbesondere auch der schlechtestgestellten Gruppe, zugutekommen.

Einwand: Verdienst?

Manchmal werden Rawls'sche oder andere Gerechtigkeitsforderungen mit dem Einwand abgelehnt, dass Individuen ihr Markteinkommen „verdienen“ würden, und deshalb steuerliche Umverteilung ungerecht sei. Doch dieser Einwand übersieht, dass Märkte nicht in einem leeren Raum stattfinden. Sie werden erst durch zahlreiche Institutionen, z.B. Eigentumsrechte und Vertragswesen, möglich gemacht und ihre Ergebnisse hängen von unterschiedlichsten Faktoren, darunter Regulierungen und soziale Normen, ab. Dementsprechend geht es darum, wie diese Strukturen, innerhalb derer Märkte stattfinden so gestaltet werden können, dass bestimmte Gerechtigkeitsprinzipien erfüllt werden – erst dann kann man, in einem rein formalen Sinne, von „verdienten“ Einkommen sprechen.[11]

Politische Umsetzung – vier Stufen

Rawls sah seine Gerechtigkeitsprinzipien als ersten Schritt einer vierstufigen Kette der Entscheidungsfindung.[12] In einem zweiten Schritt, in dem schon etwas mehr Information über die

10 Siehe dazu Kap. 10 unten.

11 Dazu z.B. Lisa Herzog: „Can incomes in financial markets be deserved? A justice-based critique“, in dies. Hrsg. *Just Financial Markets? Finance in a Just Society*, Oxford: Oxford University Press, 2017, 103–121.

12 John Rawls: *Eine Theorie der Gerechtigkeit*, Kapitel 4, Abschnitt 31.

Gesellschaft verfügbar ist, kann die Verfassung formuliert werden. Im dritten Schritt geht es um konkretere Gesetze und Politikmaßnahmen, und im vierten, in dem der „Schleier des Nichtwissens" vollständig aufgehoben wird, um deren konkrete Umsetzung. So könnten Standards für eine gerechte Gesellschaft entwickelt werden, an denen sich reale Gesellschaften messen lassen.

Debatte über Rawls' Prinzipien

Rawls' Vorschlag hat eine große Debatte über Gerechtigkeit ausgelöst. Marktliberale Denker*innen warfen ihm vor, dass er den Eigentumsrechten der Individuen nicht genügend Gewicht einräumen würde.[13] Utilitarist*innen kritisierten, dass rationale Individuen im Urzustand nicht das Differenzprinzip wählen würden, sondern die Maximierung des Durchschnittswerts.[14] Andere Theoretiker*innen betonten stärker die Rolle individueller Entscheidungen. So unterscheidet der „Luck egalitarianism" (auf Deutsch etwa: „Egalitarismus in Bezug auf zufällige Faktoren") zwischen „Umständen" und „Entscheidungen" („circumstances" und „choices"), und argumentiert: Wenn gleiche Ausgangsbedingungen herrschten, könnten ungleiche Entscheidungen im Hinblick auf die eigene Lebensführung, z.B. bezüglich des eigenen Konsum- oder Sparverhaltens, ungleiche Ergebnisse rechtfertigen.[15]

„Währungen von Gerechtigkeit"

Ein weiterer Schwerpunkt der Debatte war die Frage, um welche Güter („Währungen") es bei Gerechtigkeit geht. Rawls hatte dafür die sogenannten „Primärgüter" vorgeschlagen: Gundlegende Rechte und Freiheiten, Bewegungs- und Berufsfreiheit, soziale Positionen mit Einfluss und Verantwortung, Einkommen und Vermögen, sowie die „sozialen Grundlagen von Selbstachtung."[16] Utilitarist*innen hielten daran fest, dass es um das Wohlergehen der Individuen gehen müsse. Andere Theoretiker*innen argumentierten, dass es um die Verteilung von materiellen Ressourcen gehen müsse, und es in der Eigenverantwortung der Indivi-

13 So z.B. Robert Nozick: *Anarchie, Staat, Utopia*. München: MVG-Moderne Verlag, 1983 [1974].

14 So z.B. John C. Harsanyi: „Review: Can the Maximin Principle Serve as a Basis for Morality? A Critique of John Rawls' Theory", *American Political Science Review* 69(2) (1975), 594–606.

15 Siehe z.B. Ronald Dworkin: *Was ist Gleichheit?* Berlin: Suhrkamp, 2011 [2000].

16 Siehe insbesondere John Rawls: „Social Unity and Primary Goods", in: *Utilitarianism and Beyond*. Hrsg. von Amartya Sen und Bernard Williams, Cambridge: Cambridge University Press, 1982, 159–186.

duen liege, was sie mit diesen tun würden.[17] Allerdings können nicht alle Individuen Ressourcen gleich gut für sich nutzen; so benötigt z.B. eine gehbehinderte Person deutlich mehr Ressourcen, um die gleiche Wohlfahrt aus „Mobilität" zu erlangen wie nicht gehbehinderte Personen.

Freiheit als Währung von Gerechtigkeit

Eine plausible Antwort auf die Frage nach „Währungen" von Gerechtigkeit ergibt sich, wenn man hierzu die Facetten von Freiheit (siehe Kapitel 2) heranzieht. Manche Freiheiten, z.B. Religions- und Redefreiheit, sind derart, dass sie für alle Bürger*innen gleich und möglichst groß sein sollen. Andere Freiheiten ergeben sich daraus, wie Individuen ihre Ressourcen nutzen können – was aber nicht mit Wohlergehen gleichzusetzen ist. Wohlergehen hat eine starke psychologische Komponente, die als Basis für Politik nicht geeignet ist. Welche Freiheiten die Bürger*innen haben, lässt sich dagegen mit einem hinreichenden Grad an Objektivität feststellen.

„Capabilities"

Zur Operationalisierung eines freiheitsbasierten Ansatzes bietet sich der sogenannte „Fähigkeitenansatz" („capabilities approach") an, der vom indisch-stämmigen Nobelpreisträger Amartya Sen (*1933) und der amerikanischen Philosophin Martha Nussbaum (*1947) entwickelt wurde.[18] „Capabilities" – „Fähigkeiten" oder „Verwirklichungschancen" – beziehen sich auf Dinge, die Individuen „tun" oder auch „sein" können, wie z.B. „bei guter Gesundheit sein" oder „eine gute Ausbildung genießen". Wenn eine Person z.B. die Fähigkeit hat, satt zu werden, kann sie trotzdem beschließen, freiwillig zu fasten. Diejenigen Fähigkeiten, die für ein selbstbestimmtes Leben unverzichtbar sind, müssen allen Mitgliedern einer Gesellschaft zur Verfügung stehen; bei ungleicher Verteilung lässt sich das Differenzprinzip auf die Verteilung von Fähigkeiten anwenden.

Anwendungsfall

Während weite Teile der Debatte über Gerechtigkeit sehr abstrakt geblieben sind, ist der „Fähigkeiten"-Ansatz unmittelbar anwendbar. Er führte u.a. dazu, dass die Vereinten Nationen bei der Messung von Armut nicht mehr nur das Bruttoinlandsprodukt pro Kopf verwenden, sondern den „Human Development Index", in den auch Lebenserwartung und Bildungsniveau eingehen.

17 So z.B. Dworkin: *Was ist Gleicheit?* .

18 Für einen Überblick siehe Ingrid Robeyns: „The Capability Approach", in: *The Stanford Encyclopedia of Philosophy* (2011/2016). Hrsg. Edward N. Zalta, https://plato.stanford.edu/entries/capability-approach/. Ein wichtiger Sammelband ist: Martha Nussbaum und Amartya Sen (Hrsg.): *The Quality of Life*. Oxford: Clarendon Press, 1993.

3.4 Was ist der Sinn von Gerechtigkeit?

Abstrakte Debatten

Die Frage nach Verteilungsprinzipien und deren Anwendung auf verschiedene Währungen beschäftigte die politische Philosophie nach dem Erscheinen von Rawls' *Theorie der Gerechtigkeit* intensiv. Lange wurde z.B. im Lager der „luck egalitarians" diskutiert, unter welchen Bedingungen Ungleichheiten, die durch die individuellen Lebensentscheidungen entstehen, gerechtfertigt sind. Diese Debatten fanden weitgehend losgelöst von politischen Kämpfen gegen Ungerechtigkeit, für mehr soziale Gerechtigkeit, statt.

Anderson: Gesellschaft der Gleichen

Diese Tendenz kritisierte die amerikanische Philosophin Elizabeth S. Anderson (*1959). Sie argumentierte, dass damit der Kern dessen verkannt würde, worum es bei Gerechtigkeit gehe. Es müsse in einer gerechten Gesellschaft um gleichen Respekt und das Ende von Unterdrückung gehen, unter Beibehaltung der menschlichen Diversität – um eine „Gesellschaft von Gleichen."[19]

Gesellschaftliche Strukturen

Viele Theoretiker*innen der Gerechtigkeit, so ein weiterer Kritikpunkt von Anderson, würden ein atomistisches Bild der Gesellschaft voraussetzen: ein Bild, demzufolge die Gesellschaft die Summe der Individuen ist. Gesellschaften haben aber zahlreiche formelle und informelle Strukturen, die die Wahlmöglichkeiten und auch die Präferenzen der Individuen maßgeblich beeinflussen – und um die Gerechtigkeit oder Ungerechtigkeit dieser Strukturen müsse es ebenfalls gehen.

Relationaler Egalitarismus

Als Alternative schlägt Anderson das Bild der Gesellschaft als einer Gemeinschaft vor, in der sich alle gegenseitig gleichen Respekt erweisen. Jedem Mitglied dieser Gesellschaft sollte ein Mindestmaß an Fähigkeiten – hier bezieht Anderson sich auf Sen und Nussbaum – zur Verfügung gestellt werden, auch dann, wenn ein Individuum durch eigenes Verschulden in Not geraten sei. Entscheidend sei, welche *sozialen Beziehungen* die Menschen untereinander haben: Sie müssen sich als Gleiche verstehen können. Deshalb wird dieses Verständnis von Gerechtigkeit auch als „relationaler Egalitarismus" bezeichnet.[20]

---

19 Siehe insb. Andersons Text „What is the Point of Equality?", *Ethics* 109(2) (1999), 287–337.

20 Siehe dazu auch die Texte in Carina Fourie, Fabian Schuppert, und Ivo Wallimann-Helmer (Hrsg.): *Social Equality: On What It Means to be Equals*. Oxford: Oxford University Press, 2015.

Fokus auf Armutsbekämpfung

Um soziale Beziehungen zu schaffen, in denen Menschen sich als Gleiche verstehen können, ist es zentral, dass niemand so arm ist, dass ihm oder ihr die wesentlichen Fähigkeiten für ein selbstbestimmtes Leben fehlen. Armut kann dazu führen, dass man von Anderen abhängig wird und nicht gleichberechtigt entscheiden und handeln kann. Tatsächlich sind sich, trotz zahlreicher Unstimmigkeiten, viele Gerechtigkeitstheoretiker*innen darin einig, dass eine gerechte Gesellschaft sich besonders um die Bekämpfung von Armut kümmern muss.

Schwierigkeit der Umsetzung

Allerdings stellen sich schwierige Fragen bei der konkreten Umsetzung. Durch soziologische Forschung wissen wir inzwischen sehr viel darüber, wie stark der familiäre Hintergrund die Lebenschancen von Individuen beeinflusst.[21] Dies ist mit dem Prinzip der Chancengleichheit unvereinbar. Gute öffentliche Schulen können helfen, dieser Tendenz entgegenzuwirken. Aber es ist unklar, ob dies ausreicht, wenn sich gleichzeitig die soziale Ungleichheit *insgesamt* auf einem sehr hohen Niveau befindet, wie dies in vielen westlichen Ländern derzeit der Fall ist.[22]

Stabile Gerechtigkeit?

Gibt es Gründe, bei Gerechtigkeitsfragen nicht nur das untere Ende der Einkommens- und Vermögensskala, sondern auch deren *oberes* Ende in den Blick zu nehmen? Ein erstes Argument setzt bei Überlegungen zur langfristigen Stabilität einer gerechten Gesellschaft an. Wenn eine Gesellschaft immer ungleicher wird, können wir dann noch davon ausgehen, dass ihre Institutionen, z.B. ihre Gerichte und Parlamente, stabil bleiben und auf Dauer alle Bürger*innen als Gleiche behandeln? Oder haben dann nicht an zahlreichen Stellen finanzielle Ungleichheiten einen Einfluss darauf, wie diese Institutionen arbeiten?

Selbstverstärkende Ungleichheit

Besonders gefährlich sind in diesem Zusammenhang selbstverstärkende Prozesse. Wenn etwa die reicheren Schichten einen größeren Einfluss auf die Politik haben, steigt die Wahrscheinlichkeit, dass Gesetze verabschiedet werden, die ihnen nützen – damit können sie ihren Reichtum weiter steigern, während Andere das Nachsehen haben. Solche Prozesse sind eine Gefahr für eine gerechte Gesellschaft, selbst dann, wenn diese

---

21 Siehe dazu z.B. Brian M. Barry: *Why Social Justice Matters*. Cambridge: Polity Press, 2005.

22 Siehe z.B. Facundo Alvaredo, Lucas Chancel, Thomas Piketty, Emmanuel Saez und Gabriel Zucman (Hrsg.): *Die weltweite Ungleichheit – Der World Inequality Report 2018*. München: C. H. Beck, 2018. Ferner sei verwiesen auf Thomas Piketty: *Capital in the 21st Century*. Cambridge, MA: Harvard University Press, 2014 und die daran anschließende Debatte.

Abb. 6: Protest gegen Verkauf und Sanierung eines Wohngebäudes in der Nordstadt von Hannover, 2018

anderweitig viel tut, um benachteiligten Mitgliedern eine faire Chance zu geben und deren Position zu verbessern.[23]

Von Rousseau stammt der Satz, dass kein Bürger so reich sein solle, dass er einen anderen kaufen könne, und niemand so arm, dass er gezwungen sei, sich zu verkaufen.[24] Wenn die Ungleichheit stark ansteigt, können diejenigen am oberen Ende der Einkommensskala anderen Menschen Angebote machen, die diese nur schwer ablehnen können – und je ärmer sie sind, umso unwiderstehlicher sind diese. Enormer Reichtum am oberen Ende der Einkommensskala ist daher umso problematischer, je weniger für den Rest der Bevölkerung grundlegende *capabilities* sichergestellt sind – etwa in Form guter Schulen, die auch Kindern aus materiell wenig privilegierten Familien zugänglich sind –, denn dies macht Menschen erpressbar.

Strukturelle Gerechtigkeit

Sowohl das untere als auch das obere Ende der Einkommensskale spielen also für Fragen der Verteilungsgerechtigkeit eine Rolle. Aber auch auf die dazwischenliegenden Strukturen kommt es an. Während Rawls und viele seiner Nachfolger vor allem auf die *formalen* Institutionen einer Gesellschaft blickten, betonte die amerikanische Philosophin Iris Marion Young (1949–2006), dass ungerechte Strukturen oft aus dem *Zusammenwirken* formeller Institutionen und dem Verhalten von Individuen und Gruppen entstehen. Ein Beispiel ist das Problem fehlenden Wohnraums für Geringver-diener*innen in Ballungsräumen: Hier spielt der gesetzliche Rahmen eine Rolle, aber auch das Verhalten von Investor*innen, Vermieter*innen, Käufer*innen etc.[25]

Systematische Unterdrückung

Bei der Verteilung knapper Güter werden oft bestimmte Gruppen systematisch benachteiligt, während andere privilegiert wer-

23 Zu diesen und anderen Argumenten siehe auch Christian Neuhäuser: *Reichtum als moralisches Problem*. Berlin: Suhrkamp, 2018.

24 Jean-Jacques Rousseau: *Du Contrat Social/Vom Gesellschaftsvertrag*, 115.

25 Siehe z.B. Iris Marion Young: *Responsibility for Justice*. Oxford: Oxford University Press, 2011, Kap. 2.

den. Young unterscheidet fünf Arten von Unterdrückung.[26] *Ausbeutung* bedeutet, dass einige Gruppen unverhältnismäßig viel für andere arbeiten müssen, z.B. wenn in traditionellen Familienstrukturen Frauen einen übermäßigen Anteil an der Haus- und Familienarbeit leisten. *Marginalisierung* bedeutet den Ausschluss aus der sinnvollen Teilhabe am sozialen Leben, etwa durch Arbeitslosigkeit. *Machtlosigkeit* beschreibt die Tatsache, dass manche Gruppen in der Gesellschaft ständig in der Rolle von Befehlsempfänger*innen stehen, während die Mitglieder anderer Gruppen Befehle geben und als Respektspersonen behandelt werden. *Kulturelle Dominanz* ergibt sich daraus, dass manche Gruppen die Interpretations- und Kommunikationshoheit über gesellschaftliche Anliegen haben, während andere keine Stimme haben. Und schließlich erleben manche Gruppen systematische *Gewalt* oder zumindest das permanente Risiko von Gewalt, das sich beispielsweise darin äußern kann, dass Frauen ständig Vorkehrungen treffen müssen, um sich vor sexuellen Belästigungen oder Übergriffen zu schützen.

Kampf gegen Unterdrückung in sozialen Bewegungen

Eine Stärke von Youngs Ansatz ist, dass er direkt an die Anliegen vieler sozialer Bewegungen anknüpft, die gegen Unterdrückung kämpfen. Z.B. setzt sich die „Black-Lives-Matter“-Bewegung in den USA dafür ein, Polizeigewalt gegen Nicht-Weiße sichtbar zu machen und zu verhindern, also Unterdrückung und Gewalterfahrungen abzuschaffen. In einer Gesellschaft, deren Mitglieder sich als Freie und Gleiche sehen, ist ein zentrales Anliegen von Gerechtigkeit, Unterdrückung und strukturelle Ungerechtigkeiten zu beseitigen.

3.5 Schluss: Gerechtigkeit als „Sprache“ des Politischen

Fokus auf Ungerechtigkeit

Während der Begriff der Gerechtigkeit umstritten bleibt, ist es oft weniger schwierig, sich darauf zu einigen, was *Ungerechtigkeiten* sind.[27] Das betrifft sowohl Verstöße gegen das grundlegende Gebot, alle Menschen als moralisch gleichwertig zu behandeln, als auch die extreme materielle Ungleichheit, die in vielen Ländern herrscht. Ob man das *Differenzprinzip*, utilitaristische Überlegungen *zum größten Glück der größten Zahl*, oder andere theoretische

26 Vgl. Iris Marion Young: *Justice and the Politics of Difference*. Princeton: Princeton University Press, 1990/2011, Kapitel 2 (“Five Faces of Oppression“).

27 Siehe dazu auch Amartya K. Sen: *Die Idee der Gerechtigkeit*. München: DTV, 2013.

Erwägungen heranzieht – meist kommt man zu dem Urteil, dass es nicht gerecht sein kann, dass ein Teil der Gesellschaft in extremem Luxus lebt, während andere Individuen kaum ihre grundlegendsten Bedürfnisse erfüllen können und zahlreichen Formen von Unterdrückung ausgesetzt sind.

Praktische Herausforderungen

Allerdings ist gerade bei vielen Fragen der strukturellen Ungerechtigkeit nicht klar, wie man sie effektiv bekämpfen kann. Normative Prinzipien und gute Absichten reichen nicht aus, um nachhaltige Verbesserungen zu erreichen. Ein Teil der philosophischen Debatte hat sich denn auch in den letzten Jahren in Zusammenarbeit mit den Sozialwissenschaften konkreten Fragen der institutionellen Veränderung zugewandt, zum Beispiel in Bezug auf Bildungsgerechtigkeit.[28]

Gerechtigkeit als Sprache des Politischen

Trotz dieser Schwierigkeiten behält der Begriff der Gerechtigkeit seine Bedeutung für den politischen Diskurs. Wer sich auf Gerechtigkeit beruft, sagt damit, dass es nicht nur um wünschenswerte Verbesserungen, sondern um grundlegende Forderungen geht, die sich letztlich in Veränderungen der rechtlichen Strukturen niederschlagen sollten. Es geht um *Ansprüche*, die Menschen haben, um Dinge, auf die es ein moralisches *Recht* gibt, das auch institutionell durchgesetzt werden soll.[29] Gerade deswegen ist die Frage danach, was gerecht ist, so wichtig: Das Ringen darum, was wir unter Gerechtigkeit verstehen, ist sowohl für die politische Philosophie als auch für Gesellschaften, die den Anspruch haben, ihre Institutionen all ihren Mitgliedern gegenüber rechtfertigen zu können, unverzichtbar.

Weiterführende Literatur:

John Rawls' *Eine Theorie der Gerechtigkeit* (Frankfurt am Main: Suhrkamp, 1975/1979 [1971]) hat mittlerweile Klassikerstatus erreicht. Youngs *Justice and the Politics of Difference* (Princeton: Princeton University Press, 1990/2011) stellt einen stärker soziologisch informierten und an soziale Bewegungen anknüpfenden Ansatz dar. Ein besonderer Schwerpunkt auf der Bekämpfung von Ungerechtigkeit findet sich bei Amartya Sen, *Die Idee der Gerechtigkeit* (München: DTV, 2013). Ein deutschsprachiges Werk zum „liberalen Egalitarismus" ist z.B. Stefan Gosepaths *Gleiche Gerechtigkeit – Grundlagen eines liberalen Egalitarismus* (Frankfurt am Main: Suhrkamp, 2004).

28 Vgl. z.B. Harry Brighouse: *School Choice and Social Justice.*

29 Siehe auch Adam Swift: *Political Philosophy: A Beginners' Guide for Students and Politicians*, 12 f.

4. Brüderlichkeit – oder Gemeinschaft?

4.1 Einleitung

Drittes Schlagwort der französischen Revolution

Die ersten beiden Schlagworte der Französischen Revolution, *Freiheit* und *Gleichheit*, die in Kapitel 2 und 3 behandelt wurden, sind bis heute Teil der politischen Debatte. Das seit 1792 verwendete dritte Schlagwort der Französischen Revolution, „Brüderlichkeit", hört man dagegen heute seltener. Wenn überhaupt, wird „Gemeinschaft" oder „Solidarität" beschworen – was immerhin den Vorteil hat, dass Frauen nicht von vornherein sprachlich ausgeschlossen werden.

Verhältnis zu Freiheit und Gleichheit

Die französischen Revolutionäre setzen sich mit der „Brüderlichkeit" als Metapher der Gleichheit vom traditionellen Bild des Königs als Vater der Gesellschaft ab.[1] Heute werden vor allem Fragen nach dem sozialen Zusammenhalt der Gesellschaft gestellt. Manchmal werden Rufe nach „Gemeinschaft" im *Gegensatz* zu Freiheit und Gleichheit erhoben. In der Tat stellt sich die Frage nach dem Verhältnis dieser Begriffe. Ist „Freiheit" das Gegenteil von „Gemeinschaft"? Und steht „Gleichheit" nicht im Widerspruch zu den Hierarchien, die viele Gemeinschaften durchziehen?

Vorschau

In diesem Kapitel werden wir uns Aristoteles widmen, einer zentralen Figur der antiken politischen Philosophie: Er war Schüler von Platon, der wiederum Schüler von Sokrates war. Er prägte das Wort vom Menschen als Gemeinschaftswesen („zoon politikon"). Im Anschluss daran springen wir von der Antike in die Gegenwart und fragen unter dem Stichwort „Kommunitarismus", welche Rolle „Gemeinschaft" im heutigen politischen Denken spielt. Dabei geht es um die Rolle kultureller Gemeinschaften in liberalen Gesellschaften und darum, wie weit „Gemeinschaft" heute gedacht werden kann.

1 Vgl. Lynn Hunt: *The Family Romance of the French Revolution*. Berkeley: University of California Press, 1992.

4.2 Der Mensch als Zoon Politikon

Griechische Antike

Oft wird angenommen, dass die politische Philosophie des Westens im antiken Griechenland ihren Ursprung hat. Dieses Bild entspricht nicht ganz der Wirklichkeit: Es grenzt den Einfluss zahlreicher nicht-europäischer Denker*innen aus[2] und es übersieht oft, dass viele antike Texte zwischenzeitlich vergessen worden waren und erst seit der Renaissance über die arabische Welt wiederentdeckt wurden. Dennoch kommt keine Einführung in das politische Denken an der griechischen Antike vorbei. Für das vorliegende Kapitel ist Aristoteles' Verständnis des Menschen als „zoon politikon" zentral.[3]

Frage nach Natur des Menschen

Aristoteles geht von der Frage nach der Natur des Menschen aus. Seine Prämisse ist, dass jedes Wesen eine seiner Natur gemäße Bestimmung („telos") hat. Für den Menschen ist diese Bestimmung, einen Zustand der Glückseligkeit in Vereinbarung mit Tugend („eudaimonia") zu erreichen, indem er die ihm innewohnenden Fähigkeiten bestmöglich verwirklicht.

Tugend als gemeinsames Ziel der Bürger

Menschliche Tugend hat maßgeblich damit zu tun, dass die Seele über den Körper herrscht. Dies ist für Aristoteles eine natürliche Hierarchie, die dem Wesen des Menschen entspricht und ihn von den Tieren, die vor allem ihren Instinkten folgen, unterscheidet. Auch die soziale Ordnung soll sich an diesem Maßstab orientieren, sie muss also menschliche Tugend ermöglichen und diese verwirklichen.[4] Dies stellt aus Aristoteles' Sicht den Maßstab für die Qualität einer politischen Ordnung dar: Sie muss auf der Freundschaft der (bei Aris-

Abb. 7: Platon und Aristoteles, Ausschnitt aus Raffaels *Die Schule von Athen*, 1510-1511

2 Hier sei, wie bereits in Kapitel 1, verwiesen auf Lewis Ricardo Gordon: *An Introduction to Africana Philosophy* und Franziska Dübgen und Stefan Skupien: *Afrikanische politische Philosophie*.

3 Ich folge dabei Fred Miller: „Aristotle's Political Theory", in: *The Stanford Encyclopedia of Philosophy* (1996/2018). Hrsg. Edward N. Zalta, https://plato.stanford.edu/entries/aristotle-politics/.

4 Aristoteles: *Politik*, Buch I, Abschn. 13, 1259b, und Buch VII, Abschn. 2, 1324a.

toteles rein männlichen) Bürger, die gemeinsam nach Tugend streben, beruhen.[5]

Zusammenleben in der Polis

Nach Aristoteles gehört es zur Natur des Menschen, in Gemeinschaften zu leben: Der Mensch ist ein *auf die Polis hin ausgerichtetes Lebewesen* oder „zoon politikon".[6] Die Polis, der antike Stadtstaat, den Aristoteles beschreibt, entsteht aus der natürlichen Vereinigung von Menschen in Familien und Dörfern.[7] In ihnen herrschen Hierarchien, die Aristoteles als ebenso natürlich beschreibt. Herrscher und Beherrschte, Eigentümer und Sklaven, Männer und Frauen, Eltern und Kinder – die diese Verhältnisse bestimmenden Rangordnungen sind für Aristoteles naturgemäß.[8]

Überkommene Vorstellung einer kosmischen Ordnung

Aristoteles' Vorstellungen sind eingebettet in das Bild einer kosmischen Ordnung, in der alle Lebewesen auf ihr *telos* hin ausgerichtet sind. Diese Prämisse, ebenso wie Aristoteles' Vorstellung von „natürlichen" Hierarchien, teilt heute kaum noch jemand. Menschen können unterschiedliche Ziele verfolgen und dabei glücklich werden, nicht nur die aristotelische „eudaimonia". Warum aber hat Aristoteles uns dann heute noch etwas zu sagen?

Menschen als soziale Tiere

Aristoteles stellte eine sehr grundlegende Tatsache fest: Menschen sind auf ein Leben in Gemeinschaft hin angelegt. Im Gegensatz zu vielen Tieren benötigen junge Menschen lange Jahre der Pflege, Erziehung und Sozialisierung. Ein zentraler Aspekt der menschlichen Sozialisierung ist der Erwerb der Sprache. Durch Sprache können Menschen sich darüber verständigen, was sie tun *sollen* und was eine *gerechte* Ordnung ist. Das unterscheidet den Menschen von den Tieren: „Denn das ist eben dem Menschen eigentümlich im Gegensatz zu den Tieren, daß er allein fähig ist, sich vom Guten (*agathón*) und Schlechten (*kakón*), von Recht und Unrecht Vorstellungen zu machen."[9]

---

5 Zu den Tugenden siehe auch Aristoteles: *Nikomachische Ethik*. Stuttgart: Reclam, 1969/2013, Buch III, Abschn. 8ff., 1115a. Zur Freundschaft ebd., Buch VIII und IX; insbesondere der Abschnitt zum Wohlwollen in Buch IX, Abschn. 5, 1167b. Für eine Diskussion der Aristotelischen Auffassung zur Freundschaft zwischen Bürgern siehe auch Hauke Brunkhorst: *Solidarität – Von der Bürgerfreundschaft zur globalen Rechtsgenossenschaft*. Frankfurt am Main: Suhrkamp 2002, Kapitel I, 1.

6 Der Begriff „zoon politikon" findet sich in: Aristoteles: *Politik*, z.B. in Buch I, Abschn. 2, 1253a. Zur Tugend des Staatsbürgers: *Politik*, Buch III, Abschn. 4, 1276b.

7 Siehe ebd., Buch I, Abschn. 2, 1252b–1253a.

8 Ebd., Buch I, Abschn. 5, 1254b.

9 Vgl. ebd., Buch I, Kapitel 2, 1253a.

Allerdings ist diese Feststellung sehr allgemein, denn sie sagt nichts darüber aus, *wie genau* die Gemeinschaften strukturiert sein sollen, in denen Menschen leben. Wenn man an der Tatsache des „zoon politikon" festhält, Aristoteles' Argumente über angebliche „natürliche" Ordnungen aber nicht teilt, gelangt man zu der Frage, was eine *gute* gesellschaftliche Ordnung ausmacht – also zu einer der Grundfragen der politischen Philosophie.

Soziale Ordnung, aber welche?

Die Poleis, die Aristoteles erlebte und beschrieb, waren von überschaubarer Größe – kein Vergleich mit den heutigen Nationalstaaten mit vielen Millionen Bürger*innen. Vom Soziologen Ferdinand Tönnies (1855–1936) stammt eine hier relevante Unterscheidung: „Gemeinschaft" versus „Gesellschaft".[10] Eine „Gemeinschaft" ist ein Kollektiv, dem die Einzelnen sich zugehörig fühlen und dessen Ziele sie teilen, z.B. eine Familie. Um „Gesellschaft" dagegen geht es, wenn sich Individuen aus rein instrumentellen Gründen zusammentun, aber keine gemeinschaftlichen, sondern individuelle Ziele verwirklichen wollen.

„Gemeinschaft" versus „Gesellschaft"

Die moderne politische Philosophie beschäftigt sich in erster Linie mit „Gesellschaft", etwa mit der politischen Ordnung von Nationalstaaten. Aber was ist mit den Gemeinschaften, die es trotzdem gibt, und die für das menschliche Leben – so Aristoteles' zentraler Punkt – unverzichtbar sind? Wie sollen Gemeinschaft und Gesellschaft zueinander ins Verhältnis gesetzt werden?

Gemeinschaften und Staat?

4.3 Politische Gemeinschaft in der Moderne – die „liberal-kommunitaristische" Debatte

Das liberale politische Denken geht vom Individuum und seinen Rechten aus. Der „Schleier des Nichtwissens" aus Rawls' Gerechtigkeitstheorie geht so weit, dass er die Individuen gedanklich aus ihren sozialen Kontexten herauslöst. Zu welchen religiösen oder kulturellen Gemeinschaften man gehört, genau diese Informationen filtert der Schleier heraus.

Liberales Denken: Individuum als Ausgangspunkt

10 Ferdinand Tönnies: *Gemeinschaft und Gesellschaft. Grundbegriffe der reinen Soziologie*. Darmstadt: Wissenschaftliche Buchgesellschaft, 2010 [1887].

Liberal-kommunitaristische Debatte

Das führte zu Widerspruch, und zwar in der Debatte zwischen Liberalismus und Kommunitarismus.[11] Der Begriff „Kommunitaristen" ist ein Sammelbegriff, der von Kritiker*innen für eine Gruppe von Autoren – u.a. Alasdair MacIntyre (*1929), Michael Sandel (*1953), Charles Taylor (*1931), Amitai Etzioni (*1929) und Michael Walzer (*1935) – verwendet wurde. Was diese Autoren eint, ist, dass sie, ganz im Sinne von Aristoteles, die normative Bedeutung der Einbettung des Menschen in Gemeinschaften („communities") betonen.

Sandel: „ungebundene" Individuen

Michael Sandel warf Rawls in einer berühmten Kritik vor, dass seine Theorie auf einem unrealistischen Bild des Menschen als „ungebundenem" („unencumbered") Individuum aufbaue.[12] Während Aristoteles den Maßstab der Polis darin sah, das *Gute („the good")* zu verwirklichen, würden liberale Theoretiker*innen nur eine auf abstrakten Vernunftprinzipien basierende Lehre des *Rechten* („the right") anstreben. Zwischen den Individuen und ihren Werten würde eine kategorische Unterscheidung gezogen – was die Möglichkeit ausschließe, dass bestimmte Werte unsere Identität entscheidend prägten.[13] Wenn ich mich z.B. als Angehörige/r einer bestimmten Ethnie oder Religionsgruppe sehe, kann ich mir überhaupt nicht vorstellen, was es heißen würde, ohne die Werte dieser Gruppen zu leben.

Gesellschaft als gemeinsames Projekt?

Sandel weist darauf hin, dass Rawls mit dem Differenzprinzip eigentlich ein zutiefst soziales Bild des Menschen zeichnet. Denn dieses geht davon aus, dass Menschen bereit sind, mit anderen zu teilen und die Strukturen ihrer Gesellschaft zugunsten der schwächsten Mitglieder zu gestalten. Aber warum sollten die Individuen sich darauf einlassen, wenn die Gesellschaft nur aus instrumentellen Zweckbeziehungen besteht? Im Liberalismus, so Sandels Vorwurf, würde ein Bild des Menschen ohne „moralische Tiefe" gezeichnet. Denn erst die tief in

11 Einen Überblick bietet Stephen Mulhall und Adam Swift: *Liberals and Communitarians.* Malden/Oxford: Blackwell, 1992/1996 oder Daniel Bell: „Communitarianism", in: *The Stanford Encyclopedia of Philosophy* (2001/2016). Hrsg. Edward N. Zalta, https://plato.stanford.edu/entries/communitarianism/. Wichtige Texte finden sich in: Shlomo Avineri und Avner De-Shalit (Hrsg.): *Communitarism and Individualism.* New York: Oxford University Press, 1992.

12 Michael J. Sandel: „The Procedural Republic and the Unencumbered Self", *Political Theory* 12(1) (1984), 81–96, sowie derselbe: *Liberalism and the Limits of Justice.* Cambridge: Cambridge University Press, 1985/1998.

13 Sandel: „The Procedural Republic and the Unencumbered Self", 82 ff.

unserer Identität verankerten und von uns nicht aufzugebenden Werte würden uns zu denen machen, die wir sind.[14]

Kritik an der Priorisierung individueller Rechte

Viele Kommunitarist*innen wurden von der Sorge angetrieben, dass der liberale Fokus auf individuellen Rechten zu einseitig sei. Dadurch würde das Gemeinschaftsgefühl untergraben. Auch liberale Gesellschaften bräuchten Bürger*innen, die nicht nur ihre Rechte sehen, sondern auch ihre Pflichten der Gemeinschaft gegenüber anerkennen. Die Freiheiten der Einzelnen könnten nur erhalten werden, wenn *alle gemeinsam* die Institutionen und die Kultur aufrechterhalten würden, innerhalb derer diese Freiheiten existieren.[15]

Ist Rawls die richtige Zielscheibe?

Allerdings ist fraglich, ob diese Kritik Rawls und andere linksliberale Denker*innen wirklich trifft. Rawls hat sich im dritten Teil der *Theorie der Gerechtigkeit* ausführlich mit Fragen der sozialen Einbettung und Erziehung beschäftigt.[16] Liberale können durchaus zugestehen, dass unsere Werte unsere Identitäten prägen und wir in Gemeinschaften verankert sind. Wo Liberale und Kommunitarist*innen sich unterscheiden, ist das Gewicht, das sie den freien Entscheidungen von Individuen einerseits und der Rolle von Gemeinschaften andererseits zuschreiben.

Individualismus versus Egoismus

Eine Frage, die mit dem Verhältnis von Liberalismus und Gemeinschaft eng verwoben ist, ist die nach den Handlungsmotiven der Menschen. Im *ökonomischen* Liberalismus wird in zahlreichen Modellen angenommen, dass Menschen rein egoistisch handeln und nur ihre eigenen Interessen verfolgen. Der *politische* Liberalismus muss diese Annahme aber nicht teilen: Auch, wenn man die Rechte des Individuums betont, kann und sollte man zugestehen, dass menschliches Handeln von zahlreichen Motiven angetrieben wird, unter anderem von dem Motiv, in einer Gemeinschaft leben zu wollen. Beispielsweise steckt hinter dem Wunsch nach einem höheren Einkommen nicht selten das Anliegen, die eigene Familie – und nicht allein sich selbst – besser versorgen zu können.

---

14 Ebd., 85 ff.

15 Vgl. auch Charles Taylor: „Atomism“, in: *Communitarism and Individualism*. Hrsg. Shlomo Avineri und Avner De-Shalit. New York: Oxford University Press, 1992, 29–50.

16 Vgl. John Rawls: *Eine Theorie der Gerechtigkeit*, 433 ff. (Kapitel 7: *Das Gute als das Vernünftige*, Kapitel 8: *Der Gerechtigkeitssinn*, Kapitel 9: *Das Gut der Gerechtigkeit*).

Liberale versus Libertäre

Die entscheidende Linie verläuft also nicht zwischen Kommunitarist*innen und Liberalen, sondern zwischen Kommunitarist*innen und *Links*liberalen einerseits und *Rechts*liberalen oder „Libertären“ andererseits.[17] Die zuletzt genannte Position fokussiert ganz auf die Rechte der Individuen und möchte kollektive Institutionen so stark wie möglich zurückfahren.[18] Nicht-libertäre Liberale können dagegen zugestehen, dass menschliche Gemeinschaften für das Individuum eine wichtige Rolle spielen, und dass die Individuen der Gemeinschaft gegenüber gewisse Pflichten haben.

Liberalismus und Gemeinschaft?

Daraus ergeben sich zwei Anschlussfragen. Die erste ist, wie ein liberaler Staat damit umgehen soll, dass es in ihm viele Gemeinschaften gibt, die lokaler, religiöser oder ethnischer Natur sind (dies wird uns in Abschnitt 4.4 beschäftigen). Die zweite Frage ist, welche nicht-egoistischen Motivationen die Bürger*innen eines liberalen Staates brauchen, damit dieser auf Dauer stabil bleiben kann (damit werden wir uns in Abschnitt 4.5 auseinandersetzen).

4.4 Religiöse und kulturelle Gemeinschaften im liberalen Staat

Pluralismus von Gemeinschaften

Es ist eine Tatsache, dass wir in ethnisch, kulturell und religiös vielfältigen Gesellschaften leben. Historisch gesehen ist dies der Normalfall; der homogene Nationalstaat ist die Ausnahme.[19] Immer schon gab es Migration, regionale Besonderheiten, sprachliche Minderheiten und religiöse Unterschiede, also einen Pluralismus unterschiedlicher Gemeinschaften.

Vielfalt im liberalen Staat – Beispiel Feiertage

Wie soll ein liberaler Staat mit den Gemeinschaften, denen seine Bürger*innen angehören, umgehen? Die Fragen, die sich praktisch stellen, sind oft Fragen im Zusammenhang mit den Rechten von Minderheiten, denn Institutionen und staatliche Maßnahmen richten sich in der Regel nach der Mehrheit. So orientieren sich z.B. gesetzliche Feiertage in vielen Ländern an der

---

17 Vgl. auch Adam Swift: *Political Philosophy*, 140.

18 Siehe insbesondere Robert Nozick: *Anarchie, Staat, Utopia.*

19 Vgl. zu dessen historischer Konstruktion als imaginierter Gemeinschaft Benedict Anderson: *Die Erfindung der Nation – Zur Karriere eines folgenreichen Konzepts.* Frankfurt am Main: Campus, 1988/2005 [1983].

Abb. 8: Beispiel lebendiger regionaler Tradition: Karneval im Rheinland, 2019

Mehrheitsreligion, was den Angehörigen anderer Religionen die Teilnahme an ihren religiösen Feierlichkeiten erschweren kann.[20]

Grundfreiheiten zur Gemeinschaftsbildung

Das Recht, Gemeinschaften der unterschiedlichsten Art zu bilden, ist durch eine Reihe von Grundfreiheiten gesichert. Dazu gehören die Redefreiheit, die Versammlungs- und Vereinigungsfreiheit und die Religionsfreiheit. Wie der kanadische Philosoph Will Kymlicka (*1962) betont hat, ist es für die Autonomie eines Menschen wichtig, an stabilen, kulturell reichhaltigen Gemeinschaften teilhaben zu können. In Kymlickas Heimat Kanada bedürfen beispielsweise indigene Gemeinschaften besonderer Berücksichtigung. Solchen Gruppen besondere Rechte zuzugestehen, ist geboten, um ihren Mitgliedern die gleichen Möglichkeiten zur autonomen Selbstentfaltung zu geben wie den Angehörigen der Mehrheitsgesellschaft.

Multikulturalismus

Der Begriff, mit dem diese Anliegen zusammenfassend bezeichnet werden, ist der des „Multikulturalismus“. Er entstand in den 1960er Jahren in Kanada und benennt das Postulat staatsbürgerlicher Gleichbehandlung, das besagt, dass auch die Ange-

20 Eine Ausnahme stellen hier übrigens die USA da: Dort sind viele gesetzliche Feiertage Erinnerungstage an historische Ereignisse, z.B. der Unabhängigkeitstag am 4. Juli.

hörigen ethnischer oder religiöser Minderheiten ihre kulturellen Praktiken ausüben dürfen und dafür entsprechende Rechte und öffentliche Anerkennung erhalten sollen.[21] Anstatt Minderheiten zur Assimilation an die Mehrheitsgesellschaft zu zwingen, soll es ein friedliches, freiheitliches Miteinander unterschiedlicher Kulturen geben.

Echte Chancengleichheit

Allerdings stellen sich in der Praxis viele Herausforderungen für einen liberalen Multikulturalismus. Eine erste Herausforderung besteht darin, sicherzustellen, dass die Angehörigen von Minderheiten von der Mehrheitsgesellschaft nicht diskriminiert werden. Eine solche Diskriminierung kann beispielsweise darin bestehen, dass Angehörige einer Minderheit aufgrund von Vorurteilen geringere Berufschancen haben. Dies widerspricht dem liberalen Grundsatz der Chancengleichheit, deshalb sollten derartige Formen von Diskriminierung aktiv bekämpft werden.

„Minderheiten in Minderheiten"

Kulturelle Gemeinschaften können aber auch freiheits*einschränkende* Züge besitzen, die es ihren Mitgliedern erschweren, ein selbstbestimmtes Leben zu führen. Was ist mit denjenigen Angehörigen von Minderheiten, die Werte und Lebensform der Minderheit, der sie angehören, weil sie in sie hineingeboren wurden, nicht teilen wollen („Minderheiten in Minderheiten"[22])? Wie kann deren Autonomie gesichert werden? Zugleich muss danach gefragt werden, wie man verhindern kann, dass Fälle von Diskriminierung *innerhalb* einer Minderheit – z. B. Frauenfeindlichkeit in manchen traditionalistischen Gemeinschaften – von Mitgliedern der außenstehenden Mehrheitsgesellschaft dazu missbraucht werden, diese Minderheit insgesamt zu diskreditieren.

Kämpfe innerhalb kultureller Gemeinschaften

Es wäre aber falsch, nur die Konfliktlinie zwischen Mehrheitsgesellschaft und Minderheiten zu sehen. Auch *innerhalb* vieler kultureller Gemeinschaften gibt es Kämpfe um die Auslegung des eigenen kulturellen Erbes. Manche Positionen sind dabei mit dem liberalen Schutz individueller Rechte besser vereinbar als andere.

21 Für einen Überblick siehe z.B. David Strecker: „Multikulturalismus", in: *Politische Theorie – 25 umkämpfte Begriffe zur Einführung*. Hrsg. Gerhard Göhler, Mattias Iser und Ina Kerner. Wiesbaden: Verlag für Sozialwissenschaften, 2004/ 2011, 257–272 oder Sarah Song: „Multicalteralism", in: *The Stanford Encyclopedia of Philosophy* (2017). Hrsg. Edward N. Zalta, <https://plato.stanford.edu/archives/spr2017/entries/multiculturalism/>.

22 Siehe dazu z.B. Avigail Eisenberg und Jeff Spinner-Halev (Hrsg.): *Minorities within Minorities. Equality, Rights and Diversity.* Cambridge: Cambridge University Press, 2005.

Beispiel: Soroushs Verständnis des Islam

Religiöse Gemeinschaften werden oft dafür kritisiert, Druck auf ihre Mitglieder auszuüben – nach der Vorstellung vieler religiöser Individuen und Denker*innen sollten religiöse Gemeinschaften auf eine solche Machtausübung aber verzichten. So betont der iranische Philosoph Abdolkarim Soroush (*1945), dass Religionen ausschließlich in freien Gesellschaften gedeihen könnten, weil Religion eine Angelegenheit des Herzens sei, die nicht von außen erzwungen werden könne.[23] Soroush beruft sich bei seinen Überlegungen auf den großen persischen Denker Al-Ghazali (1058–1111), der die Position vertrat, dass religiöse Fragen jenseits der Gerichtsbarkeit weltlicher Gerichte lägen.[24]

Welche Sonderregeln zulassen?

Was aber soll man tun, wenn Angehörige von Minderheiten auf Praktiken bestehen, bei denen unklar ist, ob diese mit den individuellen Grundrechten in Einklang gebracht werden können? Wie z.B. sollen liberale Staaten reagieren, wenn Muslima Ganzkörper- oder Gesichtsschleier tragen, die ihre visuelle Iden-

Abb. 9: Ausdruck religiöser Freiheit oder Unterdrückung? Touristin mit Ganzkörperverschleierung am Toten Meer

23 'Abdolkarim Soroush: *Reason, Freedom & Democracy in Islam. Essential Writings of 'Abdolkarim Soroush.* Translated, Edited, and with a Critical Introduction by Mahmoud Sadri and Ahmad Sadri. Oxford: Oxford University Press, 2000, bes. Kapitel 8 und 9.

24 Ebd., 143.

tität verbergen, die Trägerinnen sich dabei aber auf ihre Religionsfreiheit berufen? Wird hier von Seiten ihrer Familien und Religionsgemeinschaften Druck ausgeübt, und müsste der Staat die Individuen davor schützen? Gegen ein umfassendes staatliches Verhüllungsverbot[25] spricht ein pragmatisches Argument: Ein solches Verbot könnte bewirken, dass manche Frauen das Haus überhaupt nicht mehr verlassen dürften. Der Philosoph und Soziologe David Strecker schlägt folgende Daumenregel vor: Sonderregelungen sollen dann erlaubt sein, wenn sie letztlich der Integration der Betroffenen in die Gesellschaft dienen.[26]

4.5 Der liberale Staat als „dünne" Gemeinschaft

Staatliches Neutralitätsgebot

Der liberale Staat steht als politische Institution oberhalb der verschiedenen kulturellen Gemeinschaften. Es folgt aus dem Gebot der Gleichbehandlung aller Bürger*innen, dass er keine Gruppe bevorzugen oder benachteiligen darf. Es gilt das Gebot *staatlicher Neutralität*. Der historische Hintergrund, vor dem sich diese Idee entwickelte, waren die konfessionellen Bürgerkriege im Europa des 16. und 17. Jahrhunderts: Damals stürzten religiöse Meinungsverschiedenheiten ganze Völker in blutige Konflikte.[27] Fragen der Religion und der Weltanschauung sollten deswegen aus der Politik ferngehalten werden, so die Einsicht nach dem Ende des 30-jährigen Kriegs 1648.

Unterschiedliche Formen

Unterschiedliche Länder interpretieren das staatliche Neutralitätsgebot unterschiedlich. Die französische Lösung z.B. ist die eines strengen Säkularismus, der zwischen Staat und Religion eine klare Grenze zieht. In Deutschland dagegen gibt es enge Verbindungen zwischen den Religionsgemeinschaften, insbesondere den christlichen Kirchen, und dem Staat, wie z.B. am System der vom Staat eingetriebenen Kirchensteuer klar wird. Wie das Bundesverfassungsgericht in einem Urteil von 2003 festhielt, sei die weltanschauliche Neutralität des Staates „nicht im Sinne einer strikten Trennung von Kirche

25 Dieses ist zu unterscheiden von dem sogenannten Vermummungsgebot im öffentlichen Raum, das bei besonderen Anlässen, etwa Demonstrationen, gilt.

26 Strecker: „Multikulturalismus", 267 ff.

27 Siehe auch Tine Stein: „Religion", in: *Politische Theorie – 25 umkämpfte Begriffe zur Einführung*. Hrsg. Gerhard Göhler, Mattias Iser und Ina Kerner, Wiesbaden: Verlag für Sozialwissenschaften, 2004/2011, 324–338, 326.

und Staat zu verstehen, „sondern als eine offene und übergreifende, die Glaubensfreiheit für alle Bekenntnisse gleichermaßen fördernde Haltung.“[28]

„Politik der Gemeinschaft“

Das Bild vom Staat als einer neutralen, übergeordneten Instanz hat immer wieder Befürchtungen ausgelöst, insbesondere in Bezug auf die Frage, was die neutral organisierte Gesellschaft eigentlich zusammenhalten kann. Hinzu kamen Sorgen über die Vereinzelung der Individuen und die Auflösung traditioneller sozialer Bande.[29] Kommunitarist*innen, so auch der israelisch-amerikanische Soziologe Amitai Etzioni, setzen sich oftmals auch auf praktischer Ebene dafür ein, lokale und andere Gemeinschaften zu stärken („Politik der Gemeinschaft“).[30]

Sicherung des gesellschaftlichen Zusammenhalts

Aber nicht nur Kommunitarist*innen, sondern auch liberale Theoretiker*innen müssen sich die Frage stellen, was eine Gesellschaft zusammenhält. Eine liberale Gesellschaft will so wenig Zwang wie möglich ausüben; für sie ist es daher besonders wichtig, dass die Bürger*innen sich hinreichend mit ihr identifizieren und die in ihr geltenden Gesetze freiwillig einhalten. Die Frage, wie dies gelingen kann, wurde spätestens seit dem 19. Jahrhundert diskutiert.

Renan: „Willensnation“

Schon gegen Ende des 19. Jahrhunderts argumentierte der Franzose Ernest Renan (1823–1892), dass „Nationen“ nicht auf Dynastien, ethnischen Zugehörigkeiten, Sprachen oder Religionen aufbauen würden, sondern auf dem gemeinsamen Willen.[31] Wie er schrieb: „Eine Nation ist eine Seele, ein geistiges Prinzip.“[32] Insbesondere in der sprachlich, kulturell und religiös vielfältigen Schweiz spielt die Idee der „Willensnation“ eine wichtige Rolle.

Sternberger, Habermas: „Verfassungspatriotismus“

Einen ähnlichen Gedanken, aber bezogen auf die *Verfassung* eines Landes, beschreibt der Begriff des „Verfassungspatriotismus“, der in Deutschland vor dem Hintergrund der NS-Vergangenheit vom Politikwissenschaftler Dolf Sternberger (1907–1989) entworfen und von Jürgen Habermas weiterentwickelt wurde.[33]

---

28 BvR 1436/02 vom 03.06.2003, Randziffer 44, zitiert in Stein: „Religion“, 333.

29 Siehe z.B. Robert David Putnam: *Bowling Alone – The Collapse and Revival of American Community*. New York: Simon & Schuster, 2000.

30 Siehe dazu auch Bell: „Communitarianism“.

31 Ernest Renan: *Was ist eine Nation? Rede am 11.März 1882 an der Sorbonne*. Ausgabe unter Mitwirkung von Walter Euchner, Hrsg. Sabine Groenewold. Hamburg: Europäische Verlagsanstalt, 1996 [1882].

32 Ebd., 34.

33 Dolf Sternberger: „Verfassungspatriotismus. Rede bei der 25-Jahr-Feier der Akademie für Politische Bildung“, in: ders., *Schriften* X, hrsg. von Peter

Der deutsche Patriotismus war von den Nationalsozialisten massiv missbraucht worden; ein „normaler" Patriotismus kam deswegen nicht in Frage. An seine Stelle sollte die Identifikation mit den Grundsätzen der Verfassung und das Bewusstsein der nationalen Geschichte treten.

„Böckenförde-Paradox"

Wie viel Verbundenheit damit allerdings einhergehen sollte, blieb umstritten. Reicht die Verfassung als Gegenstand der Identifikation aus? Vom deutschen Verfassungsjuristen Wolfgang Böckenförde (1930–2019) stammt eine These, die als „Böckenförde-Paradox" bekannt wurde: „Der freiheitliche, säkularisierte Staat lebt von Voraussetzungen, die er selbst nicht garantieren kann."[34] Gemeinsinn und Gemeinschaftsbindung seien für eine funktionierende liberale Demokratie nötig, müssten sich aber aus nicht-staatlichen Quellen speisen.

Empirische Daten zum gesellschaftlichen Zusammenhalt

Ob es liberalen Staaten gelingt, genug sozialen Zusammenhalt zu generieren, um aus sich selbst heraus stabil zu sein, ist eine empirische Frage, und es gibt verschiedene Forschungsergebnisse zu ihrer Beantwortung. Eine große Studie des amerikanischen Soziologen Robert D. Putnam (*1941) kam im Jahr 2000 zu dem Ergebnis, dass das Sozialkapital der amerikanischen Gesellschaft – also die Bindungen zwischen den Bürger*innen – geringer geworden sei. Als Hauptgründe hierfür führte er den Zeitverlust durch das Pendeln zur Arbeit und die Ablenkung durch das Fernsehen an.[35] Andere Studien kommen dagegen zu dem Ergebnis, dass die Bereitschaft zur Kooperation in modernen Gesellschaften keineswegs geringer sei als in traditionellen.[36]

Wille zur freiheitlichen Gesellschaft

Aus Sicht eines Staates, der die gerechte Freiheit seiner Bürger*innen sichern will, ist die entscheidende Frage: Wie kann die Motivation aufrechterhalten werden, die sozialen Institutionen und Strukturen zu verteidigen, die die Freiheit der Ein-

---

Haungs u.a. Frankfurt am Main: Insel, 1990, 17–31; Jürgen Habermas: „Vorpolitische Grundlagen des demokratischen Verfassungsstaates?", in: ders.: *Zwischen Naturalismus und Religion. Philosophische Aufsätze* Frankfurt am Main: Suhrkamp, 2009, 106–118.

34 Ernst-Wolfgang Böckenförde: *Staat, Gesellschaft, Freiheit – Studien zur Staatstheorie und zum Verfassungsrecht.* Frankfurt am Main: Suhrkamp, 1976, 60. Böckenförde betonte besonders die Rolle religiöser Gemeinschaften, doch dies muss man nicht teilen.

35 Putnam: *Bowling Alone.* Manche von Putnams Thesen wurden inzwischen von ihm und anderen Forscher*innen teilweise zurückgenommen, und es wurden auch gegenläufige Trends identifiziert.

36 So z.B. Samuel Bowles: „Is Liberal Society a Parasite on Tradition?", *Philosophy and Public Affairs,* 39(1) (2011), 46–81, hier 71.

zelnen überhaupt erst ermöglichen? Denn wie insbesondere Charles Taylor betont: Als freies Individuum kann man seine Identität nur in einer freiheitlichen Gesellschaft erhalten, deswegen muss man dazu beitragen, diese Gesellschaft und ihre Kultur zu schützen.[37] Das ist keine Abkehr vom Liberalismus, sondern ein Ansatz, der die *Voraussetzungen* individueller Freiheit berücksichtigt.

Solidarität unter Bürger*innen

Der liberale Staat muss also keine enge kulturelle Gemeinschaft sein, aber seine Bürger*innen müssen sich als Gruppe verstehen, in der bestimmte Werte als gültig anerkannt und gewürdigt werden. Man kann dies als *Solidarität* bezeichnen. Der Begriff der „Solidarität", der sowohl griechische als auch jüdisch-christliche Wurzeln hat, tritt dabei, wie der Soziologe Hauke Brunkhorst (*1945) schreibt, an die Stelle des Begriffs der „Brüderlichkeit". Er drückt „die reziproke Verpflichtung aller gegenüber allen" aus.[38]

Grenzen der Neutralität

Kritiker*innen werfen der zuvor skizzierten liberalen Staatskonzeption vor, einen letztlich doch nicht *neutralen* Staat zu entwerfen: Lehren, die andersartige Grundprinzipien vertreten, und z.B. das Gewaltmonopol des Staates oder die demokratische Gleichheit aller Menschen ablehnen, hätten darin keinen Platz. Das muss jedoch nicht als Defizit wahrgenommen werden: Jede Gemeinschaft hat bestimmte Grundwerte und muss sich gegen diejenigen wehren können, die diese grundsätzlich ablehnen. Und wer solche Kritik äußert, nimmt in der Regel zugleich jene Rechte in Anspruch, die der liberale Staat gewährt, allen voran das Recht auf freie Meinungsäußerung.

4.6 Schluss – Die Ausweitung der Gemeinschaft?

„Brüderlichkeit bleibt relevant"

Die Frage nach Geschwisterlichkeit, Gemeinschaft und Solidarität ist also auch in der heutigen Zeit relevant. Aristoteles' Prämisse vom Menschen als „zoon politikon" behält ihre Gültigkeit. Allerdings nimmt die soziale Natur des Menschen in einer modernen, freiheitlichen Gesellschaft andere Formen an als in der antiken Polis. Die „liberal-kommunitaristische" Debatte hat dazu beigetragen, klarer zu sehen, dass auch liberale Gesellschaften

37 Vgl. auch Taylor: „Atomism".
38 Brunkhorst: *Solidarität*, 86.

gemeinsame Standards brauchen, die von ihren Mitgliedern geteilt werden.

Ausweitung der Gemeinschaft

Historisch kann man beobachten, dass die Gemeinschaft derjenigen, die als vollwertige Mitglieder der Gesellschaft angesehen wurden, nach und nach ausgeweitet wurde: So konnten Frauen und Nicht-Weiße in jahrhundertelangen, bis heute nicht abgeschlossenen Kämpfen ihre Mitgliedschaft in dieser Gemeinschaft erlangen (dazu mehr in Kapitel 5). Es stellt sich die Frage, ob diese Ausweitungsdynamik weitergehen kann und soll – und wenn ja, in welche Richtung. Manche Tier-Ethiker*innen argumentieren, dass nicht-menschliche Tiere ebenfalls in die Gemeinschaft eingeschlossen werden sollten.[39] Eine andere Form der Ausweitung blickt über die Grenzen des Nationalstaats hinweg zu Menschen in anderen Ländern.[40] Wir leben in einer globalisierten Welt – damit erhalten Fragen nach gerechten Strukturen auch eine globale Dimension (dies wird in Kapitel 6 thematisiert werden).

Weiterführende Literatur:

Aristoteles' Politik gibt es in unterschiedlichen Übersetzungen (z.B. Reinbek: Rowohlt, 1965/2014). Als Begründungstext des modernen Kommunitarismus gilt Michael Sandels *Liberalism and the Limits of Justice* (Cambridge: Cambridge University Press, 1985/1998). Ein interessanter Sammelband dazu ist auch Shlomo Avineri und Avner De-Shalit (Hrsg.): *Communitarism and Individualism* (New York: Oxford University Press, 1992). Deutschsprachige Kommentare finden sich in Walter Reese-Schäfer (Hrsg.): *Handbuch Kommunitarismus* (Wiesbaden: Springer Reference Geisteswissenschaften, 2018).

39 So z.B. Peter Singer: *Praktische Ethik*. Stuttgart: Reclam, 1984/2013 [1979], Kap. 3.

40 Vgl. Brunkhorst: *Solidarität*, Teil III.

5. Feminismus und „racial justice“

5.1 Einleitung

Ging die Französische Revolution weit genug?

Bislang hat sich diese Einführung an den Prinzipien der Französischen Revolution von 1789, *Freiheit, Gleichheit* und *Brüderlichkeit,* orientiert. Betrachtet man das berühmte Bild „Die Freiheit führt das Volk“ von Eugène Delacroix – das allerdings erst 1830 entstand – dann fällt eine Sache auf: Zwar wird die „Freiheit“ durch eine Frau symbolisiert, aber alle andere Personen auf dem Bild sind Männer und Jungen, alle sind dem Anschein nach ethnische Franzosen.[1] Sollten die Werte der Revolution nur für sie gelten?

Abb. 10: Die Freiheit führt das Volk, Eugène Delacroix, 1830

der westlichen Geschichtsschreibung oft vergessen. Siehe z.B. Susan Buck-Morss: *Hegel, Haiti, and Universal History.* Pittsburgh: University of Pittsburg Press, 2009.

Freiheit, Gleichheit, Brüderlichkeit für wen?

Der Anspruch der Französischen Revolution ging weiter. Personen aus ethnischen und religiösen Minderheiten, z.B. Juden, erhielten die Bürgerrechte. Es gab mehrere Anläufe, auch die Rechte von Frauen explizit in die Verfassung aufzunehmen.[2] Viele Revolutionäre unterstützten die *Gesellschaft der Freunde der Schwarzen*, die sich für die Abschaffung des Sklavenhandels einsetzte.[3] Der Idee nach war die Französische Revolution darauf angelegt, die Rechte aller Menschen gleichermaßen zu erkämpfen. Die Praxis dagegen sah anders aus: In der Regel blieben Nicht-Männer und Nicht-Weiße lange von politischer Mitsprache und gesellschaftlicher Teilhabe ausgeschlossen.

Politische Philosophie: weiß und männlich?

Auch das politische Denken der westlichen Moderne war in weiten Zügen „männlich“ und „weiß“;[4] auch kamen viele politische Philosophen aus privilegierten Schichten. Dementsprechend schloss die „Kanonbildung“ der Philosophie Frauen und nicht-westliche Denker*innen systematisch aus.[5] Zahlreiche Themen, die die privilegierte Gruppe wohlhabender weißer Männer nicht betrafen, blieben deshalb blinde Flecken. Es waren in der Regel die Stimmen der Betroffenen, also derjenigen, die unter spezifischen Formen von Ungerechtigkeit litten, die die Fragen danach in die politische Philosophie einbrachten.

Vorschau

Im Folgenden werden einige Elemente aus den Debatten über Feminismus und „racial justice“, also der Gerechtigkeit zwischen ethnischen Gruppen, vorgestellt – im vollen Bewusstsein, dabei nur kleine Ausschnitte zeigen zu können. In beiden Fällen liegen zwar in vielen Ländern gleiche formale Rechte vor, de facto gibt es aber immer noch zahlreiche Formen der Ungleichbehandlung. Abschließend wird es um das Problem gehen, dass viele Individuen unter *mehreren* Formen von Diskriminierung leiden.[6]

2 Dazu gehört besonders die Erklärung der Rechte der Frauen und Bürgerinnen [Déclaration des droits de la femme et de la citoyenne, 1791] von Olymp de Gouge (1748–1793), siehe z.B. Karl Heinz Burmeister: *Olympe de Gouges. Die Rechte der Frau 1791*. Bern: Stämpfli Verlag, 1999.

3 Siehe Brunkhorst: *Solidarität*, 82.

4 Siehe dazu z.B. David L. Miller: *Political Philosophy*, Kap. 6.

5 Siehe z.B. Peter K. J. Park: *Africa, Asia, and the History of Philosophy: Racism in the Formation of the Philosophical Canon, 1780–1830*. Albany: State University of New York Press, 2013. Zum Verhältnis von Rassismus und Sozialvertragstheorie siehe Charles W. Mills: *The Racial Contract*. Ithaca: Cornwell University Press, 1999.

6 Ein Thema, das man in diesem Zusammenhang ebenfalls diskutieren könnte, ist der Kampf gegen die Diskriminierung behinderter Menschen. Lediglich aus Platzgründen greife ich diese Debatte hier nicht auf.

5.2 Feminismus

Grundanliegen des Feminismus

Frauen machen 50% der Bevölkerung aus, doch sie waren, und sind zum Teil bis heute, in vielen gesellschaftlichen Bereichen unterrepräsentiert. „Feminismus“ lässt sich ganz allgemein fassen als das Anliegen, die Unterdrückung von Frauen zu verstehen und zu bekämpfen. Dieses Anliegen geht von zwei Prämissen aus: Erstens von der grundlegenden moralischen Gleichheit aller Menschen, und zweitens von der Tatsache, dass das Recht der Frauen auf Gleichbehandlung vielfach verletzt wird.[7]

Historisch: Frauen im Haushalt

Zahlreiche Denker reduzierten Frauen in der Vergangenheit auf ihre biologischen Funktionen und sahen ihre Rolle im Haushalt, nicht im öffentlichen Raum der Politik. Belege hierfür finden sich von der Antike bis weit hinein ins 20. Jahrhundert; wir sahen dies z.B. bei Aristoteles in Kapitel 4. Die Denkgewohnheit, „Haushalte“ als kleinste Einheit der Gesellschaft zu sehen und Fragen nach den *inner*familiären Verhältnissen im politischen Diskurs außer Acht zu lassen, war weit verbreitet. Frauen unterstanden bis ins 20. Jahrhundert hinein der Autorität ihrer Ehemänner, Väter, Brüder oder Söhne. Die Regelung, dass Ehemännern ihren Frauen verbieten konnten, zu arbeiten, wurde in Deutschland beispielweise erst 1976 abgeschafft;[8] Vergewaltigung in der Ehe ist erst seit 1997 strafbar.[9]

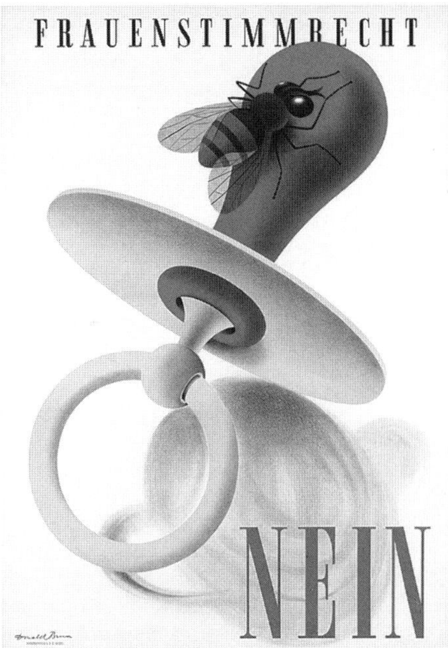

Abb. 11: Stimmberechtigte Mütter – vernachlässigte Kinder: 1946 wurde mit diesem Plakat gegen das Frauenwahlrecht in der Schweiz polemisiert, das dort erst 1971 eingeführt wurde

7 Eine Einführung zu diesem Thema bietet z.B.: Margret Karsch: *Feminismus: Geschichte, Positionen*. Bonn: Bundeszentrale für Politische Bildung, 2016.

8 Dies geschah mit dem sogenannten ‚Ersten Gesetz zur Reform des Ehe- und Familienrechts‘ (1. EheRG) vom 14. Juni 1976. Siehe: *Bundesgesetzblatt* 1976 (67), 1421 ff. Abrufbar im Internet unter: https://www.bgbl.de/xaver/bgbl/.

9 Zur Geschichte des genannten Straftatbestands siehe auch: Celikates und Gosepath: *Grundkurs Philosophie. Band 6: Politische Philosophie*, 134.

Keine Gleichstellung im politischen und ökonomischen Bereich

Bis heute sind Frauen in vielen politischen und ökonomischen Bereichen unterrepräsentiert, besonders in Machtpositionen. Im November 2018 waren 24 % aller Mitglieder nationaler Parlamente weiblich – immerhin mehr als eine Verdoppelung seit 1995.[10] Im Oktober 2017 gab es weltweit nur elf weibliche Staatschefinnen und 12 weibliche Regierungschefinnen. Im wirtschaftlichen Bereich herrscht ebenso wenig Gleichstellung: Nach einer Schätzung der Vereinten Nationen gibt es weltweit für über 2,7 Milliarden Frauen gesetzliche Einschränkungen bei der Jobwahl.[11] Die Einkommen von Frauen sind im Durchschnitt niedriger als die von Männern, wobei die genauen Werte stark von der Berechnungsmethode abhängen und über die Ursachen kontrovers diskutiert wird.[12]

Gesellschaftsvertrag rein männlich

Die unbezahlte Arbeit von Frauen im Haushalt und bei der Pflege von Kindern, Kranken und alten Menschen war und ist bis heute zentrale Voraussetzung dafür, dass Männer ihren Rollen im politischen und ökonomischen Bereich nachgehen können. Wie die britisch-amerikanische Philosophin Carole Pateman (*1940) argumentiert, ist das Bild vom Gesellschaftsvertrag als einem Vertrag zwischen freien und unabhängigen Individuen einseitig: Es blendet aus, dass diese Individuen als Männer konzipiert waren, denen ihre Frauen den Rücken freihielten.[13]

Forderung nach Gleichheit: Wollstonecraft

Die Forderung nach gleichen Rechten für Frauen ist in der Geschichte der Menschheit immer wieder aufgeflammt. Ein Beispiel aus dem 18. Jahrhundert stellt das Werk *A Vindication of the Rights of Woman* der englischen Pädagogin und Autorin Mary Wollstonecraft (1759–1797) dar.[14] Es ist ein typisches Werk der Aufklärung in dem Sinne, dass Wollstonecraft an die Kraft der Ver-

---

10 Siehe http://www.unwomen.org/en/what-we-do/leadership-and-political-participation/facts-and-figures (abgerufen 14. 3. 2019).

11 Siehe http://www.unwomen.org/en/what-we-do/economic-empowerment/facts-and-figures (abgerufen am 14. 3. 2019)

12 Zum internationalen Lohngefälle siehe z.B.: http://www.unwomen.org/en/what-we-do/economic-empowerment/facts-and-figures (abgerufen 14.3.2019); demnach verdienen Frauen im Schnitt 77% von dem, was Männer verdienen. Zu Gehaltsunterschieden zwischen Müttern und Nicht-Müttern siehe z.B. Damian Grimshaw und Jill Rubery: „The motherhood pay gap: A review of the issues, theory and international evidence", in: *Conditions of Work and Employment Series* (57). Genf: International Labour Organization, 2015.

13 Carole Pateman: *The Sexual Contract*. Cambridge: Polity Press, 1988.

14 Mary Wollstonecraft: *A Vindication of the Rights of Woman with Strictures on Political and Moral Subjects*. Harmondsworth: Penguin, 1972 [1792]. Siehe

Abb. 12: Mary Wollstonecraft, Portrait von John Opie, ca. 1797

nunft glaubt, die Gesellschaft moralisch zu verbessern. Es sei eine Forderung der Vernunft, Frauen die gleichen Rechte zu geben und ihnen die gleiche Erziehung zuteil werden zu lassen wie Männern, anstatt sie durch ein falsches Ideal von Weiblichkeit dazu zu bringen, sich nur als Spielgefährtinnen von Männern zu sehen. Heute scheint dies selbstverständlich; 1792 war es revolutionär.

Die Durchsetzung gleicher formaler Rechte für Frauen dauerte Jahrzehnte und ist in vielen Ländern immer noch nicht erreicht. Der Kampf um Rechtsgleichheit wird manchmal als die „erste Welle“ des Feminismus beschrieben; ihm folgten, in dieser Klassifizierung, eine „zweite“ und eine „dritte“ Welle. In der zweiten Welle der 1960er und 1970er Jahre ging es zusätzlich um Gleichberechtigung in allen Lebensbereichen, z.B. in der Arbeitswelt. Als „dritte“ Welle wird das Anliegen der letzten Jahrzehnte beschrieben, den Feminismus stärker nach Ethnien und Klassen auszudifferenzieren.[15]

Ausdifferenzierung des Feminismus

Heute ist die feministische Debatte extrem breit und komplex; es gibt so viele Formen von Feminismus, wie es politische und philosophische Richtungen gibt.[16] So gibt es z.B. liberalen, sozialistischen, radikalen, oder poststrukturalistischen Feminismus. So wichtig die Differenzierung ist – manchmal besteht die Gefahr, Trennendes über Gemeinsames zu stellen.

„Privat“ versus „Politisch“

Ein zentrales Anliegen, das viele Feminist*innen eint, ist die Kritik an der Trennung von „privat“ und „politisch“, die seit den

auch Sandrine Bergès: *The Routledge Guidebook to Wollstonecraft's A Vindication of the Rights of Woman*. London/ New York: Routledge, 2013.

15 Dazu vgl. Noëlle McAfee: „Feminist Philosophy“, in: *The Stanford Encyclopedia of Philosophy* (2018). Hrsg. Edward N. Zalta, https://plato.stanford.edu/entries/feminist-philosophy/.

16 Vgl. auch Celikates und Gosepath: *Grundkurs Philosophie. Band 6: Politische Philosophie*, 122ff.

1970ern in dem Slogan „Das Private ist politisch" gefasst wurde.[17] „Das Private" meint dabei sowohl die Privatwirtschaft als auch private Verhältnisse in Familien, sowie soziale Normen, soziale Rollen und soziale Erwartungen im privaten Bereich. Feminist*innen der zweiten Generation wiesen darauf hin, dass das Ziehen der Grenze zwischen „politisch" und „privat" selbst eine politische Angelegenheit ist. Ganz in diesem Sinne kritisierte die neuseeländische Feministin Susan Moller Okin (1946–2004) an Rawls' Theorie der Gerechtigkeit, dass mit ihr die Frage nach Gerechtigkeit innerhalb der Familie unbeachtet bliebe.[18]

De Beauvoir: soziale Konstruktion von „Geschlecht"

Ein wichtiger Beitrag der „zweiten Welle" war außerdem, das Bewusstsein dafür geschärft zu haben, in welch hohem Maß die Unterschiede zwischen den Geschlechtern sozial konstruiert sind. Wegweisend hierfür war die Studie *Das andere Geschlecht* der französischen Philosophin Simone de Beauvoir (1908–1986). Sie analysierte, was es bedeutet, als Frau sozialisiert zu werden. Dabei fiel auch der berühmte Satz: „Man kommt nicht als Frau zur Welt, man wird es."[19] De Beauvoir zeigte, dass Männer stets als die Norm galten, von der abweichend Frauen wahrgenommen wurden. Die Abwertung der Frau basiere auf eben dieser Wahrnehmung von Frauen als „das Andere".

„Sex" und „Gender"

Um de Beauvoirs Argument zu fassen, bürgerte sich die Unterscheidung von „Sex" und „Gender ein: „Sex" meint die biologische Ebene, „Gender" die soziale. Allerdings gingen manche Autor*innen im Verlauf der Diskussion weiter. So argumentiert die amerikanische Philosophin Judith Butler (*1956) dafür, dass die Unterscheidung von „Sex" und „Gender" selbst ein soziales Konstrukt sei.[20] Sie hinterfragt die Dichotomie

Abb. 13:
Simone de Beauvoir in Peking 1955

17 Hintergrundtexte finden sich z.B. in Ilse Lenz (Hrsg.): *Die neue Frauenbewegung in Deutschland: Abschied vom kleinen Unterschied – Eine Quellensammlung.* Wiesbaden: Verlag für Sozialwissenschaften, 2008.

18 Okin: *Justice, Gender, and the Family.*

19 Simone de Beauvoir: *Das andere Geschlecht. Sitte und Sexus der Frau.* Hamburg: Rowohlt, 1992/2008 [1949], 334.

20 Judith Butler: *Das Unbehagen der Geschlechter.* Frankfurt am Main: Suhrkamp, 1991/2012 [1990].

von „Mann" und „Frau" und weist darauf hin, dass in der Natur auch androgyne und transsexuelle Fälle vorkommen. Die Formbarkeit von Geschlechteridentitäten werde durch historische und transkulturelle Analysen sichtbar, so Butler. Ihr zufolge sollte eine freiheitliche Gesellschaft die Vielfalt sexueller Identitäten nicht unterdrücken.

„Gleichheits-" und „Differenzfeminismus"

Während frühen Feminist*innen vor allem daran gelegen war, Frauen als *Gleiche* zu etablieren, betonten spätere Denker*innen des sogenannten „Differenzfeminismus'", dass Frauen tatsächlich in manchen Hinsichten *anders* seien als Männer, insbesondere in Bezug auf ihre potentielle Mutterschaft. Dementsprechend sollten Frauen gerade *nicht* nach dem Muster von Männern verstanden und behandelt werden, sondern umgekehrt Eigenschaften, die als „weiblich" galten, neu verstanden und aufgewertet werden.[21] So verwiesen beispielsweise einige Vertreter*innen der „Fürsorgeethik" („care ethics") darauf, dass Mädchen und Frauen ihre moralische Identität viel stärker von ihren Beziehungen zu anderen Menschen her definierten als Jungen und Männer.[22]

Natürliche oder soziale Unterschiede?

Bis heute halten die Debatten darüber an, welche natürlichen Unterschiede zwischen Männern und Frauen es gibt. Allerdings wies John Stuart Mill – der übrigens eng mit seiner Frau Harriet zusammenarbeitete – schon im 19. Jahrhundert darauf hin, dass man nicht wissen könne, ob es „natürliche" Unterschiede zwischen den Geschlechtern gebe, solange sie von der Gesellschaft so unterschiedlich behandelt würden, wie das immer noch der Fall sei.[23] Umgekehrt kann man auch nicht wissen, ob die positiven weiblichen Eigenschaften, die die Differenzfeminist*innen bis dato hervorgehoben haben, natürlichen Ursprungs oder Produkt sozialer Prozesse sind. Und: Selbst wenn es von Natur aus *statistische* Unterschiede zwischen Männern und Frauen geben sollte, sagen diese noch nichts über *einzelne* Individuen aus.

Gesellschaftliche Ungleichbehandlung

Dass soziale Normen, Erwartungen und Rollenvorbilder einen starken Einfluss auf das Verhalten von Männern und Frauen haben, wird von den Sozialwissenschaften seit Jahrzehnten bestä-

21 Siehe dazu auch Ladwig: *Moderne politische Theorie*, Kapitel 15.

22 Carol Gilligan: *Die andere Stimme: Lebenskonflikte und Moral der Frau*. München: Piper, 1988 [1982].

23 John Stuart Mill: *Die Hörigkeit der Frau*. Übersetzt von Jenny Hirsch. Berlin: Berggold 1869/1872 [1869], Kapitel 1. Der englischsprachige Originaltext, *On Subjection of Women*, findet sich u.a. in: *Collected Works of John Stuart Mill, Volume XVIII – Essays on Politics and Society Part I*. Hrsg. John Robson. Toronto: University of Toronto Press, London: Routledge and Kegan Paul, 1977, 213–310.

tigt. Kulturelle, wirtschaftliche und politische Faktoren wirken oft zusammen, z. B. wenn es um Klischees über „typisch männliche“ und „typisch weibliche“ Fähigkeiten geht.

Implizite Vorurteile

Diese Klischees beeinflussen als „implizite Vorurteile“ („implicit biases“) oft das Verhalten von Akteur*innen – von Männern *und* Frauen. „Stereotype Threat“ beschreibt umgekehrt das Verhalten derjenigen, die sich bedroht fühlen, wenn sie auf eine Weise handeln, die nicht diesen Kategorien entspricht. Daraus können selbsterfüllende Prophezeiungen werden, wenn z.B. Frauen weniger selbstbewusst auftreten, weil sie die Erfahrung gemacht haben, dass sie dafür abgestraft werden.[24]

Gleiche Chancen auf ein selbstbestimmtes Leben

Feminist*innen müssen nicht zwangsläufig darauf bestehen, dass in allen Lebensbereichen eine 50/50-Verteilung von Männern und Frauen vorliegt. Wichtig ist vielmehr, systematische Benachteiligungen und Diskriminierungen abzubauen. Die niederländische Philosophin Ingrid Robeyns (*1972) versteht eine Gesellschaft als geschlechtergerecht, wenn Männern und Frauen die gleichen Fähigkeiten (capabilities) zur Verfügung stehen und sie ohne geschlechterspezifische Einschränkungen daraus wählen können.[25]

5.3 „Racial Justice“

Diskriminierung nach Ethnie

Ebenso wenig wie die Gerechtigkeit zwischen den Geschlechtern ist die Gerechtigkeit zwischen verschiedenen ethnischen Gruppen ein abgeschlossenes Thema. Je nach Land sind die Konstellationen unterschiedlich; typischerweise gibt es eine oder mehrere ethnische Minderheiten, deren Mitglieder oft unter Diskriminierung und Ausgrenzung leiden. In den USA z.B. sind es vor allem die Nachfahren der schwarzen Sklav*innen, die bis heute ökonomisch und soziokulturell benachteiligt sind; in vielen europäischen Ländern sind es Menschen mit Migrationshintergrund, z.B. aus der Türkei oder Nordafrika.

---

24 Siehe dazu z.B. Anca Gheaus: „Feminism and Gender“, in: *The Bloomsbury Companion to Political Philosophy*. Hrsg. Andrew Fiala. London: Bloomsbury, 2015, 167–182.

25 Ingrid Robeyns: „When Will Society Be Gender Just?“ in: *The Future of Gender*. Hrsg. J. Browne. Cambridge: Cambridge University Press, 2007, 54–74.

Historische Rechtfertigung von Ungleichheit

Auch in dieser Hinsicht wurden diese Unterschiede historisch lange als „natürlich“ gerechtfertigt, inklusive der Rechtfertigung von Sklaverei, die sich schon bei Aristoteles findet.[26] Die Behauptung, dass bestimmte Menschengruppen anderen aufgrund natürlicher Gegebenheiten überlegen seien, zieht sich durch die Geschichte des politischen Denkens und wurde bis in die Neuzeit hinein nur von wenigen Philosoph*innen hinterfragt. Sie rechtfertigte Kolonialismus, Ausbeutung und Sklaverei.[27]

Nicht-weiße politische Philosoph*innen

Damit einher ging auch, dass die Stimmen von Nicht-Weißen in der politischen Philosophie lange nicht gehört wurden. Ein Beispiel für eine solche erst spät wahrgenommene Stimme ist William Edward Burghardt Du Bois, (1868–1963), der als erster Afroamerikaner einen Doktortitel erwarb und als Hochschullehrer, Autor und Aktivist arbeitete.[28] Ihm zufolge ist *das* Problem des 20. Jahrhunderts das Problem der Grenze, die aufgrund der Hautfarbe gezogen wird.

Du Bois: „Doppeltes Bewusstsein“

In seinem Essay *The Souls of Black Folk* von 1903 beschrieb Du Bois die amerikanische Gesellschaft aus der Perspektive eines Schwarzen. Er prägte den Begriff des „doppelten Bewusstseins“, womit beschrieben wird, dass man sich als schwarze Person stets auch mit den Augen anderer, nicht schwarzer, Personen sieht.[29] Die amerikanische Gesellschaft definiere sich, Du Bois zufolge, nach „weißen“ Standards, die Schwarze ausschließen und sie mit Vorurteilen belegen. Das bedeutete für Schwarze, dass sie sich ständig mit ihrer eigenen Abwertung konfrontiert sahen.

Abb. 14: Der Soziologe und Aktivist William Edward Burghardt Du Bois, 1918

26 Aristoteles: *Politik*, Buch I, Abschn. 3 ff, 1253b ff.

27 Siehe z.B. Andreas Eckert: „Aufklärung, Sklaverei und Abolition“, in: *Die Aufklärung und ihre Weltwirkung*. Hrsg. Wolfgang Hardtwig. Göttingen: Vandenhoeck & Ruprecht, 2010, 243–262.

28 Für einen Überblick hierzu siehe Gordon: *An Introduction to Africana Philosophy*, 73ff.

29 Eine Auswahl der englischsprachigen Schriften von William Edward Burghardt Du Bois (u.a. *The Souls of Black Folk*) findet sich in: *Writings*. Zusammengestellt von Nathan Irvin Huggins. New York: Literary Classics of the United States, 1986.

Fanon: Postkoloniales Denken

Eine andere Konstellation als die der ethnischen Minderheit erlebten Denker*innen, die in vom Westen kolonialisierten Ländern lebten und der kolonialen Gewalt und Unterdrückung unmittelbar ausgesetzt waren. Dies beschreibt beispielsweise der afrokaribische Psychoanalytiker und Philosoph Frantz Fanon (1925–1961) in seinem Text *Die Verdammten der Erde.*[30] Fanon beschäftigte sich damit, was die Erfahrung von Gewalt den Opfern des Kolonialismus antat. Er fragte unter anderem, ob gewaltsamer Widerstand gegen die Kolonialherren gerechtfertigt sein könnte, womit er eine große Kontroverse auslöste. Es ging Fanon aber nicht nur um die Rechtfertigung des Widerstands: Eines seiner zentralen Anliegen war, ein „schwarzes Bewusstsein" zu schaffen, das die psychologischen Nachwirkungen kolonialer Gewalt überwinden könnte.[31]

Said: Orientalismus

Eine andere große Debatte hat 1978 der palästinensisch-amerikanische Literaturtheoretiker Edward Said (1935–2003) mit seiner Studie *Orientalismus* ausgelöst. Er stellte die These auf, dass der „Orient" eine gedankliche Konstruktion der westlichen Wissenschaft sei, die das, was sie als „Orient" fasse, als minderwertig verstünde, womit koloniale Herrschaft gerechtfertigt würde. Auch wenn der Text für seine historischen Verallgemeinerungen kritisiert wurde, bleibt er wichtig, weil er die Frage stellt, wie „der Westen" auf andere Kulturkreise blickt und in welchem Maß dabei Überlegenheitsfantasien mitschwingen.

Radikale Ablehnung westlicher Ideen?

Viele Denker*innen der „african american" oder „postkolonialen" Literatur zeigen auf, wie sehr die Grundwerte des Westens missbraucht wurden, um die Ausbeutung und Unterdrückung anderer Kulturen zu rechtfertigen. Das bedeutet nicht, dass man – wie manche Autor*innen dies tun – diese Werte deshalb radikal ablehnen muss. Aber es bedeutet doch, dass man sehr genau hinschauen muss, wenn solche Werte zitiert werden, z.B. bei einem Begriff wie „Demokratie-Export", der oft dazu verwendet wurde, militärische Interventionen zu rechtfertigen.

Interne Differenzen

Auch innerhalb der Diskussion um „racial justice" gibt es viele verschiedene Stimmen. Dies zeigt z.B. der Schlagabtausch

---

30 Frantz Fanon: *Die Verdammten der Erde.* Übersetzt von Traugott König. Frankfurt am Main: Suhrkamp, 2015 [1961].

31 Siehe z.B. Lewis Ricardo Gordon: *Fanon and the Crisis of European Man: An Essay on Philosophy and the Human Sciences.* New York: Routledge, 1995. An Fanon schließt auch einer der bekanntesten afrikanischen Intellektuellen der Gegenwart, Achille Mbembe (*1957), an; siehe z. B: *Kritik der schwarzen Vernunft.* Berlin: Suhrkamp, 2014.

zwischen den beiden afroamerikanischen Philosophen Tommie Shelby (*1967) und Charles W. Mills (*1951). Während Shelby im Rawls'schen Liberalismus einen positiven Bezugspunkt für das Nachdenken über „racial justice“ sieht,[32] kritisiert Mills, dass weder Rawls selbst noch seine Anhänger*innen sich mit Gerechtigkeitsfragen im Hinblick auf ethnische Zugehörigkeit beschäftigt hätten. Bevor man mit Rawls über Chancengleichheit nachdenken könne, so Mills, müsste das Unrecht der Vergangenheit, insbesondere die Sklaverei, aufgearbeitet werden. Dafür seien Versöhnungskommissionen, öffentliche Schuldeingeständnisse und Wiedergutmachungszahlungen gefragt.[33]

5.4 Das unvollendete Projekt gleicher Freiheit

Herausforderung Gerechtigkeit

Das politische Projekt der Moderne, eine Gesellschaft zu schaffen, die alle Mitglieder als gleichwertig behandelt, ist insofern noch unvollendet, als sich sexistische und rassistische Denkmuster und Praktiken bis heute hartnäckig halten. Auch das, was schon erkämpft wurde, ist nicht davor gefeit, rückgängig gemacht zu werden.

Intersektionalität

Ein besonders dringliches Problem ist die Kombination unterschiedlicher Formen von Diskriminierung, z.B. aufgrund von Ethnie, Geschlecht, Klasse, oder körperlichem Status (behindert/nicht-behindert), die besonders die „dritte Welle“ des Feminismus' betont. Der Begriff „Intersektionalität“ beschreibt das Phänomen, dass eine Person anhand mehrerer dieser Achsen benachteiligt ist.[34] Es kann gerade das Zusammenwirken von Kategorien – z.B. als schwarze Frau – sein, das entscheidend für Diskriminierungsphänomene ist.

Kritik am „weißen“ Feminismus

Diese Einsicht ist nicht neu: Schon im 19. Jahrhundert wurde thematisiert, dass schwarze Frauen nicht nur als Frauen *und* als Schwarze, sondern als *schwarze Frauen* Diskriminierung ausgesetzt waren. Im Jahr 1851 hielt die afroamerikanische Aktivistin Sojourner Truth (1797–1883) auf einer Versammlung von Frauenrechtle-

32 Tommie Shelby: „Race and Ethnicity, Race and Social Justice: Rawlsian Considerations“, *Fordham Law Review* 72(5) (2004), 1697–1714.

33 Charles W. Mills: „Retrieving Rawls for Racial Justice? A Critique of Tommie Shelby“, *Critical Philosophy of Race* 1(1) (2013), 1–27.

34 Eine Einführung in das Thema bietet Karin Meyer: *Theorien der Intersektionalität*. Hamburg: Junius, 2017.

rinnen eine Rede, die später unter dem Titel „Ain't I a Woman" berühmt wurde. Truth forderte darin gleiche Rechte sowohl für alle Frauen als auch für alle Schwarzen. 1981 griff die Feministin bell hooks[35] (*1952) den Satz „Ain't I a Women" als Titel eines Buches auf, in dem sie diskutierte, wie stark der Feminismus die Bewegung einer kleinen Gruppe privilegierter weißer Frauen war.[36]

Verbindung zu „struktureller Ungerechtigkeit"

Der in Kapitel 3 eingeführte Begriff der „strukturellen Ungerechtigkeit" von Iris Marion Young ist hilfreich, um zu erfassen, wie Diskriminierung – auch die Diskriminierung anhand intersektioneller Merkmale – durch das Zusammenspiel formaler Gesetze und informeller Strukturen entstehen kann. Denn auch in Gesellschaften, in denen auf dem Papier alle Bürger*innen gleiche Rechte haben, können diskriminierende Denk- und Verhaltensmuster fortbestehen. Sie haben Einfluss darauf, wie Individuen ihre Identitäten bewerten, welche Lebenswege sie für sich entwerfen und auf wie viel Widerstand sie stoßen, wenn sie ihre Ziele verfolgen.

Formelle und informelle Formen der Diskriminierung beenden

Derartige Formen der Diskriminierung zu bekämpfen, kann nicht alleine durch formale Institutionen wie beispielsweise Gesetzesänderungen gelingen. Darüber hinaus ist der Wille der Gesellschaft nötig, gegen Diskriminierung anzukämpfen und den Opfern von Diskriminierung Solidarität und Unterstützung anzubieten. Hier sind Empathie und Dialogbereitschaft gefragt, um zum Beispiel zu verstehen, wie schädlich auch scheinbar „harmlose" Formen der Diskriminierung sein können. Diese Aufgaben kann man nicht an Politik im Sinne einer *formalen* Politik delegieren – hier ist die Gesellschaft als Ganze gefragt.

Weiterführende Literatur:

Mary Wollstonecrafts *A Vindication of the Rights of Woman with Strictures on Political and Moral Subjects* ist in zahlreichen Ausgaben verfügbar (z.B. Harmondsworth: Penguin, 1972). Sehr empfehlenswert ist auch die vergleichende Lektüre von Carole Pateman: *The Sexual Contract* (Cambridge: Polity Press, 1988) und Charles W. Mills: *The Racial Contract* (Ithaca: Cornwell University Press, 1999). Ein deutsches Überblickswerk zu Intersektionalität ist Karin Meyer: *Theorien der Intersektionalität* (Hamburg: Junius, 2017).

35 Es handelt sich um ein Pseudonym. Der bürgerliche Name von bell hooks ist Gloria Watkins.

36 bell hooks: *Ain't I a Women: Black Women and Feminism*. Boston: South End Press, 1981.

6. Globale Gerechtigkeit

6.1 Einleitung

Globale Fragen seit der Antike

Auch wenn sich ein großer Teil der bisherigen politischen Philosophie auf geschlossene Systeme wie die Polis oder den Nationalstaat bezog, tauchte seit der Antike immer wieder die Frage danach auf, wie man sich gegenüber Menschen jenseits der eigenen Gesellschaft verhalten soll. Diogenes von Sinope (ca. 410–323 v.Chr.), der angeblich in einer Tonne lebte, gilt als der erste Denker, der sich als „Weltbürger" sah.[1] Viele antike Philoso-

Abb. 15: Dieser Teil eines Wandgemäldes im mexikanischen Palacio Nacional zeigt Diego Riveras künstlerische Verarbeitung von Sklaverei, Gewalt und Unterdrückung in Mexiko, 1929–1930

1 Siehe dazu und als Überblick über die Debatte: Gillian Brock: „Global Justice", in: *The Stanford Encyclopedia of Philosophy* (2017). Hrsg. Edward N. Zalta, https://plato.stanford.edu/archives/spr2017/entries/justice-global/.

phen, vor allem aus der Schule der Stoiker, glaubten an ein völkerübergreifendes Naturrecht.[2] In der frühen Neuzeit stellten sich derartige Fragen für Denker*innen in Ländern, die eine koloniale Expansionspolitik betrieben und andere Völker oft brutal unterwarfen, z.B. Spanien in Lateinamerika – so beschäftigte sich die „Schule von Salamanca" im 16. Jahrhundert mit der Frage weltweit gültiger Normen. Der niederländische Jurist Hugo Grotius (1583–1645) beschäftigte sich ein Jahrhundert später mit ähnlichen Themen; er gilt heute als der „Vater des Völkerrechts."[3]

Globalisierung

Heutzutage betrifft die Globalisierung so gut wie alle Menschen. Sie sind Teil globaler Produktions- und Handelsketten. Neue Informations- und Kommunikationstechnologien haben dazu beigetragen, diese logistisch zu ermöglichen, und sie erlauben den Kontakt von Menschen aus aller Welt. Die Globalisierung, die von empirischen Forscher*innen allgemein als die Ausweitung, Vertiefung und Beschleunigung weltweiter Verbindungen verstanden wird,[4] ist Teil unseres Alltags.

„Internationale" oder „globale" Gerechtigkeit?

Dadurch stellen sich zahlreiche Fragen nach dem Umgang von Menschen über Ländergrenzen hinweg. Das Verhältnis zwischen *Staaten* ist gemeint, wenn von „internationaler Gerechtigkeit" die Rede ist – dabei geht es z.B. um Fragen des gerechten Krieges. Wir werden uns im Folgenden dagegen mit Fragen der „globalen Gerechtigkeit" beschäftigen, also mit Fragen nach den Rechten und Pflichten von Individuen in einer globalen Welt.[5]

Vorschau

Zunächst wird ausgehend von einem berühmten Gedankenexperiment des australischen Philosophen Peter Singer (*1946) die Unterscheidung von Hilfs- und Gerechtigkeitspflichten eingeführt. Anschließend geht es um die Frage, welche Rolle der nationalstaatliche Rahmen spielt und welche Gerechtigkeitsmaßstäbe an die Strukturen der globalen Welt angelegt werden können. Das Kapitel schließt mit einigen konkreten Veränderungsvorschlägen aus der Debatte über globale Gerechtigkeit.

---

2 Einen Überblick bietet Dirk Baltzly: „Stoicism", *The Stanford Encyclopedia of Philosophy* (2019). Hrsg. Edward N. Zalta, https://plato.stanford.edu/archives/spr2019/entries/stoicism/.

3 Hugo Grotius: *De jure belli ac pacis*; englische Ausgabe: *The Rights of War and Peace*. Ed. Richard Tuck. Indianapolis: Liberty Fund, 2005 [1625].

4 Siehe z.B. David Held und Anthony McCrew: *Globalization / Anti-Globalization: Beyond the Great Divide*. London: Polity, 2007, 1.

5 Zu dieser Unterscheidung siehe z.B. Brock: „Global Justice".

6.2 Hilfspflichten versus Gerechtigkeitspflichten

Singers Teich-Beispiel

Stellen Sie sich vor, sie kommen an einem flachen Teich vorbei, in den gerade ein Kleinkind gefallen ist. Würden Sie hineinwaten und das Kind vor dem Ertrinken retten? Oder würden Sie zögern, weil sie sich Ihre Kleidung schmutzig machen könnten? Mit diesem Gedankenexperiment beginnt Peter Singers Aufsatz „Hunger, Wohlstand und Moral".[6] Es appelliert an unsere moralische Intuition: *Natürlich* würden wir das Kind retten! Viele von uns verstünden dies wohl als eine moralische Pflicht. Auch das positive Recht verpflichtet uns zur Rettung des Kindes: In Deutschland ist „unterlassene Hilfeleistung" ein Straftatbestand.

Globale unterlassene Hilfeleistung?

Laut Singer verhalten sich die meisten westlichen Bürger*innen wie jemand, der weiterläuft, ohne das Kind zu retten. Wir leben unser Leben, während anderswo Menschen sterben, weil sie ihre grundlegendsten Bedürfnisse nicht erfüllen können. Nach Zahlen der Weltbank lebten im Jahr 2015 rund 736 Millionen Menschen weltweit von unter 1,90$, viele davon im subsaharischen Afrika.[7] Schon geringfügige Spenden könnten ihnen Wasser, Nahrungsmittel und Medikamente sichern. Wer nicht spendet, obwohl er oder sie dies könnte, verhält der sich nicht wie jemand, der das vermeidbare Ertrinken eines Kleinkinds zulässt?

Passende Analogie?

Singers Argument wirkt überzeugend – aber passt die Analogie? Wir können Menschen in anderen Erdteilen nicht so unmittelbar helfen wie dem Kind im Teich. Möglicherweise sind *andere* Individuen oder Institutionen, etwa in den jeweiligen Ländern, viel direkter dafür verantwortlich, den global Armen zu helfen. Die grundlegende Frage bleibt aber bestehen: Wenn manche Menschen extreme Not leiden, während andere teilweise in großem Luxus leben, gibt es dann nicht eine moralische Pflicht zur Hilfe?

---

6 Peter Singer: „Hunger, Wohlstand und Moral", in: *Weltarmut und Ethik*. Hrsg. Barbara Bleisch und Peter Schaber. Paderborn: Mentis, 2007/2009, 37–51. Der englischsprachige Originaltext ist erschienen in: *Philosophy and Public Affairs* 1(3) (1972), 229–243.

7 Für einen Überblick siehe z.B. International Bank for Reconstruction and Development and The World Bank: *Piecing Together The Poverty Puzzle – Poverty and Shared Prosperity 2018*. Washington DC, 2018, https://openknowledge.worldbank.org/bitstream/handle/10986/30418/9781464813306.pdf (abgerufen am 14.3.2019).

Singers utilitaristische Perspektive

Singer ist Utilitarist: Für ihn ist das moralisch Richtige, die größtmögliche Wohlfahrt für die größtmögliche Zahl von Menschen anzustreben.[8] Das legt nahe, dass alles getan werden müsse, um die weltweite Armut zu bekämpfen, denn die Wohlfahrtsgewinne derjenigen, die daraus befreit würden, wiegen weit schwerer als die Wohlfahrtsverluste von im globalen Maßstab reichen Individuen. Aber auch aus anderen als der utilitaristischen Perspektive kann man zu dem Ergebnis kommen, dass Armutsbekämpfung geboten ist.

Gerechtigkeits- oder Hilfspflichten

Viele Nicht-Utilitarist*innen würden dabei jedoch *Gerechtigkeitspflichten* von *Hilfspflichten* unterscheiden.[9] Gerechtigkeitspflichten („duties of justice“) beziehen sich auf Verteilungsmuster und das Design von Institutionen; die sogenannten Hilfspflichten („duties of charity“) beziehen sich auf Hilfe in akuten Notsituationen. Oft wird diese Unterscheidung verbunden mit Begriffspaar „negative“ und „positive“ Pflichten. Die Vorstellung ist, dass Gerechtigkeitspflichten unbedingt zu leistende Pflichten sind, die aber vor allem das *Unterlassen* von Schädigungen betreffen, weshalb sie in der Regel als „negative“ Pflichten verstanden werden. Hilfspflichten beziehen sich dagegen auf ein „positives“ Tun, zum Beispiel auf die aktive Hilfeleistung. Negativen Pflichten wird dabei oft die Priorität gegeben: Die Annahme dabei ist, dass es wichtiger ist, niemanden zu schädigen, als andere positiv zu unterstützen.

Abb. 16: Pflicht zur Spende angesichts westlichen Wohlstands und globaler Armut? Ausschnitt aus einem Spendenaufruf der Organisation Brot für die Welt, 2008

8 Sehr umstritten ist, dass Singer aus seiner utilitaristischen Perspektive heraus auch für Sterbehilfe und Spätabtreibung argumentiert.

9 Siehe z.B. Thomas Nagel: „The Problem of Global Justice“, *Philosophy & Public Affairs* 33(2) (2005), 113–147.

Moralische Überforderung?

Aus dieser Perspektive ist die Hilfe für die global Armen keine Frage der Gerechtigkeit. Wer Hilfs- und Gerechtigkeitspflichten auf diese Weise unterscheidet, kann Gerechtigkeitspflichten klar abgrenzen und damit auf ein Problem mit Singers Position reagieren: die *moralische Überforderung*. Sollen reichere Individuen ihr gesamtes Leben umkrempeln, auf Luxus verzichten und all ihr Geld für die Linderung weltweiter Armut spenden?[10] Das erscheint vielen Kommentator*innen wenig plausibel. Utilitarist*innen halten dagegen, dass mit dem Überforderungseinwand lediglich die Interessen der global Reichen verteidigt und die Augen davor verschlossen würden, wie schreiend ungerecht die Welt ist.

Strukturelle Probleme

Doch nähmen wir an, viele reiche Individuen wären bereit, fast ihr gesamtes Vermögen zu spenden – könnten sie damit die weltweite Armut effektiv bekämpfen? Dabei geht es nicht, wie bei Singer, um ein einzelnes Kind. Es geht um ganze Bevölkerungsgruppen, die in komplexen institutionellen Strukturen leben. Um Armut nachhaltig zu bekämpfen, müssten diese Strukturen verändert werden, z.B. durch die Schaffung von öffentlichen Bildungseinrichtungen. Entsprechend geht es in der Diskussion über globale Gerechtigkeit auch zentral um diese Strukturen, insbesondere um *staatliche* Strukturen.

6.3 Staatszentrierung versus Kosmopolitanismus

Staatszentrierung und Kosmopolitanismus

Theorien globaler Gerechtigkeit lassen sich unterscheiden in „staatszentrierte" („statist") und „kosmopolitische" („cosmopolitan") Theorien.[11] Erstere gehen davon aus, dass dem Staat bei Gerechtigkeitsfragen eine besondere Rolle zukomme, und dass deshalb Gerechtigkeitsfragen *innerhalb* von Staaten andere seien als Gerechtigkeitsfragen *jenseits* von Staaten. Letztere gehen davon aus, dass das, was wir mit „Gerechtigkeit" meinen, global

10 Zur Frage der „demandingness" siehe z.B. Samuel Scheffler: *Human Morality*. Oxford University Press, 1992.

11 Wichtige Texte zu dieser Debatte finden sich in: Christoph Broszies und Henning Hahn (Hrsg.): *Globale Gerechtigkeit: Schlüsseltexte zur Debatte zwischen Partikularismus und Kosmopolitismus*. Berlin: Suhrkamp, 2010.

verstanden werden müsse und es um die Bedürfnisse und Interessen aller Menschen gleichermaßen gehe.[12]

Argumente für staatszentrierte Theorien

Ein zentrales Argument staatszentrierter Theoretiker*innen ist, dass Staaten das Gewaltmonopol innehaben und damit die Rechte und Pflichten, die Bürger*innen für gerecht halten, durchsetzen können. Die Bürger*innen eines Staates geben sich im Idealfall gemeinsam die Regeln, nach denen sie leben wollen – und deshalb sind sie auch an diese Regeln gebunden. Im Verhältnis zu Menschen jenseits der eigenen Landesgrenze fehlt hingegen sowohl eine Durchsetzungsinstanz als auch ein Regelwerk, das man sich gemeinsam gegeben hat.[13]

Rawls' staatszentrierte Theorie

Den Anstoß zu dieser Debatte gab John Rawls, der in *Das Recht der Völker* eine klar staatszentrierte Position einnahm: Er zog eine grundlegende Unterscheidung zwischen Gerechtigkeitsprinzipien *innerhalb* von Staaten (wie in Kapitel 3 diskutiert) und Gerechtigkeitsprinzipien auf globaler Ebene.[14] Letztere leitete er ebenfalls vom Gedankenexperiment eines Urzustands ab, in dem aber in diesem Fall nicht Individuen, sondern die Vertreter*innen verschiedener Länder verhandeln. Zentral ist für Rawls, dass das Recht der Völker auf Selbstbestimmung gewahrt wird und dass es faire Hintergrundbedingungen, z.B. für den internationalen Handel, gibt.

Umgang mit nicht-liberalen Völkern

Rawls gesteht dabei auch sogenannten nicht-liberalen Völkern zu, dass sie auf internationaler Ebene gleich behandelt werden sollen, solange sie die Menschenrechte und die Meinungsfreiheit achten und nicht nach außen aggressiv sind.[15] Anstatt solchen Völkern von außen demokratische Prinzipien aufzuzwingen, sollen sie toleriert werden, in der Hoffnung, dass sie nach und nach demokratischer, liberaler und gerechter würden. Ob es allerdings Völker gibt, die diesen Kriterien entsprechen, ist unklar – Rawls wählte vielleicht nicht ohne Grund ein fiktives Beispiel.

„Separate Islands"

Was Rawls *nicht* tut, ist, ein globales Gerechtigkeitsprinzip aufzustellen, das mit dem Differenzprinzip vergleichbar wäre. Das Bild, das Rawls zeichnet, ist eines, in dem es eine gewisse Zusammenarbeit zwischen Staaten gibt, aber keine gemeinsame

12 Siehe. z.B. Thomas Winfried Menko Pogge: *Weltarmut und Menschenrechte. Kosmopolitische Verantwortung und Reformen.* Übersetzt von Anna Wehofsits. Berlin/ New York: De Gruyter, 2011 [2002].

13 Nagel: „The Problem of Global Justice."

14 John Rawls: *Das Recht der Völker.* Hrsg. Wilfried Hinsch und Lutz Wingert. Übersetzt von Wilfried Hinsch. Berlin/New York: De Gruyter, 2002 [1999].

15 Ebd., § 7.

Weltgesellschaft mit einer gemeinsamen Grundstruktur. Die Völker werden wie getrennte Inseln („separate islands") beschrieben.[16] Die Schaffung interner gerechter Strukturen bleibt jedem Land selbst überlassen.

Kritik an Rawls' Position

Rawls' staatszentrierte Theorie stieß auf viel Kritik – nicht zuletzt, weil viele Leser*innen erwartet hatten, dass er auch auf globaler Ebene ein Kriterium für ein gerechtes Maß an Ungleichheit anbieten würde. So forderte der amerikanische politische Philosoph Charles Beitz (*1949), dass man den „Schleier des Nichtwissens" auch global auf der Ebene von Individuen anlegen müsse.[17] Andere Kritiker*innen merkten an, dass das Rawls'sche Kriterium der Chancengleichheit auch auf die nationale Herkunft von Individuen angewandt werden müsse; schließlich könne niemand etwas dafür, wo er oder sie geboren sei.[18]

Welche Rolle spielt Nationalität?

Die entscheidende Frage ist hier, ob es einen moralisch relevanten Unterschied zwischen den Beziehungen von Individuen *innerhalb* von Staaten und *außerhalb* von Staaten gibt. Wie schon erwähnt, kann man die Tatsache, Bürger*in des gleichen Staates zu sein, als entscheidenden Faktor anführen.[19] Demnach hätten Individuen stärkere Verpflichtungen gegenüber ihren eigenen Mitbürger*innen als gegenüber Menschen anderswo auf der Welt.

Prinzipielle...

Dieses Argument kann man allerdings auf eine prinzipielle oder auf eine praktische Weise verstehen. Nach der prinzipiellen Lesart schafft der geteilte Bürger*innen-Status eine spezifische Form der Zusammengehörigkeit, aus der sich Gerechtigkeitspflichten ergeben. Hier droht jedoch ein Zirkelschluss: Gerechtigkeit ist, was sich auf Mitbürger*innen innerhalb eines Landes bezieht, und Mitbürger*innenschaft ist wertvoll, weil dort Gerechtigkeit verwirklicht wird. Könnte man dann nicht Gerechtigkeit genauso gut auf *Welt*bürger*innenschaft beziehen?

... oder praktische Frage?

Alternativ kann man auf einer praktischen Ebene argumentieren: Demnach sei es unter den derzeitigen historischen Umständen sinnvoll, Gerechtigkeit in erster Linie innerhalb von Staaten

16 Vgl. Laura Valentini: *Justice in a Globalized World*. Oxford: Oxford University Press, 2011, 182–185.

17 Charles Beitz: *Political Theory and International Relations*. Princeton: Princeton University Press, 1979/1999.

18 So z.B. Simon Caney: „Cosmopolitan Justice and Equalizing Opportunities", *Metaphilosophy* 32 (2003), 113–134.

19 Verschiedene Argumente hierfür finden sich in David L. Miller: *On Nationality*, Oxford: Oxford University Press, 1985.

zu realisieren.[20] Dort gibt es politische und institutionelle Strukturen, die die Umsetzung von Gerechtigkeitsprinzipien erlauben, während diese auf der globalen Ebene weitgehend fehlen.

Rolle von Zwangsstrukturen

Ein damit verwandtes Argument für einen staatszentrierten Ansatz der Gerechtigkeit ist, dass die Bürger*innen eines Staates gemeinsam unter den Zwangsstrukturen stehen, die vom Gewaltmonopol des Staates aufrechterhalten werden. Hier kann man allerdings die Gegenfrage stellen, ob nicht auch auf globaler Ebene Zwangsstrukturen vorliegen. So prägt beispielsweise die Welthandelsorganisation das Geschehen auf den Weltmärkten entscheidend.[21]

Weltstaat?

Manche Autor*innen fordern, dass wir letztlich einen Weltstaat mit einem internationalen Gewaltmonopol bräuchten, um globale Gerechtigkeitsstandards durchzusetzen.[22] Aber könnte ein Weltstaat demokratisch sein? Was, wenn er tyrannisch würde? Die Opfer seiner Ungerechtigkeit hätten keine Möglichkeit, in andere Länder zu fliehen. Man denke z.B. an den Whistleblower Edward Snowden, der nach Russland floh, weil ihm in den USA ein Verfahren drohte, das viele als ungerecht empfanden – vor einem Weltstaat könnte er nicht fliehen. Von Fragen der Wünschbarkeit abgesehen, ist ein Weltstaat aber derzeit keine realistische politische Option, so dass die Frage danach rein theoretisch bleibt.

Staatenbündnisse

Gegenwärtig realistischer ist ein Ideal, das schon Immanuel Kant im 18. Jahrhundert vorschwebte: ein Bündnis zwischen Staaten, die sich verpflichten, Interessenskonflikte friedlich zu lösen.[23] Die Vereinten Nationen, die Europäische Union und diverse andere Abkommen, z.B. das Pariser Abkommen zum Klimaschutz von 2015, gehen in diese Richtung. Solange sich alle Staaten an die gemeinsamen Standards halten, können sie gemeinsam Gerechtigkeitsanliegen durchsetzen. Es gibt jedoch keine Garantie für die Stabilität derartiger Bündnisse: Einzelne Länder können sie jederzeit wieder verlassen.

---

20 Siehe z.B. Robert Goodin: „What Is So Special About Our Fellow Countrymen?“ *Ethics* 98(4) (1988): 663–686.

21 Siehe z.B. Joshua Cohen und Charles Sabel: „Extra Rempublicam Nulla Justitia?“, *Philosophy & Public Affairs* 34(2) (2006), 147–175.

22 So z.B. Otfried Höffe: „Subsidiarität als Gesellschafts- und Staatsprinzip“, *Swiss Political Science Review* 3(3) (1997), 1–31.

23 Immanuel Kant: *Zum ewigen Frieden – Ein philosophischer Entwurf.* Hg. u.a. von Theodor Valentiner, Stuttgart: Reclam 2002 [1795].

6.4 Gerechte Strukturen der globalen Welt?

„Neue Schäden"

Wie könnten die Strukturen der globalen Welt verändert werden, um extreme Armut und andere Formen von Ungerechtigkeit zu vermeiden? Viele Probleme globaler Gerechtigkeit sind anders strukturiert als die Moral, die wir aus unserem direkten sozialen Umfeld kennen. Denn auf globaler Ebene liegt oft vor, was die amerikanische Ethikerin Judith Lichtenberg „neue Schäden" („new harms") nennt.[24] Viele Schäden entstehen durch die Aufsummierung individueller Handlungen und durch komplexe Kausalketten, z.B. durch internationale Wertschöpfungsketten, in denen Kinderarbeit stattfindet.

Koordinationsprobleme

Um diese Probleme anzugehen, muss das Verhalten sehr vieler Individuen koordiniert werden – denn Einzelne, die alleine ihr Verhalten ändern, ändern damit wenig an den Strukturen. Auf nationaler Ebene werden solche Koordinationsprobleme durch staatliche Institutionen gelöst; beispielsweise sorgt ein Sozialversicherungssystem dafür, dass die Bürger*innen gemeinsam ihre Pflicht erfüllen, kein Gesellschaftsmitglied verhungern zu lassen. Auf der internationalen Ebene gibt es solche Institutionen nicht oder nur in rudimentärer Form.

Strukturelle Effekte

Unter den derzeitigen Strukturen bleiben die grundlegende Bedürfnisse (Nahrung, Unterkunft, Gesundheit, etc.) zahlreicher Menschen unerfüllt – dabei wäre dies ein Minimalkriterium für Gerechtigkeit, das kaum ein/e Theoretiker*in zurückweisen kann. Man kann den Begriff der *strukturellen Gerechtigkeit*, der in Kapitel 3 eingeführt wurde, auch auf diese globalen Strukturen anwenden: Es gibt hier Privilegierte und Benachteiligte, und dies ist das Resultat des Zusammenwirkens struktureller Effekte. Die Frage ist, wie sich diese Strukturen ändern könnten.

„global governance"

Für die Form des Regierens und Koordinierens, die auf internationaler Ebene stattfindet, wird der Begriff „global governance" verwendet. Gemeint ist damit ein komplexes Gewebe inter- und supranationaler Organisationen, durch die ein „Regieren jenseits des Staates" erfolgt.[25] Dabei entsteht oft sogenanntes „soft law", d.h. Übereinkommen zwischen Staaten, die sich zwar

24 Judith Lichtenberg: „Negative duties, positive duties, and the „new harms"", *Ethics* 120(3) (2010), 557–578.

25 Vgl. z.B. Michael Zürn: *Regieren jenseits des Nationalstaates: Globalisierung und Denationalisierung als Chance*. Frankfurt am Main: Suhrkamp, 1998.

nicht formell durchsetzen lassen, die aber dennoch eine gewisse Wirkung entfalten können, weil Verstöße auf öffentliche Kritik stoßen. Doch auch dieses „soft law" ist auf globaler Ebene derzeit nur schwach ausgeprägt.

Globales Wirtschaftssystem

Besonders wichtig für die Frage nach globaler Gerechtigkeit ist das globale Wirtschaftssystem. Der deutsch-amerikanische Philosoph Thomas Pogge (*1953) argumentiert, dass dieses System dazu beiträgt, die Armut zahlreicher Individuen zu perpetuieren und dadurch ihre Menschenrechte zu verletzen.[26] Der globale Norden sei dabei Mittäter, weil er dieses System geschaffen habe und weiterführe. Kritiker*innen halten dagegen, dass der globale Handel auch den armen Ländern diene und für die dortige Armut in erster Linie die jeweiligen Regierungen verantwortlich seien.[27]

Kredit- und Ressourcen-privileg

Pogge und andere entgegnen, dass durch die globalen Strukturen in vielen Ländern schlechte Regierungen an der Macht gehalten werden. Denn diejenigen, die in einem Land an der Macht sind, haben das Kredit- und Ressourcen-Privileg: Sie können im Namen dieses Landes international Kredite aufnehmen und dessen Ressourcen ins Ausland verkaufen. Gerade in ressourcenreichen Ländern ohne demokratische Kontrollmechanismen kann deswegen ein „Ressourcenfluch" auftreten: Diktatorische, ausbeuterische Regierungen, denen das Wohlergehen der Bevölkerung egal ist, halten sich an der Macht, weil sie durch den Verkauf von Ressourcen ins Ausland ihr Regime finanzieren können. Dieses Problem anzugehen, würde komplexe Veränderungen am globalen Rechtssystem erfordern.[28]

„Hintergrund-gerechtigkeit"

Wie die Philosophin Miriam Ronzoni darlegt, fehlen auf der globalen Ebene die Hintergrundbedingungen („background justice"), die es den einzelnen Ländern erlauben würden, intern soziale Gerechtigkeit zu verwirklichen.[29] Das betrifft nicht nur den globalen Süden, sondern teilweise auch die Länder des globalen

---

26 Thomas Winfried Menko Pogge: „Are We Violating the Human Rights of the World's Poor?", *Yale Human Rights and Development Law Journal* 14(2) (2011), 1–33.

27 Siehe z.B. Mathias Risse: „How Does the Global Order Harm the Poor?", *Philosophy and Public Affairs* 33(4) (2005), 349–376.

28 Siehe dazu Leif Wenar: *Blood Oil: Tyrants, Violence, and the Rules that Run the World.* Oxford: Oxford University Press, 2015.

29 Miriam Ronzoni: „The Global Order: A Case of Background Injustice? A Practice-Dependent Account", *Philosophy and Public Affairs* 37(3) (2009), 229–256.

Nordens. Sie sind beispielsweise von dem Problem betroffen, dass Firmen, die sich ausschließlich an der Gewinnmaximierung orientieren, mit Abwanderung drohen, weshalb diese Länder ihre Steuern möglichst niedrig halten müssen. Wenn dies jedoch alle tun, entsteht eine Spirale nach unten, welche die Fähigkeit der Länder unterminiert, genügend Steuern für ihre sozialpolitischen Aufgaben zu erheben.[30]

Keine „getrennten Inseln"

Bei den vorgestellten Theoretiker*innen ist das Bild internationaler Beziehungen ein anderes als bei Rawls. Es geht nicht um einzelne Staaten, die gelegentlich interagieren, sondern um die gemeinsamen Strukturen einer global vernetzten Welt. Wie diese gerechter gestaltet werden könnten, ist eine der drängendsten, aber auch schwierigsten Fragen der heutigen Zeit.

6.5 Die Veränderung konkreter Praktiken

Welche Reformen könnten helfen?

In den letzten Jahren hat sich die Debatte über globale Gerechtigkeit weg von der Frage nach abstrakten Prinzipien hin zu konkreten Reformvorschlägen bewegt.[31] Allerdings gibt es in der empirischen Forschung keinen Konsens darüber, wie die globale Armut effektiv bekämpft werden könnte. Einige Ökonom*innen gehen davon aus, dass geringfügige Summen aus den reichen Ländern ausreichen würden, um den Hunger in der Welt zu besiegen.[32] Doch es gibt auch Kritik an solchen und anderen Formen der „Entwicklungshilfe", weil diese Abhängigkeiten schaffen und lokale Märkte zerstören würde.[33]

Mikrokredit-Bewegung

Immer wieder gab es Ansätze, von denen man sich Lösungen für das globale Armutsproblem versprach – um später ernüchtert festzustellen, dass es kein Patentrezept gibt. Ein Beispiel dafür war die Mikrokredit-Bewegung. In den 1980er Jahren stellte man fest, dass viele Menschen in Entwicklungsländern keinen Zugang zu Krediten hatten und deswegen nicht in die Grün-

30 Siehe z.B. Peter Dietsch: *Catching Capital: The Ethics of Tax Competition*. Oxford University Press, 2015.

31 Siehe auch Darrel Moellendorf und Heather Widdows: „Global Ethics: A short Reflection on Then and Now", *Journal of Global Ethics* 10(3) (2014), 319–325.

32 Siehe z.B. Jeff Sachs: *The End of Poverty: Economic Possibilities for Our Time*. New York: Penguin Press, 2005.

33 Siehe z.B. Dambisa Moyo: *Dead Aid: Why Aid is Not Working and How There is a Better Way For Africa*. New York: Farrar, Straus and Giroux, 2009.

dung von Unternehmen investieren konnten. Entwicklungsökonom*innen begannen, mit der Vergabe kleiner Krediten zu experimentieren. Die Anfänge sahen vielversprechend aus – so sehr, dass nicht nur Hilfsorganisationen und NGOs, sondern auch kommerzielle Anbieter*innen in den Markt für Mikrokredite drängten. Aber das Ende der Armut wurde nicht erreicht; es kam zu Skandalen und vielfältigen Formen des Missbrauchs. Unter anderem brachten sich zahlreiche indische Bauern um, weil sie ihre Kredite nicht zurückzahlen konnten.[34]

Fairer Handel

Einen anderen Ansatz verfolgt die Bewegung des „Fairen Handels" („fair trade"). Schon ein geringfügiger Preisaufschlag kann für die Erzeuger*innen von Produkten wie Kaffee oder Schokolade einen enormen Unterschied machen. Einige Philosoph*innen argumentieren deshalb, dass westliche Konsument*innen die Pflicht haben, „fair-trade"-Produkte zu kaufen.[35] Solange der faire Handel auf freiwilliger Basis erfolgt, bleibt er allerdings ein Nischenmarkt. Die Frage ist, wie dieses Prinzip weiter verbreitet werden könnte und wie die Einhaltung minimaler Standards für die Produzent*innen auch in anderen Märkten, z.B. für Textilien, gesichert werden könnte.

„Global Compact"

Der *Globale Pakt der Vereinten Nationen* („Global Compact") und andere Formen des „soft law" versuchen, international tätige Firmen dazu zu verpflichten, dass sie Verantwortung dafür übernehmen, was im Rahmen ihrer Lieferketten passiert. Allerdings fehlen hier Überprüfungs- und Sanktionsmechanismen. Die Aufmerksamkeit westlicher Medien und westlicher Konsument*innen richtet sich oft nur infolge großer Skandale, wie zum Beispiel dem Zusammenbruch der Textilfabrik von Rana Plaza in Bangladesch 2013, auf das Problem.

Verantwortungszuschreibung

Hier zeigt sich eine der großen Herausforderungen für die Umsetzung von Prinzipien globaler Gerechtigkeit: Oft übernehmen die Akteur*innen, die die größte Macht haben, keine Verantwortung für ihr Handeln. Dies sind insbesondere große Firmen, die transnational aktiv sind. Solange diese allein auf das Ziel der Gewinnmaximierung fokussiert sind, ist nicht zu erwar-

34 Für eine Analyse der Mikrokredit-Vergabe und ihrer Folgen siehe z.B. David Roodman: *Due Diligence. An Impertinent Inquiry into Microfinance.* Washington D.C.: Center for Global Development, 2011.

35 So etwa Valentin Beck: „Theorizing Fairtrade from a Justice-Related Standpoint", *Global Justice: Theory, Practice, Rhetoric* 3 (2014),1–21 und Sarah C. Goff: „Fair Trade: Global Problems and Individual Responsibilities", *Critical Review of International Social and Political Philosophy* 21(4) (2018), 521–543.

ten, dass sie sich für Anliegen der Arbeitssicherheit oder der Armutsbekämpfung einsetzen. Das Bewusstsein dafür, dass die besagten Firmen in diesen Bereichen eine Verantwortung tragen, steigt – aber nur sehr langsam.

Noch einmal: Singers Teich-Beispiel

Letztlich ist das Problem an Singers Gedankenexperiment, mit dem dieses Kapitel begann, nicht, dass die grundlegende Intuition falsch wäre, dass wir angesichts massiver globaler Armut eine Pflicht zur Hilfeleistung haben. Das Problem ist vielmehr, dass unklar ist, wie die Strukturen der globalisierten Welt nachhaltig verändert werden könnten, um Ungerechtigkeit zu bekämpfen. Geld zu spenden, wie die von Singer inspirierte Bewegung der „effektiven Altruisten"[36] fordert, kann in akuten Notlagen helfen, aber es verändert die Strukturen der globalisierten Welt nicht. Um eine nachhaltige Veränderung dieser Strukturen zu erreichen, ist der politische Wille und die Zusammenarbeit vieler Individuen und Organisationen gefragt.

Weiterführende Literatur:

Um den Gegensatz zwischen kosmopolitischen und staatszentrierten Theorien zu vertiefen, bietet sich die vergleichende Lektüre von Peter Singer: „Famine, Affluence and Morality", *Philosophy and Public Affairs* 1(3) (1972), 229–243, und Thomas Nagel: „The Problem of Global Justice", *Philosophy & Public Affairs* 33(2) (2005), 113–147 an. Zahlreiche Texte auf Deutsch finden sich in Christoph Broszies und Henning Hahn (Hrsg.): *Globale Gerechtigkeit: Schlüsseltexte zur Debatte zwischen Partikularismus und Kosmopolitismus* (Berlin: Suhrkamp, 2010). Um die praktischen Probleme der Armutsbekämpfung – und der Messung der Effektivität von Programmen dazu – an einem Beispiel nachzuvollziehen, empfiehlt sich David Roodman: *Due Diligence. An Impertinent Inquiry into Microfinance* (Washington D.C.: Center for Global Development, 2011.

36 William MacAskill beschreibt den „effektiven Altruismus" als ein „intellektuelles und praktisches Projekt" bei dem es darum gehe, „Beweise und Vernunft" zu nutzen, um herauszufinden, wie man Anderen am besten helfen könne („Effective Altruism: Introduction", *Essays in Philosophy* 18(1) (2017), 1–5, eigene Übersetzung).

Teil II
Institutionen

7. Politische Autorität

7.1 Einleitung

Institutionen

Die bisherigen Kapitel haben zentrale *Prinzipien* der politischen Philosophie behandelt. Deren Umsetzung in die Praxis benötigt *Institutionen.* Durch Institutionen werden politische, ökonomische und soziale Interaktionen strukturiert. Ihre Stabilität erlangen sie durch die Verbindung mit formellen oder informellen Sanktionen, also einerseits gesetzlichen Beschränkungen und anderseits sozialem Ausschluss oder Tabuisierung. Man kann sie als die „Spielregeln" menschlicher Gesellschaften verstehen.[1]

Normative Analyse von Institutionen

Im zweiten Teil dieser Einleitung wenden wir uns formalen Institutionen zu: staatlicher Autorität, dem Prinzip der Rechtsstaatlichkeit, der Demokratie und zuletzt der wirtschaftlichen Ordnung. Individuen erleben diese Institutionen oft als unveränderbare Rahmenbedingungen ihres eigenen Handelns. Sie sind jedoch durchaus veränderbar – und deswegen ist es auch sinnvoll, danach zu fragen, wie sie gestaltet werden *sollen.* Politische Philosophie befasst sich aus einer *normativen* Perspektive mit Institutionen. Es geht darum, Argumente für und wider bestimmte Institutionen abzuwägen und letztere im Hinblick darauf zu vergleichen, wie gut sie normative Prinzipien verwirklichen.

Warum staatliche Autorität?

In diesem Kapitel geht es um eine der grundlegendsten Institutionen überhaupt: die staatliche Ordnung. Schon mehrfach wurde das Gewaltmonopol des Staates erwähnt. Aber was gibt dem Staat das Recht, Gesetze zu erlassen und ihre Einhaltung mit der Androhung von Strafen durchzusetzen? Gibt es umgekehrt gute Gründe dafür, staatlichen Gesetzen zu gehorchen – Gründe, die über die Angst vor einer möglichen Strafe im Falle der Missachtung der Gesetze hinausgehen? Anders gefragt: Ist staatliche Machtausübung *legitim,* hat der Staat die (gut begründete) *Autorität,* Gesetze zu erlassen und durchzusetzen?

1 Eine derartige Definition von Institutionen findet sich z.B. bei Douglas Cecil North: *Institutions, Institutional Change and Economic Performance.* Cambridge: Cambridge University Press, 1991.

Vorschau

Um diese Frage zu beantworten, soll es zunächst um die Gegenposition des „philosophischen Anarchismus“ gehen. Anschließend wird eines der wichtigsten Argumente der politischen Philosophie für die Legitimität staatlicher Machtausübung vorgestellt: das Vertragsargument von Thomas Hobbes. Sodann wird es um einige verwandte Argumente aus der Spieltheorie gehen. Mit ihrer Hilfe lassen sich allerdings auch andere Modelle staatlicher Autorität begründen. Die abschließende Frage lautet daher, ob uns Hobbes' Argument vollständig überzeugen kann oder nicht.

7.2 Anarchismus als Gegenpol

Anarchismus

„Anarchismus“ bedeutet „Herrschaftslosigkeit“ und beschreibt die Auffassung, dass politische Herrschaft unnötig und unzulässig sei. Innerhalb des Lagers der Anarchist*innen gibt es viele Strömungen:[2] Manche kritisieren die von anderen vorgebrachten Argumente für staatliche Herrschaft (sie argumentieren also negativ),[3] andere liefern Entwürfe für eine herrschaftsfreie Gesellschaft (und argumentieren damit positiv). Anarchistische Ansätze ziehen sich durch die gesamte Geschichte des politischen Denkens.[4] So schrieb z.B. im 16. Jahrhundert der Franzose Étienne de La Boëtie (1530–1583) mit seinem Buch *Von der freiwilligen Knechtschaft* gegen die Monarchie an.[5]

Blüte im 18. und 19. Jahrhundert: Godwin

Besonders im 18. und 19. Jahrhundert erlebte anarchistisches Denken eine Blüte. Ein Verteidiger des Anarchismus' in dieser Zeit war William Godwin (1756–1836), der Ehemann der bereits erwähnten Mary Wollstonecraft. In seiner Schrift *Eine Untersuchung über politische Gerechtigkeit* von 1793 kritisierte er das Abdriften der Französischen Revolution in autoritäre Strukturen.[6]

2 Vgl. auch Celikates und Gosepath: *Grundkurs Philosophie. Band 6: Politische Philosophie*, 41ff.

3 So z.B. Robert Paul Wolff: *In Defense of Anarchism*. Berkeley: University of California Press, 1998 [1970].

4 Siehe z.B. Daniel Loick: *Anarchismus zur Einführung*. Hamburg: Junius Verlag, 2017.

5 Étienne de La Boëtie: *Von der freiwilligen Knechtschaft*. Übers. u. hg. v. Horst Günther. Frankfurt am Main: EVA, 1980 [1574].

6 William Godwin: *Über die politische Gerechtigkeit*. Berlin: Libertad-Verlag, 1983 [1793].

Goodwin skizzierte ein herrschaftsfreies Gegenmodell zum autoritären Staat und setzte auf Bildung und Erziehung, um zu einer Gesellschaft zu gelangen, in der allein die Vernunft herrschen würde.

Proudhon

Pierre-Joseph Proudhon (1809–1865), der sich als Erster selbst als „Anarchist" bezeichnete, formulierte die berühmte Wendung: „Eigentum ist Diebstahl" („La propriété c'est le vol!")[7] – später betrachtete er Eigentum allerdings auch als Bollwerk gegen staatliche Herrschaft. Er wies auch die kommunistischen Entwürfen von Karl Marx zurück und bevorzugte Arbeiterkooperativen als Alternative zur kapitalistischen Ordnung.

Bakunin

Mikhail Bakunin (1814–1876), einer der berühmtesten russischen Anarchist*innen, setzte ebenfalls auf Arbeiterkooperativen und auf Kommunen. Er war nicht nur Theoretiker, sondern unterstützte auch verschiedene Aufständen des 19. Jahrhunderts, was ihm viele Jahre der Haft einbrachte. Er wurde 1872 auf Marx' Betreiben hin aus der Internationalen Arbeiterorganisation ausgeschlossen; dies markierte den Bruch zwischen *Marxismus* und *Anarchismus*.

Anarchismus nur in kleinen Gemeinschaften?

Ein zentraler Einwand gegen den Anarchismus ist, dass fraglich ist, ob eine Gesellschaft ohne staatliche Zwangsgewalt friedlich zusammenleben kann. Für kleine Gemeinschaften, in denen man einander von Angesicht zu Angesicht begegnet, mag dies möglich sein, weil man sich kennt und weil soziale Normen in der Regel wirkmächtig sind. In großen, anonymen Gesellschaften greift dieser Mechanismus weniger stark. Einige anarchistische Denker*innen, unter ihnen der russische Schriftsteller Leo Tolstoi (1828–1910), zogen daraus die radikale Konsequenz, dass man zum Zusammenleben in kleinen Gemeinschaften zurückkehren solle.[8]

Zwanglosigkeit von Gemeinschaften?

Dass in solchen kleinen Gemeinschaften weniger Zwang ausgeübt würde, ist aber nicht offensichtlich. Auch soziale Normen können Zwangscharakter haben. Es wäre dann zwar kein *staatlicher* Zwang, wohl aber nichtstaatlicher Zwang, und auch dieser kann die Freiheit der Einzelnen massiv einschränken, etwa in Form psychologischen Drucks. So ist z.B. in Gesellschaften, in

7 Pierre-Joseph Proudhon: *Was ist Eigentum? Erste Denkschrift*. Wien: Monte Verita, 1992 [1896], 1.

8 Als Schlüsselwerk des „christlichen Anarchismus" gilt Leo Tolstois Werk *Das Reich Gottes ist in Euch*. Hrsg. Ulrich Klemm. Aschaffenburg: Alibri, 2018 [1894].

Abb. 17: Gelebte Anarchie? Bei jährlichen Zusammenkünften unter freiem Himmel erproben die Mitglieder der „Rainbow Family" für einige Wochen Anarchie in der Praxis

denen Familienclans eine große Rolle spielen, oft die Freiheit der schwächeren Familienmitglieder gefährdet.

Begründung staatlicher Legitimität als Aufgabe der politischen Philosophie

Schlüssige Argumente *gegen* den Anarchismus und *für* eine legitime politische Ordnung zu liefern, wird oft als *das* Grundproblem der politischen Philosophie gesehen.[9] Denn ohne legitime politische Autorität wäre Politik nichts anderes als das Recht des Stärkeren. Historisch wurde die Legitimität einer politischen Ordnung vielfach mit Verweis auf eine natürliche, gottgegebene Ordnung begründet. Die Leistung von Thomas Hobbes ist, dass er als einer der Ersten eine säkulare Begründung politischer Autorität vorgelegt hat.

7.3 Hobbes' Vertragsargument für politische Autorität

Leviathan

Thomas Hobbes (1588–1679) erlebte den englischen Bürgerkrieg – und dies machte ihm klar, wie tief Konflikte eine Gesellschaft spalten können. Die Frage, wie Bürgerkriege verhindert

9 Siehe auch Robin Celikates und Stefan Gosepath: *Grundkurs Philosophie. Band 6: Politische Philosophie*, Kapitel 2.

werden können, trieb ihn an. Das wichtigste Werk, in dem er sich damit auseinandersetzte, ist *Leviathan oder Stoff, Form und Gewalt eines kirchlichen und staatlichen Gemeinwesens.*[10] „Leviathan“ ist der Name eines Seemonsters, das im Alten Testament erwähnt wird. Hobbes sah seine große Macht und Stärke als Symbol für die Macht des Staates.

Titelbild des Leviathan

Das berühmte Titelblatt des *Leviathan* (Abb. 18) zeigt eine Figur, deren Körper aus zahlreichen kleinen menschlichen Figuren besteht. In der einen Hand hält sie das Schwert, das für die weltliche Gewalt steht, in der anderen den Bischofsstab, der die kirchliche Gewalt symbolisiert. Am Rande finden sich weitere Zeichen weltlicher und kirchlicher Gewalt: Schloss, Krone, Kanone, Waffen und Schlachtfeld einerseits, Kirche, Mitra, die bildliche Darstellung der Exkommunikation (das Pendant zur Kanone in religiösen Streitfragen), Symbole für logische Argumente (die im weltlichen Kampf den Waffen entsprechen), und ein kirchlicher Gerichtshof (analog zum Schlachtfeld) andererseits.

Säkulare Methode

Der *Leviathan* beschäftigt sich in den ersten beiden Büchern mit weltlicher Politik, in den letzten beiden mit religiösen Fragen; heutzutage werden vor allem die ersten beiden Bücher rezipiert. Und wenngleich sich Hobbes, wie das dritte und vierte Buch des *Leviathans* zeigen, intensiv mit religiösen Phänomenen beschäftigte, ist seine Begründung staatlicher Autorität säkular, also unabhängig von religiösen Überzeugungen. Hobbes verstand sich als moderner, streng methodisch arbeitender Wissenschaftler. Sein Ziel war, eine politische Ordnung zu entwerfen, die sowohl rationalen Prinzipien als auch der Natur des Menschen – die er sehr negativ sah – entsprach.[11]

Hobbes' Methode: Ausgang vom Naturzustand

Hobbes' Ausgangspunkt ist eine Situation ohne Staat, ein „Naturzustand“. Diesen beschreibt er in den düstersten Farben: Die Menschen müssten in ständiger Angst vor dem Tod leben und es könnte keinerlei zivilisatorische Errungenschaften und

10 Das Werk erschient 1651 zunächst in englischer Sprache: *Leviathan or The Matter, Forme and Power of a Common Wealth Ecclesiasticall and Civil*; 1670 folgt eine lateinische Fassung. Eine deutsche Übersetzung ist u.a. in folgender Ausgabe erhältlich: Thomas Hobbes, *Leviathan*. Hrsg. Hermann Klenner, übersetzt von Jutta Schlösser. Hamburg: Meiner Verlag, 1996.

11 Dazu siehe z.B. Sharon A. Lloyd und Susanne Sreedhar: „Hobbes's Moral and Political Philosophy“, in: *The Stanford Encyclopedia of Philosophy* (2002/2014). Hrsg. Edward N. Zalta, https://plato.stanford.edu/archives/spr2014/entries/hobbes-moral/.

Abb. 18: Titelblatt des „Leviathan"

keinen Wohlstand geben.[12] Deswegen, so Hobbes in einer berühmten Formulierung, sei das Leben in diesem Naturzustand „einsam, armselig, widerwärtig, vertiert und kurz" („solitary, poor, nasty, brutish, and short").[13]

„Krieg eines jeden gegen jeden"

Der Naturzustand ist nach Hobbes ein „Krieg eines jeden gegen jeden".[14] Die Menschen strebten nach dem Erhalt von Leib und Leben, aber auch nach Luxus und Ruhm. Das treibe sie in den Wettbewerb miteinander und führe zu Konflikt.[15] Deswegen könne niemand den anderen vertrauen oder sich seiner Position sicher sein. Man müsse ständig bereit sein, sich zu verteidigen, notfalls auch mit Gewalt. Das ist mit dem „Krieg" im Naturzustand gemeint: Es finden vielleicht nicht ständig blutige Kämpfe statt, aber man kann sich nie sicher sein, dass sie nicht im nächsten Moment ausbrechen werden.

Naturgesetze: nur „in foro interno"

Aus dieser Beschreibung leitet Hobbes sogenannte „Naturgesetze" ab, die die Vernunft den Menschen eingebe. Diese besagen unter anderem, dass man gegen andere nicht grausam sein dürfe und ihr Leben und Eigentum achten müsse.[16] Aber im Naturzustand gelten diese Gesetze nur „in foro interno", nicht „in foro externo", d.h. sie gelten im Geist der Menschen, nicht aber in der äußeren Welt.[17] Denn im Naturzustand kann man sich auf nichts verlassen; „Verträge ohne das Schwert sind bloße Worte."[18] Ohne eine Autorität, die die Einhaltung von Verträgen mithilfe des Gewaltmonopols überwachen würde, könnten die Menschen einander nicht trauen.

Vertragsschluss: Gewaltmonopol des Staates

Die Vernunft gebiete deshalb, den Naturzustand zu verlassen. Die Individuen tun dies bei Hobbes, indem sie einen Vertrag schließen, der das Recht auf Gewaltausübung an eine zentrale Autorität überträgt: an den *Leviathan*, der mit dieser Übertragung geschaffen wird. Die Macht des *Leviathans* ist absolut, denn geteilte Gewalt sah Hobbes als mögliche Quelle neuer Konflikte. Auch über zentrale Bestandteile der religiösen Lehre soll der Hobbessche Staat die Deutungshoheit besitzen, damit theologische Uneinigkeiten nicht zur Quelle neuer Konflikten werden können.[19]

12 Hobbes: *Leviathan*, Kapitel XIII.
13 Ebd., 105.
14 Ebd., 104.
15 Ebd., Kapitel XIII.
16 Ebd., Kapitel XIV und XV.
17 Ebd., Kap. XV.
18 Ebd., Kapitel XVII, 141f.
19 Siehe insbesondere Buch III und IV des *Leviathan*.

Vorteile der Staatlichkeit

Innerhalb des Staates ist dann die friedliche Kooperation der Individuen möglich, weil sie wissen, dass der Staat ihr Leben und Eigentum schützt. Der Staat definiert, was als Recht und Gesetz gilt und setzt durch, dass sich alle daran halten. Dann lohnt es sich, wirtschaftlich oder künstlerisch aktiv zu werden, weil man nicht befürchten muss, dass die Früchte der Arbeit von anderen geraubt werden. Der Vertrag, in dem die Individuen dem *Leviathan* die absolute Macht übertragen, ist somit für Hobbes die Voraussetzung für alles, was das menschliche Leben interessant und lebenswert macht.

Tatsächlicher oder hypothetischer Vertrag?

Man kann einwenden, dass kaum jemals in der Geschichte tatsächlich ein Vertrag, wie Hobbes ihn beschreibt, geschlossen wurde. Es geht also um einen *hypothetischen* Vertrag, dem Individuen zustimmen *können* – folgen sie dem Gebot der Vernunft, so *müssen* sie ihm nach Hobbes zustimmen. Nur dadurch, so der Kern des Hobbes'schen Arguments, dass das Gewaltmonopol an den Staat übertragen würde, könne der Zustand existenzieller Unsicherheit überwunden werden. Allerdings ist der Hobbes'sche Staat extrem mächtig – dies haben viele Kritiker*innen in der Geschichte des politischen Denkens angemerkt.

Wie weit geht das Hobbes'sche Argument?

Die Frage ist deshalb, ob man so weit gehen sollte wie Hobbes, der die *absolute* Autorität des Staates rechtfertigen wollte. Man kann das grundsätzliche Gewaltmonopol des Staates für richtig halten, ohne Hobbes' Auffassung zu teilen, dass *jede* Einschränkung von dessen Absolutheit zu einem Rückfall in den Naturzustand führen muss. Dies lässt sich auch anhand der Rekonstruktion von Hobbes' Argument mit Hilfe der Spieltheorie illustrieren.

7.4 Spieltheoretische Variationen

Annahmen der Spieltheorie

Die Spieltheorie ist ein Teilbereich der Ökonomie, der Interaktionen zwischen Akteur*innen beschreibt.[20] Die Annahme ist, dass alle Beteiligten ihren Nutzen maximieren und wissen, dass ihre Interaktionspartner*innen dies ebenfalls tun. Ihre Frage lautet also: „Was muss ich tun, um möglichst gut dazustehen, angesichts der Tatsache, dass die andere Akteurin dasselbe ver-

20 Es gibt zahlreiche einführende Texte zur Spieltheorie, z.B. Gerhard Illing und Manfred J. Holler: *Einführung in die Spieltheorie*. Berlin: Springer, 1991/2019.

sucht?“ Dies entspricht in etwa den Annahmen des Hobbes’schen Naturzustands, in dem die Akteur*innen individualistisch agieren und nach Selbsterhalt, Luxus und Ruhm streben.

Gefangenendilemma

Für die Rekonstruktion des Hobbes’schen Vertragsarguments eignet sich ein berühmtes Modell: das „Gefangenendilemma“. Folgende Geschichte liegt ihm zugrunde: Zwei Verbrecher sitzen in Untersuchungshaft. Die Staatsanwältin vermutet, dass beide gemeinsam einen Raubüberfall begangen haben, hat aber keine Beweise. Sie verhört sie getrennt und macht ihnen folgendes Angebot: Wer sich schuldig bekennt, für den greift eine Kronzeugenregelung und er erhält eine nur einjährige Haftstrafe, während der Komplize für zehn Jahre ins Gefängnis muss. Wenn beide gestehen, erhalten beide sieben Jahre. Wenn niemand gesteht, werden sie lediglich wegen illegalen Waffenbesitzes verurteilt, worauf zwei Jahre Gefängnis stehen (siehe Abb. 19).

Individuelle versus kollektive Rationalität

Für beide Individuen wäre in der Summe am besten, wenn beide nicht gestehen und jeweils nur zwei Jahre Haft erhalten. Aber sie können nicht miteinander kommunizieren, sondern müssen einzeln entscheiden, wie sie sich verhalten. Im Falle dessen, dass der andere gesteht, erhält man bei einem eigenen Geständnis sieben Jahre, bei einem Nicht-Geständnis zehn Jahre Haft. Gesteht der andere nicht, dann erhält man bei einem eigenen Geständnis lediglich ein Jahr, bei einem Nicht-Geständnis zwei Jahre Haft. In beiden Fällen steht man also individuell besser da, wenn man gesteht – aber wenn beide gestehen, erhalten sie jeweils sieben Jahre Haft, womit sie deutlich schlechter dastehen, als wenn sie nicht gestehen und beide zwei Jahre erhalten. Die Lösung, die *kollektiv* rational wäre (nicht zu gestehen), wird nicht erreicht, wenn beide das tun, was für sie *individuell* rational ist (zu gestehen).

	Nicht gestehen	Gestehen
Nicht gestehen	2,2	10,1
Gestehen	1,10	7,7

Abb. 19: Gefangenen-Dilemma

Vergleich mit dem Naturzustand

Auf ähnliche Weise lässt sich der Gebrauch von Gewalt im Naturzustand verstehen. Aus kollektiver Sicht ist es vernünftig, auf Gewalt zu verzichten. Aber für jedes Individuum alleine ist es sicherer, sich die Option gewaltsamen Handelns offenzuhalten. Dadurch geraten alle in einen Zustand, der sie insgesamt schlechter stellt. Das für alle Parteien beste Ergebnis lässt sich nur erreichen, wenn nicht individuell, sondern kollektiv entschieden wird – z.B. durch die Zentralgewalt des Staates.

Variationen: Buchanan und Tullock

Das Gefangenendilemma ist der Ausgangspunkt vieler Ansätze, die mit spieltheoretischen Methoden Fragen der politischen Philosophie behandeln. So haben die amerikanischen Ökonomen James McGill Buchanan (1919–2013) und Gordon Tullock (1922–2014) analysiert, für welche Verfassung sich nutzenmaximierende Individuen entscheiden würden. Obwohl die Prämissen ähnlich sind wie bei Hobbes, kommen sie zu einem anderen Ergebnis, nämlich dass die Individuen für sich mehr individuelle Rechte vorbehalten würden. Buchanan und Tullock differenzieren zwischen unterschiedlichen Entscheidungsformen: Manche Dinge können den Individuen überlassen werden, manchmal greifen freiwillige Übereinkünfte, manchmal benötigt man tatsächlich die zentrale Durchsetzung durch den Staat.[21]

„Hirschjagd“

Dies wird plausibel vor dem Hintergrund, dass das Gefangenendilemma nicht die einzige Konstellation ist, die zwischen Interaktionspartner*innen auftreten kann. Folgendes Szenario ist unter dem Begriff „Hirschjagd“ oder „Jagdpartie“ bekannt: Zwei Parteien können entweder einzeln Hasen jagen oder gemeinsam einen Hirsch.[22] Es gibt keinen „Gegenanreiz“ gegen die Hirschjagd, sie ist schlicht vorteilhafter: Wenn sie gelingt, können sich alle besser stellen, denn die Anteile am Hirsch sind größer als die Hasen, die man einzeln erbeuten könnte. Es geht hier also um das Gelingen von Koordination, aber ohne dass erst ein „Gefangenendilemma“ überwunden werden müsste.

Keine Notwendigkeit von Sanktionen

In dieser Situation sind keine Sanktionen nötig, weil es keinen Anreiz zu abweichendem Verhalten gibt. Manche staatlichen Gesetze kann man so verstehen: Ob es zum Beispiel Linksverkehr oder Rechtsverkehr gibt, ist an sich egal, wichtig ist, dass es eine klare Regel gibt, an die sich alle halten. Ist sie einmal etabliert, gibt es normalerweise keinen Anreiz, davon abzuweichen. Bei reinen Koordinationsspielen gibt es oft auch ohne staatliche Intervention Lösungen, etwa in Form von sozialen Normen, an die sich Neuankömmlinge anpassen.

---

21 James McGill Buchanan und Gordon Tullock: *The Calculus of Consent*. Ann Arbor: University of Michigan Press, 1962/ 2004, bes. Kapitel 7 und 8.

22 Siehe ausführlich z.B. Brian Skyrms: *The Stag Hunt and the Evolution of Social Structure*. Cambridge: Cambridge University Press, 2004.

„Tit for Tat"

Bei vielen Spielen verändert sich außerdem die Konstellation, wenn sie wiederholt werden. Forscher*innen haben zahlreiche Studien dazu unternommen, wie Individuen – oder auch Computerprogramme in Simulationen – sich verhalten, wenn sie mehrere Spiele hintereinander spielen müssen. Ein wichtiges Ergebnis stammt von dem amerikanischen Politikwissenschaftler Robert Axelrod (*1943).[23] Er stellte fest, dass in wiederholten Gefangenendilemmata eine besonders erfolgreiche Strategie die „Tit for Tat"-Strategie ist (also: „wie du mir so ich dir"): Man „kooperiert" bei der ersten Begegnung und wählt danach immer die Strategie, die der Interaktionspartner gewählt hat. Damit verhindert man, ausgenutzt zu werden, ermöglicht aber auch kooperative Interaktionen.

7.5 Was genau zeigt Hobbes' Vertragsargument?

Differenzierung des Autoritätsarguments

Die Spieltheorie kann Hobbes' Begründung staatlicher Autorität als Lösung eines „Gefangenendilemmas" nachvollziehen. Sie zeigt aber auch, dass es unterschiedliche Situationen gibt, in denen die Argumente für staatliche Eingriffe unterschiedlich stark sind. Die Frage danach, wo staatliches Handeln legitim ist und wo möglicherweise nicht, lässt sich also nicht einfach mit einem pauschalen Verweis auf den Schrecken des Naturzustands beantworten. Wie weit reicht das Hobbes'sche Argument?

Gefahren des Hobbes'schen Absolutismus

Ein Problem an Hobbes' Argumentation ist, dass die Lösung, die er anbietet, möglicherweise schlimmer ist als das ursprüngliche Problem der Gefahr von Konflikten. Denn was, wenn der *Leviathan* selbst Gewalt gegen seine Untertanen anwendet? Müssen wir uns vor möglichen Gewaltausbrüchen unserer Mitmenschen wirklich mehr fürchten als vor einem übermächtigen Staat, dessen Handeln keinerlei Kontrolle unterliegt? John Locke (1632–1704) verglich Hobbes' Szenario damit, dass man sich, um die Gefahren von Iltissen und Füchsen abzuwehren, in die Klauen eines Löwen begibt.[24]

Gewaltenteilung

Die historische Erfahrung hat gezeigt, dass politische Autorität nicht nur, wie Hobbes dachte, durch einen absoluten Herrscher ausgeübt werden kann. Auch Staaten mit Gewaltenteilung, die

23 Robert Axelrod: *The Evolution of Cooperation*. New York: Basic Books, 1984.

24 John Locke: *Zwei Abhandlungen über die Regierung*. Hrsg. Walter Euchner. Frankfurt am Main: Suhrkamp, 1777 [1689], Kap. VII, Abschnitt 93.

also beispielsweise über unabhängige Gerichte verfügen, können die soziale Ordnung aufrechterhalten. Die Frage nach politischer Autorität ist deutlich komplexer, als Hobbes' Thesen es nahelegen.

Höhere Ansprüche an den Staat

Die Ansprüche, die wir heute an legitime Herrschaft stellen, sind höher als die, die Hobbes stellte: Es geht nicht nur darum, dass der Staat *überhaupt* den Naturzustand verhindert, sondern auch darum, dass er *gerecht* handelt. Wir fragen danach, ob ein Staat demokratische Entscheidungsprozesse zulässt, und auch, welche Rechte er den Einzelnen gewährt. Unsere Ansprüche an den Staat machen eine Vielzahl komplexer Institutionen nötig, deren Legitimität im Einzelnen betrachtet werden muss.

Prozedurale Legitimität

Buchanan und Tullock schlagen – wie auch viele andere Theoretiker*innen – zur Beantwortung der Frage, wie ein Staat beschaffen sein sollte, vor, auch die *prozedurale* Legitimität in den Blick zu nehmen. Als Bürger*in bin ich in der Regel nicht mit allen Entscheidungen der staatlichen Institutionen einverstanden. Aber ich kann sie als legitim akzeptieren, wenn sie durch *Prozesse* zustande gekommen sind, deren Legitimität ich anerkenne. Ein klassisches Beispiel hierfür ist das Mehrheitsprinzip: Man kann es als Entscheidungsmechanismus akzeptieren, auch wenn die eigene, befürwortete Position überstimmt wird.

Moralische „Überbestimmtheit“ von Gesetzen

Viele staatliche Gesetze sind derart, dass ihre Einhaltung moralisch „überbestimmt“ ist, d.h., es gibt mehrere Gründe, sich an sie zu halten. So gilt z.B. das Verbot von Mord auch dann, wenn der Staat kein derartiges Gesetz erlassen würde, weil moralisch begründet werden kann, warum Mord falsch ist. Außerdem können, wie schon erwähnt, soziale Normen zur Lösung von Koordinationsproblemen beitragen. Selbst jemand, der von den Argumenten zur Autorität des Staates nicht überzeugt ist, hat somit an vielen Stellen gute Gründe, sich so zu verhalten, *als würde* er oder sie diese Autorität akzeptieren.

Einzelfallbetrachtung von Legitimität

Anstatt die beiden Extreme – den Zustand völliger Rechtlosigkeit und den Zustand absolutistischer Herrschaft – als einzig denkbare Optionen des Miteinanders gegeneinander abzuwägen, kann man also differenzierter vorgehen. Man kann einzelne staatliche Eingriffe oder Gesetze als illegitim verurteilen und dennoch die grundsätzliche Legitimität des Staates anerkennen. Man kann aber auch umgekehrt die Legitimität eines Staates bezweifeln, sich aber dennoch an eine Reihe seiner Regeln halten, weil man dafür unabhängige Gründe sieht. Nichtsdestoweniger ist die Situation in sogenannten „failed states“, in denen die soziale Ordnung zusammengebrochen ist und die Menschen tatsächlich in einer Art „Naturzustand“ leben, eine bittere Erinnerung daran, dass der Kern von Hobbes’ Argument bis heute seine Gültigkeit behält.

Weiterführende Literatur:

Hobbes’ Text ist in zahlreichen Ausgaben verfügbar, z.B. Thomas Hobbes: *Leviathan*. Hrsg. Hermann Klenner, übersetzt von Jutta Schlösser (Hamburg: Meiner Verlag, 1996). Deutschsprachige Kommentare finden sich z.B. bei Wolfgang Kerstin (Hrsg): *Klassiker auslegen: Thomas Hobbes, Leviathan* (Berlin: Akademie Verlag, 2008). Eine Einführung in die Spieltheorie bietet z.B. Gerhard Illing und Manfred J. Holler: *Einführung in die Spieltheorie* (Berlin: Springer, 1991/2019).

8. Demokratie und Repräsentation

8.1 Einleitung

Staatsgewalt mit Grenzen

Staatsgewalt ist gerechtfertigt, um den Naturzustand zu überwinden, aber *absolute* Staatsgewalt ist möglicherweise gefährlicher als das Übel, das sie überwinden soll – das war das Ergebnis des letzten Kapitels. Eine Lösung dafür ist, eine Staatsgewalt zu installieren, sie aber zu begrenzen und zu kontrollieren.

Kontrolle durch Demokratie

Die klassische Methode, staatliche Herrschaft zu begrenzen, ist die demokratische Kontrolle. Abgeleitet von den griechischen Begriffen „Demos“ und „Kratos“, bedeutet sie „Volks-Herrschaft“. Der amerikanische Präsident Abraham Lincolns (1809–1865) beschrieb sie als die „Regierung des Volkes durch das Volk für das Volk.“[1] Doch wie diese Herrschaft des Volkes ausgestaltet werden soll, welche Werte dabei verwirklicht werden und welche Formen der Volksherrschaft angewandt werden sollen, ist höchst umstritten. In der Antike ging es um *direkte* Demokratie, bei der auf dem Marktplatz diskutiert und gemeinsam entschieden wurde; heute geht es meistens um *repräsentative* Demokratie, bei der Volksvertreter*innen in ein Parlament gewählt werden.

Antike: Ablehnung der Demokratie

In der Antike wurde der Gedanke, dass die Herrschaft beim Volk liegen sollte, von vielen Denker*innen abgelehnt. Platon (427–347 v. Chr.), der Lehrer von Aristoteles, prägte das Ideal des „Philosophenkönigtums“: Diejenigen, die die höchsten Stufen der Wahrheit erkannt hätten, sollten herrschen – seiner Einschätzung nach also die Philosophen.[2] Auch der muslimische Gelehrte Abū Nasr Muhammad al-Fārābī (872–950), der lange als der „zweite Lehrer“ nach Aristoteles galt, betonte die Bedeutung des Wissens um das Wahre und Gute für die politische Herrschaft: Eine vollkommene Gesellschaft benötige vollkommene Herrscher, die gute Gesetze erlassen und diese dem Volk vermit-

1 Zitiert nach Celikates und Gosepath: *Grundkurs Philosophie, Band 6*, 193.

2 Siehe insbesondere Platon: *Der Staat*. Übers. und hg. von Gernot Krapinger. Stuttgart: Reclam, 2017.

teln.[3] Diese Haltung wurde bis in die frühe Neuzeit hinein von der überwiegenden Mehrheit politischer Philosoph*innen geteilt.

Vorschau

Im Folgenden werden einige begriffliche Unterscheidungen in Bezug auf demokratische Systeme, insbesondere repräsentative Demokratien, vorgestellt. Anschließend werde ich vier Konzeptionen der Demokratie diskutieren: 1. die Aggregation von Präferenzen, 2. die Elitenkonkurrenz, 3. die deliberative Demokratie, und 4. die agonale Demokratie. Es folgen einige Überlegungen dazu, was den Wert der Demokratie ausmacht, und mit welchen gegenwärtigen Herausforderungen sie konfrontiert ist. Die Demokratie wurde in den westlichen Ländern der Neuzeit lange als selbstverständlich betrachtet. Doch ihr gegenwärtiger Zustand zeigt, dass diese Annahme falsch ist – Demokratie muss, wenn sie weiter bestehen soll, immer wieder aufs Neue verteidigt werden.

8.2 Begriffliche Grundlagen

Volkssouveränität

Die „Regierung des Volkes durch das Volk für das Volk“ wird auch im Begriff der „Volkssouveränität“ ausgedrückt. Frühere Staatsoberhäupter sahen sich selbst als Souverän; so soll z.B. der als „Sonnenkönig“ bekannte Ludwig XIV. gesagt haben: „L'état, c'est moi.“ In der Demokratie dagegen ist es das Volk, das die oberste Macht im Staat hat.

Rousseau: Gemeinwille

Dass das Volk Souverän sein kann, setzt voraus, dass man es als Akteur denken kann, der im Sinne eines gemeinsamen Interesses handelt. In diesem Zusammenhang wird oft ein Begriff von Rousseau verwendet: der „Gemeinwille“ oder *volonté générale* (in Kapitel 2.3 wurde dieser bereits thematisiert). Er unterscheidet sich vom „Willen aller“ oder *volonté de tous*, worunter Rousseau die Summe der zahlreichen Einzelwillen versteht. Der „Gemeinwille“ bezieht sich – anders als der „Wille aller“ – auf das Allgemeinwohl, und zwar in Form von allgemeingültigen Geset-

---

3 Dazu siehe Luis Xavier López-Farjeat: „Al-Farabi's Psychology and Epistemology“, in: *The Stanford Encyclopedia of Philosophy* Archive (2016). Hrsg. Edward N. Zalta, https://plato.stanford.edu/entries/al-farabi-psych/ oder Antony Black: *The History of Islamic Political Thought: From the Prophet to the Present.* Edinburgh: Edingburgh University Press, 2011, Kapitel 6.

zen, die das Volk sich selbst gibt. Ob es sinnvoll ist, von einem derartigen „Gemeinwillen" auszugehen, ist umstritten – dazu nachfolgend mehr.

Demokratische Wahlen

Dem Willen des Volkes wird in repräsentativen Demokratien durch Wahlen Ausdruck verliehen. Um *demokratisch* zu sein, müssen diese Wahlen frei, gleich, allgemein und – zur Verhinderung von Manipulation – geheim sein. Die Volksvertreter*innen, die gewählt werden, versammeln sich in Parlamenten, in denen wiederum nach Mehrheitsregeln abgestimmt wird, die je nach Ausgestaltung einfach (also größer/kleiner 50%) oder qualifiziert (also an höhere Schranken geknüpft) sein können.

Repräsentative Demokratie: Vorteile…

Die repräsentative Demokratie hat eine Reihe von Vorteilen. Im Parlament werden disparate Interessengruppen gebündelt und – idealerweise – Kompromisse ausgehandelt. Entscheidungen fallen nicht in der Unmittelbarkeit des Augenblicks, in dem unter Umständen im Affekt reagiert würde, sondern sie durchlaufen Verfahren, die Zeit lassen, Dinge von verschiedenen Seiten zu betrachten. Die Abgeordneten können und sollen sich ausführlicher mit den jeweiligen Themen befassen, als es vielen Bürger*innen möglich ist.

…und Nachteile

Natürlich gibt es auch Nachteile. Die unmittelbare Verbindung der Bürger*innen zur Gesetzgebung geht verloren. Dass repräsentativ-demokratische Mühlen langsam mahlen, kann vor impulsiven Entscheidungen schützen, aber den politischen Prozess auch frustrierend langwierig machen. „Berufspolitiker*innen" können hohe Sachkompetenz erwerben, sind aber auch dem Einfluss von z.B. Lobbyist*innen ausgesetzt, die den politischen Prozess zugunsten bestimmter Interessengruppen beeinflussen wollen.

Mehrheitswahlrecht

Wie die Dynamik der Repräsentation funktioniert, hat viel damit zu tun, welches System vorherrscht. Schematisch lassen sich zwei Ansätze unterscheiden: das *Mehrheitswahlrecht* mit Wahlkreisen oder die *Verhältniswahl*. Im Mehrheitswahlrecht („first pass the post") wird die Bevölkerung in Wahlkreise aufgeteilt und pro Wahlkreis ein/e Abgeordnete/r mit einfacher Mehrheit gewählt. Dieses System besteht z.B. in den USA und in Großbritannien, und es ist auch ein Element des deutschen Mischsystems.

Polarisierung im Mehrheitswahlrecht

Oft führt das Mehrheitswahlrecht dazu, dass zwei Parteien um Stimmen konkurrieren, weil kleinere Parteien keine Chance haben, Wahlkreise zu gewinnen. Kleine Veränderungen im Wählerverhalten können zu massiven Machtverschiebungen führen. Wenn 51% der Bevölkerung in allen Wahlkreisen für eine Partei stimmen würden, würde das Parlament zu 100% aus Abgeordneten dieser Partei bestehen. Dieses System kann zu starker Polarisierung führen – und dazu, dass sich der Wahlkampf ganz auf die Wahlkreise konzentriert, in denen Veränderungen möglich scheinen, z.B. die sogenannten „swing states" in den USA. Außerdem besteht die Gefahr, dass Politiker*innen die Wahlkreise so zuschneiden, wie es den Interessen der eigenen Partei entspricht; dafür wird in den USA der Begriff „gerrymandering" verwendet.

Verhältniswahlrecht

Bei der Verhältniswahl konkurrieren die Parteien auf der Ebene des ganzen Landes um Stimmen. Diese Parteien stellen typischerweise Abgeordnetenlisten auf und besetzen dann so viele Mandate, wie sie prozentual gewonnen haben. Das Verhältniswahlrecht ermöglicht eine feinkörnigere Aufteilung des politischen Spektrums durch mehrere Parteien. In der Regel müssen Koalitionen gebildet werden, um im Parlament eine Regierungsmehrheit zu erlangen. Die regionale Komponente von Abgeordneten mit ihren je eigenen Wahlkreisen fehlt dagegen im reinen Verhältniswahlrecht.

Mischformen

Neben diesen beiden Reinformen sind zahlreiche Kombinationen und Variationen möglich, außerdem können Parlamente mehrere Kammern besitzen, deren Mitglieder durch unterschiedliche Wahlsysteme bestimmt werden. Zusätzlich können Prozenthürden für den Einzug ins Parlament oder für die Verabschiedung von Gesetzen oder Verfassungsänderungen eingeführt werden.

Parteien

In modernen Demokratien spielen *Parteien* eine wichtige Rolle, weil sie Wähler*innen und Politiker*innen mit ähnlichen Anliegen sammeln.[4] Historisch verstanden sie sich als „Milieuparteien", die von den Angehörigen bestimmter Schichten gewählt wurden und deren Interessen sie vertraten. Doch diese „Milieus" sind heute weniger klar abgegrenzt als in der Vergangenheit; in den Parteienlandschaften vieler westlicher Demokratien haben sich in den letzten Jahren massive Verschiebungen ergeben. Es ist unklar, ob die stabile Bündelung von Interessen in größeren Parteien auch in Zukunft gelingen wird.

4 Zur Rolle von Parteien siehe z.B. Jonathan White und Lea Ypi: *The Meaning of Partisanship*. Oxford: Oxford University Press, 2016.

8.3 Konzeptionen der Demokratie

So unterschiedlich wie die institutionellen Details sind auch die Theorien darüber, was Demokratie ist und was sie ausmacht. Im Folgenden werden vier zentrale Ansätze vorgestellt: 1. Demokratie als die Aggregation von Präferenzen, 2. als die Konkurrenz von Eliten, 3. als Deliberation, und 4. als agonale oder radikale Demokratie.

8.3.1 Präferenz-Aggregation

Sozialwahltheorie

Ein breiter Strang der Demokratietheorie, der als „formale" Demokratietheorie oder „Sozialwahltheorie" („social choice theory") bezeichnet wird, untersucht demokratische Mechanismen anhand formaler Modelle.[5] Ausgangspunkt der Untersuchung sind Individuen mit gegebenen Präferenzen im Hinblick auf verschiedene, gegebene Optionen. Die Fragestellung ist, wie unterschiedliche Abstimmungsmethoden den Wahlausgang beeinflussen.

Condorcet-Paradox

Ein wichtiges Ergebnis dazu stammt schon aus dem 18. Jahrhundert, vom französischen Philosophen und Mathematiker Nicolas de Condorcet (1743–1794). Sein „Condorcet-Paradox" beschreibt die Möglichkeit, dass bei Abstimmungen irrationale Ergebnisse entstehen können. Gibt es z.B. drei Individuen, von denen eines $x > y > z$, das zweite $y > z > x$, und das dritte $z > x > y$ präferiert, dann gibt es bei paarweiser Abstimmung jeweils eine Mehrheit von zwei zu eins für x gegen y, für y gegen z, und für z gegen x. Das ergibt einen inkonsistenten Zirkel: Die in dieser Konstellation stattfindende Bewertung der Präferenzen ist in der Gesamtwertung – welche Präferenz überwiegt insgesamt? – selbstwidersprüchlich.[6]

5 Zur formalen Demokratietheorie siehe z.B. Christian List: „Social Choice Theory", in: *The Stanford Encyclopedia of Philosophy* Archive (2016). Hrsg. Edward N. Zalta, http://plato.stanford.edu/entries/social-choice/.

6 Nicolas de Condorcet: *Essay sur l'Application de l'Analyse à la Probabilité des Décisions Rendue à la Pluralité des Voix*. Paris: de l'Imprimerie royale, 1785.

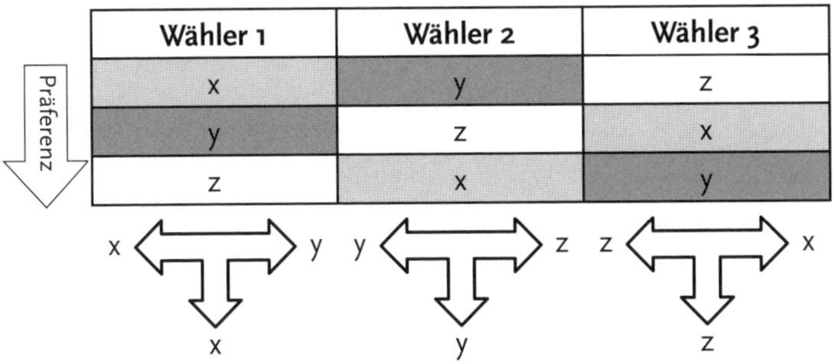

Abb. 20: Condorcet-Paradox

Arrow-Theorem

Ein zweiter wichtiger Autor im Bereich der Sozialwahltheorie, der amerikanische Ökonom Kenneth Joseph Arrow (1921–2017), veröffentlichte 1951 einen Aufsatz mit einem Theorem, das mathematisch zeigt, dass es unter bestimmten, harmlos wirkenden Annahmen über die Präferenzen von Individuen keine Methode der Aggregation dieser Präferenzen existiert, die bestimmte wünschenswerte Konsistenzanforderungen erfüllt.[7] Das führte zu einer großen Debatte: Zeigt dies ein grundsätzliches Problem der Demokratie an – oder sind vielmehr die Annahmen des Modells problematisch?

Problematische Prämissen

Viele Prämissen der Modelle der Sozialwahltheorie können kritisch hinterfragt werden. So wird davon ausgegangen, dass Individuen ihre Präferenzen *alleine* und nur mit Blick auf sich selbst entwickeln, also nicht im Zusammenspiel mit anderen. Aber basieren die Wahlentscheidungen demokratischer Bürger*innen tatsächlich auf derart abgeschirmten, individualistischen Präferenzen? Vielleicht orientieren sich die Bürger*innen auch am Gemeinwohl – oder sollten dies tun! Die Sozialwahltheorie gibt auf diese Fragen keine Antwort. Sie ist ein wertvolles, aber auch beschränktes Instrument zur Analyse unterschiedlicher Abstimmungsmechanismen.

8.3.2 Elitenkonkurrenz

Schumpeter: „realistische" Demokratietheorie

Die Annahme, dass Individuen rein eigeninteressiert entscheiden, teilt auch ein zweiter Strang der Demokratietheorie, der „realisti-

7 Kenneth Arrow: *Social Choice and Individual Values.* New York: Wiley, 1963 [1951].

sche“ Demokratietheorie genannt wird. Einer der Hauptvertreter der „realistischen“ Demokratietheorie, der österreichisch-amerikanische Ökonom und Sozialtheoretiker Joseph Alois Schumpeter (1883–1950), schilderte die demokratische Wählerschaft als selbstsüchtig, affektgesteuert und wankelmütig.[8]

Wettbewerb um Wählerstimmen

Schumpeter ging davon aus, dass die Führung der Gesellschaft durch Eliten unabdingbar sei. Demokratie zeichne sich aber dadurch aus, dass durch Wahlen bestimmt werde, welche von mehreren konkurrierenden Elitegruppen an die Macht komme. Den Wettbewerb um Wählerstimmen sah Schumpeter analog zum Wettbewerb um Konsument*innen. Der amerikanische Politikwissenschaftler Anthony Downs (*1930) hat diesen Gedanken in der „ökonomischen Theorie der Demokratie“ weitergeführt.[9]

Machtfragen in der Demokratie

Schumpeter wollte Idealismus vermeiden, warf dazu aber einen extrem zynischen Blick auf die Demokratie. Aus empirischer Sicht mag dies eine gewisse Berechtigung haben. In jedem Fall führt es vor Augen, dass es auch in Demokratien ungleiche politische Macht zwischen Eliten und Bürger*innen geben kann, und dass der Zugang zur Gruppe der „Elite“ ein wichtiger Faktor für die Verteilung dieser Macht ist.

Normative Minimalstandards

Allerdings kommt auch Schumpeters minimalistischer Ansatz nicht ganz ohne normative Ideale aus: Die jeweiligen Eliten sollen unblutig und geordnet ersetzt werden, was voraussetzt, dass auch die jeweils unterlegene Partei die Legitimität des demokratischen Prozesses anerkennt. Wenn Eliten wissen, dass sie abgewählt werden können, schafft dies Schumpeter zufolge Anreize, die Interessen des Volkes zu berücksichtigen. Die entscheidende Frage ist, ob es wirklich gelingen kann, durch Wahlen die Eliten auszutauschen – es handelt sich dabei um eine Minimalbedingung für Demokratie, aber nicht mehr als das.

8.3.3 Deliberative Demokratie

Deliberation

Steht die „realistische“ Demokratietheorie am minimalistischen Ende des Spektrums möglicher Interpretationen der Demokratie, dann steht die „deliberative“ Demokratietheorie am anderen

8 Joseph Alois Schumpeter: *Kapitalismus, Sozialismus und Demokratie.* Bern: Francke, 1946/1950 [1942], Kap. 21 und 22.

9 Anthony Downs: *An Economic Theory of Democracy.* New York: Harper, 1957.

Ende: Sie ist eine anspruchsvolle, idealistische Theorie (sie fand bereits in Kapitel 1.1 kurz Erwähnung). Bei ihr geht es nicht nur um Interessen und den Kampf um Wähler*innenstimmen, sondern um Argumente und „Deliberation", also um das gemeinsame, öffentliche Nachdenken und Beratschlagen über politische Fragen.

Demokratische Öffentlichkeit

Eine wichtige Rolle spielt daher die demokratische Öffentlichkeit, in der ein freier Austausch von Argumenten stattfinden kann, durch den sich die Individuen eine politische Meinung bilden. Jürgen Habermas (*1929), einer der bedeutendsten Vordenker der deliberativen Demokratietheorie[10], beschrieb die demokratische Situation so: Das „allgemeine[] Publikum der Staatbürger" trage den „Entdeckungszusammenhang einer nicht durch Verfahren regulierten Öffentlichkeit".[11] Für Habermas werden aus dieser nicht regulierten, deliberierenden Öffentlichkeit Argumente in die Parlamente getragen, wo über sie sodann parlamentarisch deliberiert, also überlegt und beratschlagt, werden soll und letztlich entsprechende Gesetze formuliert und erlassen werden.

Kraft des besseren Arguments

Zentral ist Deliberation in erster Instanz, weil sich durch sie bestimmte Präferenzen der Bürger*innen erst herausbilden und andere transformiert werden; so können die Bürger*innen gemeinsam ein Verständnis des Gemeinwohls entwickeln. Die Hoffnung der deliberativen Demokratietheorie ist, dass im öffentlichen Diskurs – und dann auch in der parlamentarischen Debatte – neue Anliegen und Argumente schnell entdeckt werden, und sich bessere gegen schlechtere Argumente durchsetzen. Dadurch, so das Argument, steige die Qualität demokratischer Entscheidungsprozesse.

Gleichheit im Diskurs?

Eine offene Flanke der deliberativen Demokratietheorie ist allerdings die Annahme, dass alle Bürger*innen gleichermaßen in der Lage seien, am öffentlichen Diskurs teilzunehmen und darin ihre Interessen zu vertreten. Die Realität sieht oft anders aus: Individuen haben unterschiedlich viele Möglichkeiten, sich zu informieren, und unterschiedlich viel Zeit, um an Diskussionen teilzunehmen. Journalist*innen spielen als „Gatekeeper"

10 Ein wichtiges Werk von Jürgen Habermas dazu ist: *Faktizität und Geltung – Beiträge zur Diskurstheorie des Rechts und des demokratischen Rechtsstaats*. Frankfurt am Main: Suhrkamp, 1992. Einen kurzen Überblick bietet er in „Drei Normative Modelle der Demokratie", in: ders.: *Die Einbeziehung des Anderen*. Frankfurt am Main: Suhrkamp, 1997, 277–292.

11 Habermas: *Faktizität und Geltung*, 373.

eine wichtige Rolle (auch wenn diese durch die Kommunikationsmöglichkeiten im Internet an Bedeutung verloren hat). Die gleichen Beteiligungschancen für alle Bürger*innen zu schaffen, bleibt eine schwierige Herausforderung.

Rolle der Medien

Für die de facto existierenden Formen von Öffentlichkeit spielen die Medienlandschaft und die technologische Entwicklung der Kommunikationsmedien eine entscheidende Rolle.[12] Damit die Medien eines Landes die von der deliberativen Demokratietheorie vorgesehene Rolle spielen können, müssen sie bestimmte Standards erfüllen: Zum einen müssen sie unterschiedlichen Gruppen die Möglichkeit geben, sich zu äußern, zum anderen muss es bei diesen Äußerungen, die in den öffentlichen Diskurs eingespeist werden, um faktenbasierte, sachliche Argumente gehen, nicht um Stimmungsmache oder Polemik, auf Grundlage derer Deliberation unmöglich ist.

„Deliberative Polling“

Dass die mediale Öffentlichkeit diese Standards selten erfüllt, liegt auf der Hand. Öffentliche Deliberation auf der Ebene ganzer Nationalstaaten ist ein Ideal, dessen Verwirklichung auf viele praktische Hindernisse stößt. Deswegen experimentieren Politikwissenschaftler*innen, unter ihnen der US-Amerikaner James S. Fishkin (*1948), seit Jahren mit dem sogenannten „deliberative Polling“, bei dem zufällig, aber repräsentativ ausgewählte Teilnehmer*innen gemeinsam über politische Themen deliberieren – und zwar unter Bedingungen, die den von der deliberativen Demokratietheorie geforderten nahekommen, also mit ausreichenden Informationen, auf Augenhöhe, in sachlicher Diskussion.[13] Anschließend stimmen sie ab; die Ergebnisse sind dann in der Regel andere, als bei einer uninformierten Abstimmung vor der Deliberation.

Ideal und Wirklichkeit

Wie Fishkin und seine Kolleg*innen feststellten, können ausführliche Diskussionen, z.B. in mehrtägigen Workshops, durchaus Ergebnisse zeitigen, die dem Ideal der deliberativen Demokratie entsprechen. Allerdings sind Situationen, in denen Deliberation so gut funktioniert wie in diesen Experimenten, im politischen

---

12 Dazu siehe Jürgen Habermas: *Strukturwandel der Öffentlichkeit*. Frankfurt am Main: Suhrkamp, 2013 [1962].

13 Siehe z.B. James S. Fishkin: *When the People Speak: Deliberative Democracy and Public Consultation*. Oxford: Oxford University Press, 2009, oder ders.: *Democracy When the People Are Thinking*. Oxford: Oxford University Press, 2018.

Leben rar.[14] Der Aufwand für Deliberation, die zu „vernünftigen" Ergebnissen führt, ist enorm und sie wird erschwert durch Interessengruppen, die den öffentlichen Diskurs zu ihren Gunsten verzerren wollen. Die politische Wirklichkeit ist vom Ideal öffentlicher Deliberation ein ganzes Stück entfernt – was aber nicht bedeutet, dass es nicht *als Ideal* Orientierung geben kann.

8.3.4 Agonale Demokratie

Rolle von Macht und Konflikten

Die vierte Konzeption von Demokratie setzt bei den Schwierigkeiten der deliberativen Demokratietheorie an. Sie wurde insbesondere von den politischen Theoretiker*innen Ernesto Laclau (1935–2014) und Chantal Mouffe (*1943) entwickelt. Gegen eine Überhöhung von argumentativer Rationalität und Konsens im politischen Prozess betonten sie, dass es in der Politik immer um Macht und Konflikte gehe. Dabei würden nicht nur rationale Argumente vorgetragen, sondern es spielten auch Ideologien und der Kampf um die Deutungshoheit von Ereignissen eine zentrale Rolle.

„Agonale" Demokratietheorie

Die sogenannte „agonale" Demokratietheorie fokussiert auf Bewegungen „von unten": Sie nimmt Phänomene wie sogenannte Graswurzel-Bewegungen, sozialen Protest und zivilen Ungehorsam in den Blick. Diese fordern den bestehenden Konsens heraus und hinterfragen das, was als unveränderbar gilt. Damit zeigen sie radikale Alternativen zum Bestehenden auf, etwa in Form künstlerischen Protests.

Stimmen der Ausgeschlossenen

Diese Konzeption von Demokratie hat besonders stark darauf aufmerksam gemacht, dass im offiziellen demokratischen Diskurs viele Stimmen, z.B. von ethnischen Minderheiten, ungehört bleiben. Eine große Rolle spielen dabei informelle Machtmechanismen, die darüber entscheiden, wer wo mitreden darf. Viele Demokratien werden dem eigenen Ideal der Gleichberechtigung aller Bürger*innen nicht gerecht – darauf hat die agonale Demokratietheorie zu Recht hingewiesen. Demokratie kann nicht durch Institutionen garantiert werden, wenn sie nicht auch „von unten" gelebt wird.

14 Auch soziale Bewegungen können ein Ort von Deliberation sein. Siehe dazu z.B. Donatella Della Porta: *Meeting Democracy. Power and Deliberation in Global Justice Movements*. Cambridge: Cambridge: Cambridge University Press, 2015.

Selbsterfüllende Konzeptionen

Welche dieser Konzeptionen von Demokratie ist die angemessenste? Welche ist normativ am wünschenswertesten? Jede dieser Konzeptionen betont andere Aspekte von Demokratie und will andere Fragen beantworten. Sich für eine dieser Konzeptionen zu entscheiden, ist keine rein theoretische Angelegenheit, denn Demokratietheorien sind potentiell selbsterfüllend: Je nachdem, wie die Bürger*innen eines Landes ihre Demokratie verstehen, werden sie sich unterschiedlich verhalten und ihre Demokratie wird unterschiedliche Formen annehmen.

Festhalten am Ideal der Demokratie

Wenn Demokratie beispielsweise als Elitenkonkurrenz à la Schumpeter verstanden wird, gibt es keine Ermunterung für die Bürger*innen, sich am öffentlichen Diskurs zu beteiligen – und sie würden möglicherweise gerade *deswegen* das Feld den Eliten überlassen.[15] Bei aller Sorge um zu viel Idealisierung benötigen wir die regelmäßige Erinnerung daran, was Demokratie im *besten* Fall sein kann, denn nur so lassen sich die entsprechenden Praktiken aufrechterhalten und weiterentwickeln. So wird zum Beispiel in den letzten Jahren verstärkt darüber nachgedacht, ob Versammlungen aus zufällig ausgewählten Bürger*innen eine sinnvolle Ergänzung zu gewählten Parlamenten sein könnten, weil in ihnen unterschiedliche Stimmen zu Wort kommen können.[16]

8.4 Was ist der Wert der Demokratie?

Intrinsische vs. instrumentelle Argumente

Warum sollte man demokratische Praktiken aufrechterhalten, was macht sie wertvoll? Die Argumente für Demokratie lassen sich in zwei Gruppen unterteilen: Argumente, die sich auf den *intrinsischen* Wert von Demokratie beziehen, sie also als an und für sich wertvoll verstehen, und Argumente zu ihrem *instrumentellen* Wert, die sie als wertvolles Mittel zur Erreichung anderer Werte oder Ziele betrachten.

Input- vs. Output-Legitimität

Die genannte Unterscheidung ähnelt der Differenzierung zwischen zwei Formen von Legitimität: Input- und Output-Legi-

15 Vgl. auch Ladwig: *Moderne politische Theorie*, 63.

16 Siehe z.B. David van Reybrouck: *Gegen Wahlen. Warum Abstimmen nicht demokratisch ist.* Göttingen: Wallstein, 2016 oder Hubertus Buchstein: *Demokratie und Lotterie. Das Los als politisches Entscheidungsinstrument von der Antike bis zur EU.* Frankfurt am Main: Campus, 2009.

timität.[17] Input-Legitimität meint, dass eine Entscheidung als legitim angesehen wird aufgrund dessen, was in sie *eingeht*, z.B. eine bestimmte Form von Gleichheit in einem Wahlverfahren. Output-Legitimität meint, dass eine Institution legitim ist, weil sie in bestimmten, zuvor definierten Hinsichten gute Ergebnisse erzielt – demnach ist auch die Demokratie dann und nur dann legitim, wenn sie entsprechend gute Ergebnisse erzielt.

Intrinsischer Wert

Wer den *intrinsischen* Wert der Demokratie betont, verweist in der Regel darauf, dass sie ein Ideal von Gleichheit ausdrückt, das keine andere Herrschaftsform verkörpern kann – und weil dieses Ideal intrinsisch wertvoll ist, ist es auch die Demokratie. Wie anders als durch demokratische Prozesse sollte eine Gesellschaft, deren Mitglieder sich als Gleiche betrachten, ihre Angelegenheiten regeln?

Instrumenteller Wert

Daneben gibt es *instrumentelle* Rechtfertigungen, die sich darauf beziehen, dass demokratisches Entscheiden das geeignete Mittel für verschiedene Zwecke ist. So kann Demokratie als instrumentell wertvoll gelten, weil sie z.B. ein gewaltfreies Miteinander ermöglicht. Das übergeordnete Ziel ist dann die Gewaltfreiheit und Demokratie ist ein Instrument ihrer Realisierung. Eine *rein* instrumentelle Argumentation für Demokratie riskiert aber, dass Demokratie ungerechtfertigt erscheint, sobald andere, möglicherweise effizientere, Mittel zur Erreichung der angestrebten Ziele gefunden werden. Nichtsdestoweniger stellen instrumentelle Rechtfertigungen eine wichtige Ergänzung zu Begründungen dar, die den intrinsischen Wert von Demokratie betonen.

Bessere Entscheidungen – Condorcet-Jury-Theorem

Ein altes Argument der Demokratietheorie, das immer wieder diskutiert wird, ist, ob – und wenn ja, unter welchen Bedingungen – gemeinsame demokratische Entscheidungen zu besseren Ergebnissen führen als die Entscheidungen Einzelner. Der schon erwähnte Marquis de Condorcet entwickelte das „Condorcet-Jury-Theorem“: Wenn in einer Gruppe von Leuten, die im Durchschnitt eher richtig als falsch liegen (d.h. die Wahrscheinlichkeit einer richtigen Entscheidung ist größer oder gleich 0,5), eine Mehrheitsentscheidung getroffen wird, stehen die Chancen, dass damit die richtige Entscheidung getroffen wird, größer, als wenn eine einzelne Person entscheidet.[18]

17 Dazu siehe Fritz W. Scharpf: *Regieren in Europa. Effektiv und demokratisch?* Frankfurt am Main/New York: Campus, 1999, 16–28.

18 Vgl. dazu z.B. List: *Social Choice Theory.*

Bessere Entscheidungen durch Deliberation

Auch die deliberative Demokratietheorie betont die Qualität von Entscheidungen: Durch die öffentliche Diskussion sollen falsche Argumente herausgefiltert und kreative Lösungen für Probleme gefunden werden. Ein wichtiges Argument kommt dabei vom Ansatz der „deliberativen Systeme“.[19] Es besagt, dass in modernen Demokratien eine Vielzahl von Elementen zusammenwirkt, um zu guten Entscheidungen zu kommen und dysfunktionale Entscheidungen zu verhindern. So führt z.B. die Konkurrenz unter Parteien dazu, dass es mit hoher Wahrscheinlichkeit aufgedeckt wird, wenn eine Partei mit unseriösen Expert*innen zusammenarbeitet.

Epistemische Demokratietheorie

Die Frage danach, wie Demokratien mit Wissen umgehen, wird in der sogenannten epistemischen Demokratietheorie behandelt.[20] Es wird dort z.B. darüber diskutiert, wie die „Weisheit der vielen“ in der Demokratie genutzt werden kann. Kritiker*innen wenden allerdings ein, dass an vielen Stellen Expert*innen bessere Ent-

Abb. 21: Demokratie in der Krise? „Leaders not Liars“ wünschen sich diese Demonstranten 2016 bei der Anti-Brexit-Kundgebung „London stays“

19 Vgl. z.B. John Parkinson und Jane Mansbridge (Hrsg.): *Deliberative Systems: Deliberative Democracy At The Large Scale*. Cambridge: Cambridge University Press, 2013.

20 Siehe z.B. Hélène Landemore: *Democratic Reason: Politics, Collective Intelligence, and the Rule of the Many*. Princeton, Princeton University Press, 2013.

scheidungen fällen könnten.[21] In vielen demokratischen Systemen werden bestimmte Entscheidungen an Expertenkommissionen delegiert, doch das Verhältnis von Demokratie und Expertise bleibt schwierig, nicht zuletzt, weil die Gefahr besteht, dass Expert*innen die epistemisch wertvollen Perspektiven der Bürger*innen vernachlässigen und dann ein Abgleiten in eine Technokratie droht.

Verhinderung schlechter Entscheidungen

Ein bescheidenerer, aber dennoch gewichtiger Ansatz besteht darin, zu argumentieren, dass in Demokratien bestimmte Formen politischer *Fehlentscheidungen* vermieden werden können. Das hat vor allem damit zu tun, dass es gesellschaftliches Feedback auf politische Entscheidungen gibt und drohende Gefahren öffentlich diskutiert werden können. So hat Amartya Sen mithilfe empirischer Daten gezeigt, dass bislang in Demokratien mit einer einigermaßen freien Presse keine nennenswerten Hungersnöte vorgekommen sind.[22]

Zielsetzung durch die Demokratie selbst

Instrumentelle Rechtfertigungen sehen die Demokratie als Mittel zur Erreichung bestimmter Ziele. Die Verhinderung von Hungersnöten ist zweifellos ein erstrebenswertes Ziel. Lassen sich weitere Ziele benennen? Oder müssen sich diese Ziele erst im demokratischen Prozess herausbilden?[23] Dann aber ist die instrumentelle Begründung zirkulär: Demokratie ist gut dafür, das zu erreichen, was Demokratie erreichen will. Schon deshalb, und um den Kern demokratischer Praktiken nicht aus den Augen zu verlieren, bedarf es auch einer intrinsisch orientierten Rechtfertigung der Demokratie.

8.5 Gegenwärtige Herausforderungen der Demokratie

Gegenwärtige Herausforderungen

Vom britischen Staatsmann Winston Churchill (1874–1965) stammt die Formulierung, die Demokratie sei „die schlechteste Regierungsform außer allen anderen."[24] Lange wurde die Demokratie im sogenannten „Westen" als selbstverständlich betrachtet.

21 Diese Kritik formuliert z.B. van Reybrouck: *Gegen Wahlen.*

22 Amartya Sen: *Poverty and Famines. An Essay on Entitlement and Deprivation.* Oxford: Oxford University Press, 1983. Obwohl seitdem verschiedene mögliche Ausnahmen diskutiert wurden, gilt die These weitgehend als bestätigt.

23 Vgl. auch Celikates und Gosepath: *Grundkurs Philosophie, Band 6: Politische Philosophie*, 204.

24 Winston Churchill: *Churchill by Himself: The Definitive Collection of Quotations.* Hrsg. Richard Langworth. London: Public Affairs, 2008, vi.

Seit einigen Jahren ist jedoch verstärkt von einer „Krise der Demokratie“ die Rede.

Angriffe auf die Bedingungen der Demokratie

Weltweit ist die Demokratie, zusammen mit der Rechtsstaatlichkeit, unter Druck. Einige Regierungen – gegenwärtig betrifft dies beispielsweise einige Länder in Osteuropa, die Türkei und Russland – unterminieren systematisch die Voraussetzungen für eine demokratische Gesellschaft: die Pressefreiheit wird beschnitten, kritische Politiker*innen, Wissenschaftler*innen und Journalist*innen werden bedroht und aus ihren Ämtern verdrängt, die Unabhängigkeit von Gerichten steht auf dem Spiel.

Populismus

Auch in vielen „westlichen“ Ländern scheint sich das Gefühl auszubreiten, dass die vorherrschenden demokratischen Systeme nur eine Fassade sind und „die da oben“ nicht auf den Willen der Wähler*innen reagieren würden. Das ruft Populist*innen auf den Plan, die einfache Lösungen für komplexe Probleme anbieten und sich bei ihren Äußerungen auf den „Willen des Volkes“ berufen.[25] Oft propagieren sie dabei nationalistische und ethnozentrische Weltbilder, die mit dem Verständnis aller Bürger*innen als moralisch *Gleichen* im Widerspruch stehen.

Demokratie und Internet

Als eine Ursache des Problems wird oft die Veränderung der politischen Debatte durch das Internet genannt. Im Netz können nicht nur falsche Behauptungen zirkulieren (sogenannte „fake news“), es kann auch (gezielt) Hass geschürt werden (damit werden wir uns in Kapitel 13.4 noch beschäftigen).

Abb. 22: Real Fake: Goldene Skulptur des Künstlers Scott Reeder in Chicago, aufgestellt vor dem Trump International Hotel and Tower in Chicago, 2017

Eine weitere Herausforderungen für die Demokratie ist der Einfluss von Interessengruppen, z.B. durch Lobbyismus. Ein grundsätzliches Problem moderner Gesellschaften ist ihre hohe Komplexität durch die Ausdifferenzierung in viele Lebens- und

25 Siehe u.a. Jan-Werner Müller: *Was ist Populismus? Ein Essay.* Berlin: Suhrkamp, 2016.

Wissensbereiche. Politiker*innen benötigen Informationen, z.B. über die möglichen Auswirkungen von Änderungen in der Gesundheitspolitik. Aber diejenigen, die ihnen diese Informationen zur Verfügung stellen können, haben oft eine eigene Agenda und ein Interesse daran, die Tatsachen in einem bestimmten Licht erscheinen zu lassen.[26] Mehr Transparenz, etwa durch Lobbyregister, und die Beteiligung von Verbraucherorganisationen oder anderen NGOs, könnten hier Verbesserungen bringen.

Einfluss von Interessensgruppen

Eine Form der Beeinflussung, die insbesondere in den USA eine große Rolle spielt, sind hohe Spenden von Unternehmen oder Einzelpersonen an Politiker*innen, von denen man sich die Förderung der eigenen Interessen verspricht. Das zugrundeliegende Problem ist das Verhältnis von Demokratie und Kapitalismus. Der globalisierte Kapitalismus hat die soziale Ungleichheit in vielen westlichen Ländern ansteigen lassen: Es gibt eine kleine Schicht von Superreichen, deren Vermögen wächst, während sich die materielle Situation der unteren und mittleren Klassen nur wenig verbessert hat.[27] In einer Demokratie darf die Gruppe der materiell Privilegierten nicht mehr Einfluss auf die Politik haben als andere Gruppen – doch dies zu verwirklichen, ist eine große Herausforderung. Manche Theoretiker*innen befürchten einen Rückfall in feudale Verhältnisse, in denen eine kleine Elite über den Rest der Gesellschaft herrscht.[28]

Kapitalismus und Demokratie

Ein weiteres Problem an Demokratien ist die verhältnismäßig kurzfristige Orientierung; dies ist insbesondere im Zusammenhang mit der Reduzierung von Emissionen und ähnlichen Maßnahmen gegen den Klimawandel eine Herausforderung. Demokratische Politik richtet sich oft an den Zyklen von Wahlen aus. Zahlreiche Projekte und Regulierungen können ihre gewünschte Wirkung aber nur langfristig entfalten. Der Demokratie muss jedoch zugute gehalten werden, dass derzeit kaum etwas darauf hindeutet, dass andere Regimetypen besser abschneiden würden.[29] Die langfristigen Veränderungen anzugehen, die zur Be-

Kurzfristigkeit von Demokratie?

---

26 Für Fallstudien hierzu siehe: Naomi Oreskes und Erik M. Conway: *Merchants of Doubt – How a Handful of Scientists Obscured the Truth on Issues from Tobacco Smoke to Global Warming*. London: Bloomsbury, 2010.

27 Siehe z.B. Piketty: *Capital in the 21st Century*.

28 Diese Befürchtung äußern z.B. Colin Crouch: *Post-Democracy*. London: Polity, 2004 und Bas van Bavel: *The Invisible Hand? How Market Economies have Emerged and Declined since AD 500*. Oxford: Oxford University Press, 2016.

29 Vgl. Stefan Wurster: „Comparing ecological sustainability in autocracies and democracies", *Contemporary Politics* 19(1) (2013), 76–93.

wältigung des Klimawandels und anderer Umweltprobleme nötig sind, ist ein *generelles* Problem der Politik, nicht nur der Demokratie.

Demokratie braucht Demokrat*innen

Viele der genannten Probleme sind inzwischen bekannt und es liegen zahlreiche Vorschläge, z.B. zur Eindämmung des Einflusses von Wahlkampfspenden oder zum Abbau sozialer Ungleichheit, auf dem Tisch. Viele Länder sind noch hinreichend demokratisch und verfügen über hinreichend freie Medien, dass darüber öffentlich diskutiert werden kann. Gefragt ist die Umsetzung entsprechender Maßnahmen durch die Bürger*innen und die Politiker*innen, die sie repräsentieren – um sicherzustellen, dass die Demokratie auf Dauer stabilisiert werden kann.

Weiterführende Literatur:

Für eine der historisch bedeutsamsten Formulierungen des Ideals der Volkssouveränität siehe Jean-Jacques Rousseau: *Du Contrat Social/Vom Gesellschaftsvertrag* (Stuttgart: Reclam, 1977/2010 [1762]). Eine kurze, aber prägnante Erläuterung der deliberativen Demokratietheorie, in Abgrenzung von anderen Interpretationen von Demokratie, bietet Jürgen Habermas in „Drei Normative Modelle der Demokratie“, in: ders.: *Die Einbeziehung des Anderen* (Frankfurt am Main: Suhrkamp, 1997), 277–292. Interessante empirische Ergebnisse zum Potential von Deliberation und Überlegungen zur Verbesserung der gegenwärtigen Demokratie finden sich in James S. Fishkin: *Democracy When the People Are Thinking* (Oxford: Oxford University Press, 2018).

9. Rechtsstaatlichkeit

9.1 Einleitung

Rechte von Minderheiten?

Die beiden vorhergehenden Kapitel haben zwei zentrale Institutionen moderner politischer Ordnungen diskutiert: staatliche Autorität und Demokratie. Doch diese beiden Institutionen müssen von einer dritten ergänzt werden: der Rechtsstaatlichkeit. In einem Hobbes'schen Staat würde heute kaum jemand leben wollen. Aber auch in einem Hobbes'schen Staat, dessen Regierung demokratisch gewählt würde, wären die Rechte der Einzelnen gefährdet, denn die jeweilige Mehrheit könnte ohne Rücksicht auf die Anliegen von Minderheiten entscheiden.

Herrschaft der Gesetze

Um die Individuen vor staatlichen Übergriffen zu schützen, ist das Rechtssystem zentral. In einem Rechtsstaat herrschen die Gesetze, also für alle gleichermaßen geltende Regeln. Seit der Antike betonten viele politische Theoretiker*innen, unter ihnen Aristoteles, die Bedeutung der *Herrschaft guter Gesetze.*[1] Dem römischen Politiker und Rhetoriker Cicero (106–43 v.Chr.) wird die Phrase zugeschrieben: „Wir sind alle Sklaven des Gesetzes, damit wir alle frei sind."[2]

Gewaltenteilung

Gesetze, die bürgerliche Rechte und Freiheiten schützen, sind für einen *Rechts*staat maßgeblich. Wie aber können Rechte abgesichert werden? Hierfür ist das Prinzip der Gewaltenteilung entscheidend, demzufolge die Rechtsstaatlichkeit in einem eigenen Bereich, der Judikative, verankert wird. Wie der Gedanke der *Herrschaft guter Gesetze,* hat auch die Idee der *Gewaltenteilung* eine lange Geschichte: Viele antike Autor*innen priesen sogenannte „Mischverfassungen", in denen Elemente unterschiedlicher Verfassungsformen kombiniert werden, als besonders stabil. In der frühen Neuzeit beschäftigte sich insbesondere Charles-Louis de Secondat, Baron de La Brède et de Montesquieu (1689–1755), kurz Montesquieu, mit der Gewaltenteilung.

Vorschau

Im Folgenden wird es um zwei Varianten des Arguments für Rechtsstaatlichkeit, also den institutionellen Schutz der bürger-

1 Aristoteles: *Politik,* bes. Buch III.15–16.

2 Es handelt sich um die Verkürzung einer Passage aus Ciceros Rede *Pro Cluentio* (Abschnitt 53): „Legum ministri magistratus, legum interpretes iudices, legum denique idcirco omnes servi sumus ut liberi esse possimus."

lichen Rechte, gehen: John Lockes *Sozialvertragsargument* und Immanuel Kants *Vernunftargument*. Danach werden wir uns den philosophischen Debatten um den Begriff der *Rechte* und der *Menschenrechte* zuwenden. Auch die Kritik am Diskurs über Rechte wird uns beschäftigen. Abschließend wird das moderne, von Montesquieu begründete Prinzip der Gewaltenteilung zwischen Exekutive, Legislative und Judikative vorgestellt werden.

9.2 Vertrags- und Vernunftargumente für Rechtsstaatlichkeit

Lockes Vertragstheorie

John Locke gilt neben Hobbes als einer der wichtigsten Denker der Vertragstheorie, wobei er sich selbst von letzterem klar abgrenzte. Hobbes habe, so Locke, die überschaubare Gefahr, die die Menschen füreinander darstellen, durch eine viel größere Gefahr ersetzt, nämlich durch einen Herrscher mit absoluten Rechten (diese Kritik an Hobbes fand bereits in Kapitel 7.5 Erwähnung). Einem absoluten Herrscher gegenüber seien die Individuen machtlos – ein Ergebnis, das Locke nicht hinnehmen wollte. Wenngleich auch er mit einem Vertragsargument arbeitete, so unterschied sich seine Position doch deutlich: Der Naturzustand, den Locke beschrieb, ist weniger schrecklich als bei Hobbes, und die Herrschaft, die der Vertrag begründet, ist ebenfalls anders strukturiert.[3]

Recht auf Leben, Freiheit und Eigentum

Abb. 23: John Locke, Porträt von Godfrey Kneller, 1697

Locke ging davon aus, dass die Menschen im Naturzustand einen moralischen Kompass besitzen und friedlich miteinander leben. Sie besitzen Rechte auf „Leben, Freiheit und Eigentum" („life, liberty and estate").[4] Diese Rechte dürfen sie nicht verlieren, wenn sie einen Gesellschaftsver-

3 John Locke: *Zwei Abhandlungen über die Regierung*. Hrsg. Walter Euchner. Frankfurt am Main: Suhrkamp, 1777 [1689].

4 Locke: *Zwei Abhandlungen*, Para. 87.

trag abschließen – deswegen muss die Autorität des Staates klar definierte Grenzen haben und sich die Regierung an die Gesetze halten. Der Staat dient dazu, Rechte zu *bewahren*, nicht sie zu gefährden; er hat bei Locke vor allem die Aufgabe, Streitigkeiten zu schlichten.[5]

Autorisierung der Regierung

Aber Locke geht noch weiter: Da die Menschen ihm zufolge kein Recht darauf haben, willkürlich das Leben anderer (oder auch ihr eigenes) zu gefährden, können sie ein solches Recht auch nicht an einen Herrscher übertragen.[6] Locke liefert damit ein Vertragsargument für die Rechtsstaatlichkeit. Und was für das Leben gilt, gilt auch für das Eigentum: Die Regierung darf Eigentum nur mit Zustimmung der Bevölkerung einziehen oder besteuern; dies hat die amerikanische Unabhängigkeitsbewegung mit dem Schlachtruf „No taxation without representation" aufgegriffen. Die Regierung darf nur im Rahmen dessen handeln, wozu das Volk sie autorisiert.

Kant: Vernunftargument

Ein anderer Ansatz zur Begründung der Rechtsstaatlichkeit, der im Ergebnis sehr ähnlich ist, findet sich bei Immanuel Kant (1724–1804). Sein Ansatz basiert auf der menschlichen Vernunft, von der er nicht nur seine Moralphilosophie – mit dem berühmten „kategorischen Imperativ": „[...] handle nur nach derjenigen Maxime, durch die du zugleich wollen kannst, dass sie ein allgemeines Gesetz werde"[7] – sondern auch seine Rechtslehre ableitet. Er fragt, welche Rechtsprinzipien sich aus der reinen menschlichen Vernunft ergeben.

Vereinbarkeit der Freiheit

Kant geht von der Prämisse aus, dass Menschen ihre natürliche Freiheit ausleben wollen – doch weil alle dies wollen, kann es in einer Welt mit endlichen Ressourcen zu Konflikten kommen. Als Vernunftprinzip schlägt Kant deshalb vor, dass das Recht so gestaltet werde, dass „die Freiheit der Willkür eines jeden mit jedermanns Freiheit nach einem allgemeinen Gesetze zusammen bestehen kann."[8] Das Recht soll diese Forderung in die Wirklichkeit übersetzen.

Durchsetzung des Rechts

Bei den konkreten Details, die Kant aus diesem allgemeinen Prinzip ableitet, zeigt sich, dass der wohl bekannteste Denker der Aufklärung keineswegs so universalistisch dachte, wie wir

5 Ebd., Para. 93.
6 Ebd., Para. 135.
7 Immanuel Kant: *Grundlegung zur Metaphysik der Sitten*. Hrsg. Bernd Kraft und Dieter Schönecker. Hamburg: Meiner Verlag, 1999 [1785], Abschn. II, 421.
8 Immanuel Kant: *Die Metaphysik der Sitten*. Hrsg. Hans Ebeling. Stuttgart: Reclam 1990 [1797], Erster Teil, Einleitung in die Rechtslehre, §B.

ihn heute gemeinhin interpretieren: *Jedermann* bedeutete z.B. bei Kant – ganz im Sinne seiner Zeit – jeder *Mann*. Uns soll an dieser Stelle aber nur das grundsätzliche Argument interessieren, das besagt, dass es für Menschen ein *Gebot der Vernunft* ist, in einem Zustand rechtlicher Ordnung zu leben, um Konflikte zu regeln. Das aus dieser Überlegung hervorgehende Recht ist „mit der Befugniß zu zwingen" verbunden,[9] es darf und muss also durchgesetzt werden können, notfalls mit Gewalt.

9.3 Begriff der Rechte

Debatte über den Rechtsbegriffe

Was ist überhaupt gemeint, wenn von „Recht" oder „Rechten" die Rede ist? Die philosophische Debatte hierüber ist so umfangreich, dass hier nur einige grobe Linien nachgezeichnet werden können.[10] Kategorisieren lassen sich Rechte z.B. danach, *wer* ein Recht hat (Rechtsträger), *worauf* sich das Recht bezieht (Rechtsinhalt), *warum* das Recht besteht (als moralisches Recht, positives Recht, oder Gewohnheitsrecht), und wie *stabil* das Recht ist (unveräußerlich oder veräußerlich). Manche Rechte haben Individuen untereinander, andere haben sie gegenüber dem Staat.

Rechtsanspruch

Rechte sind *durchsetzbar*, notfalls auch mit der Zwangsgewalt des Staates – das unterscheidet sie von Dingen, die man gerne hätte, auf die man aber keinen Rechtsanspruch hat. John Stuart Mill beschrieb diesen Sachverhalt wie folgt: „Wenn wir von dem Recht einer Person sprechen, meinen wir damit, dass die Person von der Gesellschaft verlangen darf, im Besitz dieses Rechts durch gezielte Gewalt bzw. durch den Einfluss der Erziehung und der öffentlichen Meinung geschützt zu werden."[11]

Willens- vs. Interessenstheorien

Warum aber benötigt man derartige durchsetzbare Ansprüche? Sowohl die vertragstheoretische als auch die vernunftbasierte Begründung von Rechten zielen auf den *Willen* der Individuen ab: Rechte geben der einzelnen Person die Freiheit, ihrem eigenen Willen zu folgen. Sie wird so als Urheberin willentlicher Handlungen respektiert. Andere Begründungen setzen dage-

9 Ebd., §D.

10 Ein breiter Überblick ist zu finden unter: Leif Wenar: „Rights", in: *The Stanford Encyclopedia of Philosophy* (2005/2015). Hrsg. Edward N. Zalta, http://plato.stanford.edu/archives/fall2015/entries/rights/.

11 John Stuart Mill: *Utilitarianism/Der Utilitarismus*. Stuttgart: Reclam, 1976/2010 [1861/1871], Kapitel 5, 160–161.

gen auf die *Interessen* von Individuen: Bestimmte Interessen der Individuen seien so zentral, dass sie besonderen Schutz verdienten.[12]

„Naturrecht"

Ein einflussreicher Begriff, dem sich viele willensbasierte Theorien des Rechts zuordnen lassen, ist der des „Naturrechts". Dabei wird von der *Natur des Menschen* ausgegangen, der bestimmte Eigenschaften, z.B. Gottesebenbildlichkeit, Vernunft oder Würde, zugeschrieben werden, die ihrerseits als Grundlage der Zuschreibung von Rechten dienen. In der frühen Neuzeit, bei Denkern wie Grotius, Pufendorf, oder eben Locke, spielten naturrechtliche Argumente eine wichtige Rolle.

Vor- und Nachteile willensbasierter Theorien

Willensbasierte Theorien werden der Intuition gerecht, dass es bei Rechten um etwas sehr Grundsätzliches geht, nämlich um die Bedingung der Möglichkeit eines selbstbestimmten Lebens. Allerdings kann diese Theorie nicht erklären, wieso bestimmte Rechte auch *gegen* den Willen Einzelner bestehen, dass diese die in Frage stehenden Rechte also nicht verlieren können. Zudem kann sie nicht gut erklären, dass auch Kinder oder Tiere – also Wesen, die keinen selbststeuernden Willen in einem kantischen Sinne haben – Rechte besitzen.

Interessenstheorie

Dies kann die Interessenstheorie leicht beantworten: Kinder und Tiere haben schützenswerte Interessen. Dafür bleibt mit dieser Theorie unklar, ob alles, woran Menschen Interessen haben, auch rechtlich geschützt werden soll. Wie kann man unterscheiden zwischen Interessen, die so grundlegend sind, dass sie rechtlichen Schutz verdienen, und solchen, bei denen das nicht der Fall ist? Diese Fragen werden von politischen Philosoph*innen kontrovers diskutiert; in vielen Fällen kommen die Willens- und die Interessenstheorie jedoch zu ähnlichen Schlussfolgerungen, was die konkrete Ausgestaltung von Rechten angeht.

Dworkin: Rechte als Trümpfe

Den besonderen Status von Rechten hat der amerikanische Philosoph Ronald Myles Dworkin (1931–2013) mithilfe folgender Metapher erläutert: Rechte seien „Trümpfe" („trumps"), denn sie gäben ihren Inhabern die Möglichkeit, andere Erwägungen zu übertrumpfen.[13] Diese „Trumpf-Eigenschaft" macht Rechte für den Schutz von Minderheiten bedeutsam: Die Rechte derjenigen, die in der Minderheit sind, dürfen auch dann nicht angetas-

12 Eine solche Begründungsstrategie verfolgt z.B. Joseph Raz: *The Morality of Freedom*. Oxford: Oxford University Press, 1986.

13 Ronald Dworkin: „Rights as Trumps", in: *Theories of* Rights. Hrsg. Jeremy Waldron. Oxford: Oxford University Press, 1984, 153–167.

tet werden, wenn die Mehrheit dies gerne möchte, und sie dürfen gegen die Mehrheit *durchgesetzt* werden.

Begriff der Menschenrechte

Eine besondere Kategorie von Rechten sind die sogenannten „Menschenrechte". In der *Déclaration des Droits de l'Homme et du Citoyen* der Französischen Revolution wurden nicht nur die Rechte des *Bürgers*, sondern auch die des *Menschen* postuliert – diese wurden als natürlich und unveräußerlich angenommen. 1948 verabschiedeten die Vereinten Nationen, in Reaktion auf Totalitarismus, Holocaust und Zweiten Weltkrieg, die *Allgemeine Erklärung der Menschenrechte*.

Rechte qua Mensch

Leitende Idee dabei ist, dass bestimmte Rechte dem Menschen aufgrund seines Menschseins und seiner menschlichen Würde zukommen. Alle Menschen haben z.B. ein Recht darauf, vor politischer Unterdrückung und vor der Beraubung grundlegender materieller Standards geschützt zu werden. Solche Menschenrechte müssen gegebenenfalls auch *gegen* die Staaten, denen Menschen angehören, durchsetzbar sein, wenn die Staaten sie ihren Bürger*innen verweigern.

Generationen der Menschenrechte

Es hat sich eingebürgert, drei Generationen von Menschenrechten zu unterscheiden.[14] Die erste Generation betrifft Freiheitsrechte, mit deren Hilfe Bürger*innen sich gegen Eingriffe des Staates wehren können und durch die ihre demokratische Partizipation abgesichert werden soll. Die zweite Generation beschreibt wirtschaftliche, soziale und kulturelle Teilhaberechte, z.B. das Recht auf Nahrung, Gesundheitsversorgung und Bildung. Die dritte Generation beschreibt kollektive Rechte, etwa das Recht der Völker auf Selbstbestimmung und Rechte im Zusammenhang mit Entwicklung und sauberer Umwelt.

Moralische oder politische Lesart

Bezüglich des Status der Menschenrechte lässt sich eine „moralische" von einer „politischen" Lesart unterscheiden.[15] Die moralische Lesart versteht die Menschenrechte als moralische Ansprüche mit universaler Geltung. Die politische Lesart dagegen möchte sich auf die schwierige Frage nach einer überzeitlichen Geltung nicht einlassen. Ihr geht es um die politische Wirkung

---

14 Siehe z.B. Georg Lohmann und Arnd Pollmann: *Menschenrechte – Ein interdisziplinäres Handbuch*. Stuttgart: Metzler, 2012, II, Abschn. 3.4.

15 Siehe z.B. James Nickel: „Human Rights", in: *The Stanford Encyclopedia of Philosophy* (2003/2014). Hrsg. Edward N. Zalta, https://plato.stanford.edu/entries/rights-human/. Eine deutschsprachige Einführung ist Christoph Menke und Arnd Pollmann: *Philosophie der Menschenrechte zur Einführung*. Hamburg: Junius 2017.

der Menschenrechte im Hier und Jetzt.[16] Ihre Vertreter*innen setzen auf Institutionen wie den europäischen Gerichtshof für Menschenrechte und hoffen darauf, dass es irgendwann auf der ganzen Welt juristische Instanzen geben wird, die Menschenrechte durchsetzen.

9.4 Kritik am Rechte-Diskurs

Kritik: Vereinzelung

Die Rede von Rechten und Menschenrechten ist uns heute so vertraut, dass Kritik daran ungewohnt erscheint. Dennoch ist wichtig, sich auch mit den kritischen Stimmen auseinanderzusetzen, denn auf diese Weise können die Schwächen der verschiedenen Rechte-Konzepte verstanden und unter Umständen behoben werden. Eine Form der Kritik, die u.a. auf Karl Marx zurückgeht, lautet, dass die bürgerlichen Freiheits-, Gleichheits-, Schutz- und Eigentumsrechte die Menschen vereinzeln und ihre Einbettung in die Gesellschaft nicht ernst nehmen würden. Es gehe bei diesen Rechten, so Marx, um „die Freiheit des Menschen als isolierter auf sich zurückgezogener Monade."[17] Besonders das Recht auf Privateigentum kritisierte er, da es den Einzelnen erlaube, „willkürlich [...], ohne Beziehung auf andre Menschen, unabhängig von der Gesellschaft"[18] ihr Eigentum zu verwenden.

Ökologische Kritik

Auch aus ökologischer Perspektive lässt sich diese Kritik erheben. Denn der Fokus im Rechtsdiskurs liegt in der Regel auf den Rechten derzeit lebender Personen, nicht auf den Rechten zukünftiger Generationen, der Tierwelt oder der Umwelt. Das Individuum wird also nur als Rechteinhaber*in, und nicht (zugleich) als Inhaber*in von Pflichten anderen Menschen, und möglicherweise auch Tieren und Umwelt gegenüber, gesehen.

Möglichkeit nicht-individueller Rechte

Dies *muss* kein Problem sein, vorausgesetzt, dass die Pflichten der Individuen und ihre Einbettung in die Gemeinschaft ebenfalls stark betont werden, wenn also Rechte durch andere politische Institutionen ergänzt und die berechtigten Ansprüche von Gruppen, und theoretisch auch von nicht-menschlichen

16 Dazu z.B. Charles R. Beitz: *The Idea of Human Rights*. Oxford: Oxford University Press, 2009.

17 Karl Marx: „Zur Judenfrage", in: *Marx-Engels-Werke, Band 1: 1839–1844*. Berlin: Dietz Verlag, 2017 [1843], 347–377, 364.

18 Ebd.

Abb. 24: Mit Gewehren für die Menschenrechte? Blauhelmsoldaten bei einer Übung in Chile, 2002

Akteur*innen, rechtlich berücksichtigt werden. Dafür müssten allerdings die Rechtssysteme an vielen Stellen geändert werden, denn viele von ihnen sind bis heute stark auf *individuelle menschliche* Rechte ausgerichtet.

Neben diesen generellen Rückfragen an den Begriff individueller Rechte gibt es auch Kritik spezifisch an den Menschenrechten. Ein Strang der Debatte stellt die Frage, ob sie zu eurozentrisch gedacht sind, und ob die Natur „des Menschen“, die diesen

Menschenrechte: eurozentrisch?

Rechten zugrunde liegt, von einem weißen, europäischen Mann ausgehend konstruiert ist. Nichtsdestoweniger haben inzwischen sehr viele Denker*innen aus den unterschiedlichsten Kulturen und Traditionen die Gültigkeit der Menschenrechte anerkannt.[19] Problematisch ist allerdings, dass die Verteidigung der Menschenrechte immer wieder als Vorwand für militärische Interventionen des Westens in anderen Erdteilen verwendet wurde. Dies hat dazu beigetragen, dass insbesondere im Globalen Süden eine gewisse Skepsis gegenüber der Rede von Menschenrechten entstanden ist.

Utilitaristische Kritik

Eine weitere Form der Kritik an Rechten insgesamt lautet, dass diese nur Fiktionen seien, die ohne Durchsetzungsinstanz folgenlos blieben. So betrachtete beispielsweise Bentham die Menschenrechte, von denen in vielen Erklärungen der Französischen Revolution die Rede war, skeptisch, weil er in ihnen leere metaphysische Formeln sah, die ohne staatliche Durchsetzung keine Wirkung hätten. In einer berühmten Wendung nannte er sie „Unsinn auf Stelzen“ („nonsense upon stilts“).[20]

---

19 Siehe z.B. Paulin J. Hountondji: „Die Stimme des Herrn – Bemerkungen zum Problem der Menschenrechte in Afrika“, in: *Afrikanische politische Philosophie: Postkoloniale Positionen.* Hrsg. von Franziska Dübgen und Stefan Skupien. Berlin: Suhrkamp, 2015, 149–167.

20 Jeremy Bentham: „Nonsense upon Stilts, or Pandora's Box Opened“, in: *Rights, Representation and Reform. Nonsense Upon Stilts and Other Writings on the French Revolution – The Collected Works of Jeremy Bentham.* Hrsg. Philip

Arendt: Recht, Rechte zu haben

Eine in mancher Hinsicht ähnliche Kritik an den Menschenrechten stammt von der deutsch-jüdischen politischen Theoretikerin Hannah Arendt (1906–1975). Arendt musste vor dem Nazi-Regime aus Deutschland fliehen und lebte jahrelang als „Staatenlose". Diese Erfahrung bildete den Hintergrund ihrer Kritik an einer Konzeption von Menschenrechten, die diese trotz des allgemeingültigen Anspruchs letztlich an den Besitz einer Staatsbürgerschaft bindet.[21] Denn Menschen ohne Staatsangehörigkeit, die sich auf der Flucht, in Lagern oder ohne gültige Papiere in fremden Ländern befinden, könnten ihre Menschenrechte nicht durchsetzen. Arendt fordert deswegen, nur ein einziges Menschenrecht anzuerkennen: das „Recht, Rechte zu haben",[22] die auch tatsächlich durchgesetzt werden können.

Durchsetzbarkeit

Arendt legt damit den Finger in die offene Wunde des Menschenrechtsdiskurses: ihre mangelnde Durchsetzbarkeit. Die Idee der Menschenrechte versagt bis heute darin, Menschenrechtsverletzungen effektiv zu bekämpfen. Aber sollte man diese Idee deshalb aufgeben? Menschenrechte können auch dann eine gewisse Kraft entfalten, wenn sie (noch) nicht rechtlich institutionalisiert sind. Der Vorwurf der Menschenrechtsverletzung wiegt schwer, und hat zumindest manchen Regimen gegenüber politisches Gewicht. Dass die Menschenrechte heute noch nicht für alle Menschen einklagbar sind, vor allem nicht für Staatenlose, bedeutet nicht, dass diese Idee aufgegeben werden sollte, sondern vielmehr, dass auf dem Weg dorthin noch viel zu tun ist.[23]

9.5 Gewaltenteilung als Garant von Rechten

„Rule of law"

Wie nun können Rechte effektiv gesichert werden? Innerhalb von Staaten ist es vor allem das Prinzip der Gewaltenteilung, das die

---

Schofield, Catherine Pease-Watkin und Cyprian Blamires. Oxford: Oxford University Press, 2002 [1795], 317–434, 330.

21 Hannah Arend: „Es gibt nur ein einziges Menschenrecht", *Die Wandlung* 4 (1949), 754–770. Siehe auch Hannah Arendt: *Elemente und Ursprünge totaler Herrschaft*. München: Piper Verlag, 1986/ 2015 [1951], 614.

22 Arend: „Es gibt nur ein einziges Menschenrecht", 759–760.

23 Zu den Aktivitäten des UNHRC zum Problem der Staatenlosigkeit siehe https://www.unhcr.org/dach/at/was-wir-tun/staatenlosigkeit (abgerufen am 16. 3. 2019).

Rechtsstaatlichkeit („rule of law") absichert. Es geht dabei um die Frage, wie der Staat die Rechte der Individuen gegen die eigene Staatsgewalt sichern kann. Hobbes sah in der Gewaltenteilung eine große Gefahr, er befürchtete den Ausbruch von Konflikten, mit dem erneut ein „Krieg aller gegen alle" drohte (wie bereits in Kapitel 7.3 geschildert). Andere Theoretiker*innen waren optimistischer; die Geschichte scheint ihnen Recht zu geben: Viele Staaten sind stabil, obwohl oder gerade weil sie über Gewaltenteilung verfügen.

Gewaltenteilung und Gewaltenverschränkung

Horizontale lässt sich von *vertikaler* Gewaltenteilung unterscheiden. Erstere meint die Teilung von Zuständigkeiten und Aufgaben zwischen unterschiedlichen Organen, letztere die zwischen unterschiedlichen Ebenen eines föderalen Systems. Gewaltenteilung setzt immer auch Gewalten*verschränkung* voraus, damit die unterschiedlichen Instanzen miteinander interagieren können. Dies muss nach klar definierten, in der Verfassung verankerten Regeln erfolgen. Dadurch ergibt sich ein System gegenseitiger Beschränkung und Kontrolle; im Amerikanischen wird dies „checks and balances" genannt.

Exekutive, Legislative, Judikative

Bei der horizontalen, oder auch funktionalen, Gewaltenteilung unterscheidet man gemeinhin zwischen der Exekutive (der ausführenden Gewalt), der Legislative (der gesetzgebenden Gewalt), und der Judikative (der rechtssprechenden Gewalt). Ein Beispiel für die gegenseitige Kontrolle der Instanzen, die die Rechte der Individuen sichern soll, ist die Überprüfung der Verfassungsmäßigkeit von Gesetzen einerseits und des Regierungshandelns durch die Gerichte andererseits. Durch diese wechselseitige Kontrolle soll eine „Tyrannei der Mehrheit", also ungerechtfertigte Eingriffe in die Rechte von Minderheiten, verhindert werden.

Montesquieu: *Vom Geist der Gesetze*

Ein wichtiger Vordenker dieser Form der Gewaltenteilung war, wie bereits erwähnt, der französische Schriftsteller und aufklärerische Theoretiker Montesquieu. Sein berühmtestes Werk, *Vom Geist der Gesetze,* erschien 1748. Wie zahlreiche Vorläufer betonte auch Montesquieu die Bedeutung der Herrschaft der Gesetze für die Freiheit der Bürger. Sein historisches Fallbeispiel, das er allerdings idealisierend weiterentwickelte, war die Situation in England nach der „Glorious Revolution" (1688/1689).

Freiheit durch Machtbeschränkung

Für Montesquieu ist politische Freiheit nur möglich, wenn die legislative und die exekutive Gewalt getrennt sind. Sonst nämlich stünde zu befürchten, dass „tyrannische Gesetze" erlassen würden und diese anschließend „tyrannisch durchgeführt" würden.[24] Montesquieu geht dabei von der Maxime aus, dass es eine „ewige Erfahrung" der Menschheit sei, dass Macht von denjenigen, die sie hätten, missbraucht würde. Deswegen müsse das Prinzip gelten, dass Macht von Macht begrenzt werden müsse, damit sie nicht missbraucht werden könne.[25]

Federalist Papers

Ein zweiter bedeutender Text in der Geschichte des politischen Denkens, der vor allem auch die vertikale Gewaltenteilung betont, sind die sogenannten „Federalist Papers" (dt. „Föderalistenartikel"), eine Sammlung von 85 Essays aus den Federn von Alexander Hamilton (1755–1804), James Madison (1751–1836) und John Jay (1745–1829).[26] Sie erschienen unter dem Pseudonym „Publius" zwischen 1787 und 1788 und warben für die Ratifizierung der amerikanischen Verfassung, die ein föderales System mit einem Präsidenten auf Bundesebene vorschlug. Unter anderem wird unter expliziter Berufung auf Montesquieu argumentiert, dass die bestmögliche Staatsform eine Konföderation kleiner Republiken sei. Durch die föderale Struktur und das Prinzip der „checks and balances" – also einer wechselseitigen Kontrolle und Beschränkung – solle die Gefahr, dass aus der zentralen Exekutive eine Tyrannei werden könnte, eingedämmt werden.[27]

Herausforderung: Umsetzung gleicher Rechte

Was die geeigneten Institutionen zur Kontrolle von Macht und zum Schutz der Rechte der Bürger*innen, sind, diese Frage muss immer wieder neu gestellt werden, denn die sie betreffenden Herausforderungen wandeln sich mit der Zeit. Es geht dabei nicht nur um Rechte, die auf dem Papier – für alle gleichermaßen – existieren, sondern auch um ganz konkrete Möglichkeiten rechtlichen Schutzes. Allen Schwierigkeiten des Begriffs der Rechte zum Trotz – die Ideen von Rechten an sich ist unverzichtbar.

---

24 Charles-Louis Secondat, Baron de la Brède et de Montesquieu: *Vom Geist der Gesetze*. Auswahl, Übersetzung und Einleitung von Kurt Weigand. Stuttgart: Reclam, 1965/2011 [1748], Buch 2, Kapitel 6.

25 Ebd., Buch 11, Kapitel 4.

26 Eine vollständige deutsche Übersetzung ist z.B.: *Die Federalist Papers*. Hrsg. Barbara Zehnpfennig. München: Beck, 2007.

27 Ebd., bes. No. 51.

Weiterführende Literatur:

Zentrale historische Texte sind John Lockes *Zwei Abhandlungen über die Regierung* (Hrsg. Walter Euchner. Frankfurt am Main: Suhrkamp, 1777 [1689]) und Charles-Louis Secondat, Baron de la Brède et de Montesquieu: *Vom Geist der Gesetze* (Auswahl, Übersetzung und Einleitung von Kurt Weigand, Stuttgart: Reclam, 1965/2011 [1748]). Eine zeitgenössische deutschsprachige Einführung zur Philosophie der Menschenrechte bieten Christoph Menke und Arnd Pollmann in *Philosophie der Menschenrechte zur Einführung*. (Hamburg: Junius 2017).

10. Die wirtschaftliche Ordnung

10.1 Einleitung

Wirtschaftliche Ordnung: politische Aspekte

In den letzten Kapiteln haben wir drei zentrale Institutionen der politischen Ordnung kennengelernt: Staat, demokratische Repräsentation und Gewaltenteilung. Nun soll es um Fragen der wirtschaftlichen Ordnung gehen. Diese sind „politisch" in einem mehrfachen Sinne: Erstens geht es dabei um Macht, zweitens geht es um Interessen, und drittens geht es um die Verteilung von Chancen und Ressourcen, also um Fragen der Gerechtigkeit.

Wirtschaft als „Privatwirtschaft"?

Der Begriff der „Privatwirtschaft" suggeriert, dass die Wirtschaft ein Bereich sei, in dem Politik keine Rolle spiele. Doch dieser Begriff ist irreführend. Immer schon haben politische Entscheidungen und Institutionen den Rahmen abgesteckt, innerhalb dessen wirtschaftliches Handeln stattfand. Auf ganz grundlegender Ebene geschieht dies, indem der Staat Eigentumsrechte definiert und durchsetzt, doch auch darüber hinaus beeinflussen zahlreiche Formen von Regulierung und Besteuerung, die politisch bestimmt werden, das Wirtschaftssystem eines Landes.

Globalisierte Wirtschaft

In den Jahrzehnten nach dem zweiten Weltkrieg waren die Nationalstaaten verhältnismäßig gut in der Lage, das „Primat der Politik"[1] durchzusetzen, also entscheidende Weichenstellungen von Seiten der demokratisch gewählten Regierungen aus vorzunehmen. Durch die Globalisierung hat sich das Kräftegleichgewicht zwischen Politik und Wirtschaft verschoben: Transnationale Firmen haben die Macht, Regierungen unter Druck zu setzen, indem sie z.B. damit drohen, einen Großteil ihrer Arbeitsplätze in andere Länder zu verschieben.

Soziale Ungleichheit, Klimawandel

Zwei weitere Problemfelder machen ein Nachdenken über das Wirtschaftssystem aus Sicht der politischen Philosophie dringend nötig. Zum einen stellt sich die Frage, ob das derzeitige Wirtschaftssystem so viel soziale Ungleichheit erzeugt, dass die-

1 Diese Formulierung stammt aus der sozialdemokratischen Tradition. Für eine Diskussion siehe Sheri Berman: *The Primacy of Politics. Social Democracy and the Making of Europe's Twentieth Century*. Cambridge: Cambridge University Press, 2006.

se nicht nur ungerecht ist, sondern auf Dauer auch eine Gefährdung der Demokratie mit sich bringt (wir thematisierten dies bereits in Kapitel 8.5) – und was gegebenenfalls dagegen getan werden kann. Zum anderen geht die bislang vorherrschende Wirtschaftsform mit einem enormen Ressourcenverbrauch und CO_2-Ausstoß einher – beides ist langfristig ökologisch nicht tragbar (in Kapitel 13.2 werden wir darauf zurückkommen). Auch hier stellen sich also drängende Fragen nach machbaren Veränderungen.

Vorschau

Im Folgenden wird es um die politischen Voraussetzungen von Märkten gehen, anschließend darum, welche Rolle Märkte in einer demokratischen Gesellschaft spielen *sollen*. Dabei wird uns auch der sogenannte „Sozialstaat" beschäftigen, zu dessen Ausgestaltung es in der politischen Philosophie in letzter Zeit interessante neue Vorschläge gab. Ob diese eine Chance auf Realisierung haben, hängt von den Machtverhältnissen zwischen Wirtschaft und Politik ab. Mit Blick auf die gegensätzlichen Positionen der beiden einflussreichen Theoretiker Adam Smith (1723–1790) und Karl Marx (1818–1883) werden wir uns abschließend dieser Machtfrage widmen.

10.2 Die politischen Voraussetzungen des Marktes

Märkte ohne Staat?

Einige Denker*innen in der Tradition von Locke gehen davon aus, dass Märkte auch ohne einen Staat oder in einem nur minimalen Staat entstehen können.[2] Demzufolge wird jede Form staatlicher Regulierung als unnatürlicher Eingriff verstanden. Doch es spricht wenig dafür, dass dieses Bild – das besonders für das politische und ökonomische Denken in den USA einflussreich war – der Wirklichkeit entspricht. Eigentum ist rechtlich geformt und muss staatlich durchgesetzt werden. Außerdem funktionieren viele Märkte weit weniger friedlich und reibungslos, als es das Locke'sche Bild nahelegt.

2 Zur philosophischen Debatte über Märkte siehe auch Lisa Herzog: „Markets", in: *The Stanford Encyclopedia of Philosophy* (2013/2017), Hrsg. Edward N. Zalta, https://plato.stanford.edu/entries/markets/. Historische und gegenwärtige Texte zur philosophischen Auseinandersetzung um Märkte finden sich in: Lisa Herzog und Axel Honneth (Hrsg.): *Der Wert des Marktes. Ein philosophisch-ökonomischer Diskurs vom 18. Jahrhundert bis zur Gegenwart.* Berlin: Suhrkamp, 2014.

Koordination durch Preise

Märkte sind Institutionen, in denen Akteur*innen Güter und Dienstleistungen tauschen, normalerweise mithilfe eines allgemeinen Tauschmediums wie z.B. Geld. Anbieter*innen und Nachfragende konkurrieren miteinander um die Gunst der jeweils anderen Marktseite. Das „freie Spiel" der Marktkräfte koordiniert das Verhalten aller Beteiligten durch die Anpassung der Preise: Gibt es mehr Angebot von und zu wenig Nachfrage nach einem Gut, sinken die Preise; ist das Angebot dagegen kleiner als die Nachfrage, steigen die Preise – so stellt es zumindest das idealtypische Modell eines vollständigen Marktes dar.

Voraussetzungen für Märkte: Polanyi

Damit dieses „freie Spiel" stattfinden kann, müssen die Eigentumsrechte aller Beteiligten staatlich garantiert werden und Verträge gerichtlich durchsetzbar sein. Doch dies ist nicht alles, wie der österreich-amerikanische Sozialwissenschaftler Karl Polanyi (1886–1964) zeigte. In seiner Studie *The Great Transformation* zeichnete er die Entwicklung moderner Marktgesellschaften nach:[3] Über Jahrhunderte hinweg war es unüblich, dass Arbeit, Land oder Geld in Märkten gehandelt wurden. Damit dies möglich wurde, mussten diese Dinge zunächst aus den sozialen Zusammenhängen, in die sie eingebettet waren, herausgelöst und als *Waren* verstanden („kommodifiziert") werden. Nur so konnte das „freie Spiel" des Marktes umfassende Gültigkeit beanspruchen, was allerdings auch zu Exzessen und darauffolgenden Gegenbewegungen führte; so setze z.B. die Arbeiterschaft in jahrzehntelangen Kämpfen eine Reduzierung der Arbeitszeit durch.

Ordoliberalismus: Wettbewerb erhalten

Ein weiterer Aspekt der politischen Bedingtheit von Märkten ist, dass der Staat Kartelle oder Monopole dulden oder verbieten kann. Die Notwendigkeit staatlicher Intervention – vor allem mittels Kartellbehörden – zugunsten wettbewerblicher Konkurrenz ist eine Einsicht, die besonders von den Denker*innen des sogenannten „Ordoliberalismus" betont wurde. Es handelt sich dabei um eine deutsche Spielart des Wirtschaftsliberalismus', die in der ersten Hälfte des 20. Jahrhunderts herum in Freiburg entstanden war und das deutsche Verständnis der „sozialen Marktwirtschaft" beeinflusste.[4]

---

3 Karl Polanyi: *The Great Transformation – Politische und ökonomische Ursprünge von Gesellschaften und Wirtschaftssystemen*. Übersetzt von Heinrich Jelinek. Frankfurt am Main: Suhrkamp, 1973 [1944].

4 Ein zentrales Werk des Ordoliberalismus ist z.B. Walter Eucken: *Grundsätze der Wirtschaftspolitik*. Bern: Francke, 1952.

Lobbyismus um Regelsetzung

Dass Märkte politische Voraussetzungen haben, zeigt sich auch daran, dass es um die Regelungen in und um Märkten intensive politische Kämpfe gibt, in denen der Lobbyismus verschiedener Marktteilnehmer*innen, z.B. von Unternehmerverbänden und Verbraucherschutzgruppen, eine wichtige Rolle spielt.[5] Denn die Art und Weise, wie die Spielregeln der Märkte gesetzt werden, ist entscheidend dafür, wer von Märkten profitiert und ob sie der Gesellschaft insgesamt oder nur einzelnen Gruppen nützen.

Keynes: Unterkonsumptionskrisen

Ein weiteres Phänomen, das zeigt, dass Märkte von Politik abhängen, wird als „Unterkonsumptionskrise" bezeichnet. Es wurde insbesondere von John Maynard Keynes (1883–1946) beschrieben.[6] Viele Ökonom*innen gingen lange Zeit davon aus, dass Märkte sich automatisch hin zu einem Gleichgewicht mit Vollbeschäftigung bewegen. Keynes dagegen argumentierte, dass auch Gleichgewichte *ohne* Vollbeschäftigung möglich seien. In Situationen, in denen die Vollbeschäftigung ausbleibe, weil die Nachfrage nicht ausreiche (deswegen „Unterkonsumption"), müsse, so Keynes, der Staat einspringen, indem er selbst investiere oder die Wirtschaft durch eine entsprechende Geldpolitik, etwa durch niedrigere Zinsen, ankurbele. Ob ein derartiges „Ankurbeln" möglich ist, ist bis heute umstritten und wird insbesondere in wirtschaftlichen Krisenzeiten heftig diskutiert.

10.3 Die Rolle der Marktwirtschaft

Warum Märkte?

Aus historischer Perspektive ist es keineswegs selbstverständlich, dass Märkte für das Wirtschaftsleben einer Gesellschaft eine so entscheidende Rolle spielen, wie sie dies heute tun. Was spricht dafür, dass sie dies tun *sollten*? Zwei grundlegende Strategien lassen sich bei der Beantwortung dieser Frage unterscheiden: rechte- und folgen-basierte Begründungen.[7]

---

5 Dazu vgl. Robert B. Reich: *Rettet den Kapitalismus! Für alle, nicht nur für 1%.* Übersetzt von Bernhard Schmid. Frankfurt/ New York: Campus Verlag, 2016.

6 John Maynard Keynes: *Allgemeine Theorie der Beschäftigung, des Zinses und des Geldes.* Übersetzt von Fritz Wagner, München/Berlin: Duncker & Humblot, 1960/2009 [1936].

7 Diese Unterscheidung wird u.a. verwendet von Amartya K. Sen: „The Moral Standing of the Market", *Social Philosophy and Policy* 2(2) (1985), 1–19.

Rechte-basierte Begründungen

Der erste Begründungsstrang betont die Rolle von Rechten, insbesondere Eigentumsrechten, die es Individuen erlauben, Handel zu treiben. Märkte ergeben sich dann als logische Schlussfolgerung aus der Freiheit der Individuen, selbst über ihren Umgang mit ihren Gütern und ihrer Arbeitskraft zu entscheiden.

Grenzen dieser Begründung

Diese Rechtfertigung hat eine gewisse Plausibilität, stößt aber auch schnell an Grenzen. Die Rechte und Freiheiten, um die es hier geht, sind negative Freiheiten und somit nur *eine* Form von Freiheit (siehe Kapitel 2). Außerdem können die Rechte und Freiheiten verschiedener Individuen in Märkten miteinander in Konflikt geraten. Märkte können die Freiheiten einzelner Individuen nicht nur befördern, sondern auch bedrohen, z.B. wenn ihre Möglichkeit, ihren Lebensunterhalt zu verdienen, aufgrund von Konkurrenz in Gefahr gerät. Argumente, die auf Rechten und individueller Freiheit basieren, sprechen also an einigen Punkten *für*, an anderen *gegen* Märkte.[8]

Folgen-basierte Begründungen

Um die wirtschaftlichen Rechte von Individuen gegeneinander abzuwägen, ist es sinnvoll, die *Folgen* von Märkten zu betrachten. Zentral ist hierbei das Argument, dass Märkte maßgeblich daran beteiligt sind, wirtschaftlichen Wohlstand herzustellen. Smiths viel zitierte, und vielfach missbrauchte, Metapher von einer „unsichtbaren Hand“[9] wird oft mit der These in Verbindung gebracht, dass Märkte das Gemeinwohl förderten: Obwohl die Individuen nur die Absicht haben, ihre eigenen Interessen zu verfolgen, tragen sie in wohlgeordneten Märkten auch dazu bei, das Gemeinwohl zu erhöhen.

Koordination und Eigeninteresse

Es sind vor allem zwei Mechanismen, durch die Märkte diese Ergebnisse erreichen können. Der erste ist die oben geschilderte Koordination durch das Preissystem.[10] Der zweite ist die Nutzbarmachung der eigeninteressierten Motive der Einzelnen. So heißt es in einem berühmten – ebenfalls oft zweckentfremdeten – Zitat von Adam Smith: „Nicht von dem Wohlwollen des Fleischers, Brauers oder Bäckers erwarten wir unsere Mahlzeit,

---

8 Siehe auch Lisa Herzog: *Freiheit gehört nicht nur den Reichen. Plädoyer für einen zeitgemäßen Liberalismus.* München: Beck, 2014, Kap. 1 und 3.

9 Adam Smith: *Der Wohlstand der Nationen – Eine Untersuchung seiner Natur und seiner Ursachen.* Übersetzt von Horst Claus Recktenwald. München: Beck, 1974 [1776], Buch II, Kap. V, Abschnitt 12.

10 Dieses Argument wurde insbesondere durch den folgenden Aufsatz berühmt: Friedrich August von Hayek: „The Use of Knowledge in Society“, *The American Economic Review* 35(4) (1945), 519–530.

sondern von ihrer Bedachtnahme auf ihr eigenes Interesse."[11] Smith ging davon aus, dass Altruismus ein knappes Gut ist, das vorrangig in der Familie und im Freundeskreis eine Rolle spielt. Da in modernen Gesellschaften eine große Anzahl von Individuen miteinander kooperieren, ist es sinnvoll, hier zusätzlich das Eigeninteresse der Menschen zu berücksichtigen, und dieses so zu kanalisieren, dass es anderen zugutekommt – genau dies leisten Märkte im Idealfall.

Marktversagen

Allerdings treten diese positiven Effekte nicht immer ein. Dass sie ausbleiben, kann u.a. auf ein Phänomen zurückgeführt werden, das Ökonom*innen „Marktversagen" nennen: Märkte führen dann zu keinen effizienten Ergebnissen.[12] Damit Märkte effiziente Ergebnisse erzielen, müssen zahlreiche Bedingungen erfüllt sein. So dürfen beispielsweise keine „Externalitäten" – Effekte auf Dritte wie z.B. Umweltverschmutzung – vorliegen, und keine „öffentlichen Güter" – wie z.B. „Allmenden" – genutzt oder

Abb. 25: Marktversagen: Bei der US-Finanzkrise 2007/08 verloren viele Menschen ihre Jobs, Ersparnisse und Häuser

11 Smith: *Der Wohlstand der Nationen*, Buch 1, Kapitel II.

12 Dazu siehe z.B. John O. Ledyard: „Market Failure", in: *The New Palgrave Dictionary of Economics*. Hrsg. Steven N. Durlauf und Lawrence E. Blume. London: Palgrave Macmillan, 2008/2017.

verbraucht werden. Liegen diese Bedingungen nicht vor, kommt es zu gesamtgesellschaftliche ineffizienten Ergebnissen. Manche Formen von Marktversagen können durch staatliche Regulierung verhindert werden. Ein viel diskutiertes Beispiel hierfür ist etwa die Besteuerung von CO2-Emissionen, durch die Marktteilnehmer*innen dazu gebracht werden könnten, die gesellschaftlichen Folgekosten ihres Verhaltens zu berücksichtigen.[13]

„Positionale Güter"

Negative Auswirkungen auf Dritte (Externalitäten) können auch durch „positionale Güter"[14] entstehen. Dies sind Güter, deren Wert davon abhängt, welche Position sie im Vergleich zu anderen Gütern haben. Dazu gehören z.B. Statusgüter, deren Wert sich nach ihrem relativen Preis bemisst. Positionale Güter sind stets knapp, denn egal, wie viel Aufwand insgesamt betrieben wird – es ist eine logische Wahrheit, dass nur 10% der Beteiligten zu den Top 10% gehören können. Positionale Güter lassen sich als Externalitäten verstehen, weil im Wettbewerb um sie die Beteiligten gezwungen werden, ebenfalls mehr Ressourcen auszugeben, um ihre relative Position zu behalten.[15]

Grenzen des Marktes

Neben diesen ökonomischen Erwägungen gibt es auch philosophische und politische Überlegungen dazu, welchen Stellenwert der Markt in der Gesellschaft haben soll und wo seine Grenzen liegen. Einige dieser Überlegungen werden von der Vorstellung geleitet, dass es in einer Gesellschaft unterschiedliche Bereiche gibt, in denen unterschiedliche Logiken herrschen sollten, weil es um die Verwirklichung jeweils unterschiedlicher Güter geht.[16] Das Familienleben sollte beispielsweise von Zuwendung, Liebe und gegenseitiger Verlässlichkeit geprägt sein – nicht von der Effizienzlogik des Marktes. In diesem Sinne formulierte der amerikanische Philosoph Michael Walzer (*1935): „Die Moral des Basars gehört in den Basar, und der Basar bzw. der Markt ist nicht die ganze Stadt, sondern nur ein Teil von ihr."[17]

---

13 Siehe dazu z.B. William D. Nordhaus: *A Question of Balance. Weighing the Options on Global Warming Policies*. New Haven and London: Yale University Press, 2008, Kap. 8.

14 Siehe dazu z.B. Fred Hirsch: *Social Limits to Growth*. Cambridge: Harvard University Press, 1976, bes. Kap. 3.

15 Siehe dazu auch Robert H. Frank: *Luxury Fever: Money and Happiness in an Era of Excess*. Princeton: Princeton University, Press 2000.

16 Einen solchen Ansatz verfolgt z.B. Michael Walzer: *Sphären der Gerechtigkeit – Ein Plädoyer für Pluralität und Gleichheit*. Übersetzt von Hanne Herkommer. Frankfurt/ New York: Campus Verlag, 1992/ 2006 [1983].

17 Ebd., 169.

„Kommodifizierung“

Welche Güter, die von einer spezifischer Logik des angemessenen Umgangs begleitet werden sollen, in Märkten gehandelt werden sollen, wird unter dem Stichwort „Kommodifizierung“ diskutiert. Dürfen zum Beispiel sexuelle Leistungen oder Fürsorgearbeit vermarktet, d.h. als Waren behandelt, werden? Wird damit nicht gerade das, worum es gehen müsste, also Liebe und menschliche Zuneigung, unmöglich gemacht?[18]

Satz: Kriterien für Grenzen des Marktes

Eine Begrenzung von Märkten ist geboten, wenn der gleiche moralische Status aller Bürger*innen auf dem Spiel steht. Die amerikanische Philosophin Debra Satz (*1956) schlägt in diesem Zusammenhang vier Kriterien vor, um die Rolle von Märkten zu bewerten:

1. schwach ausgeprägte Handlungsfähigkeit („weak agency“); dies meint, dass Individuen, z.B. aufgrund fehlender Information, kaum in der Lage sind, Entscheidungen in ihrem eigenen Interesse zu treffen.
2. Verletzlichkeit („vulnerability“); damit wird die Situation von Akteur*innen beschrieben, deren grundlegenden Rechte auf dem Spiel stehen.
3. Ein drohender Schaden für Individuen („harm to individuals“)
4. drohender Schaden für die Gesellschaft („harm to society“), etwa durch Unterminierung der Demokratie .[19]

Institutioneller Vergleich

Um beurteilen zu können, wie man mit Märkten umgehen soll, die einen oder mehrere dieser Parameter verletzen, sind Vergleiche mit anderen Institutionen, die an ihre Stelle treten könnten, nötig. Manchmal kann Regulierung die potentiellen Probleme lösen, z.B., indem für manche Markttransaktionen ein Mindestalter vorgeschrieben wird, um Kinder und Jugendliche zu schützen. In anderen Fällen kann die öffentlich Bereitstellung von Gütern eine Alternative zu Märkten sein, doch auch diese muss kritisch anhand dieser Kriterien bewertet werden.

18 Mit dieser Frage beschäftigt sich z.B. Elizabeth S. Anderson: *Value in Ethics and Economics.* Cambridge/ London: Harvard University Press, 1993.

19 Debra Satz: *Von Waren und Werten: Die Macht der Märkte und warum manche Dinge nicht zum Verkauf stehen sollten.* Hamburg: Hamburger Edition, 2013, Kapitel 4.

10.4 Die Rolle des Sozialstaates

Sozialstaat als Ergänzung

Um die negativen Effekte von Märkten auszugleichen oder zumindest zu reduzieren, sind andere Institutionen gefragt. Eine wesentliche Rolle spielt dabei der sogenannte „Sozialstaat": Gemeint sind damit die Teile des Staatswesens, die für die wirtschaftliche Absicherung der Individuen und ökonomische Umverteilung sorgen. Während in vergangenen Jahrhunderten oft Familienverbände, lokale Gemeinschaften oder religiöse Einrichtungen soziale Absicherung boten, ist dies heute Aufgabe des Staates, der entsprechende Ansprüche als *Rechte* gewährleistet.[20]

Lesart I: Hilfspflichten

Der Sozialstaat lässt sich unterschiedlich interpretieren; dabei schließen die verschiedenen Lesarten einander nicht aus, sie stützen sich vielmehr gegenseitig. So kann er als eine moralisch begründete Einrichtung verstanden werden, in der wir unsere gemeinsame Pflicht zur Hilfeleistung verwirklichen. Durch das Steuersystem leisten alle zahlungsfähigen Bürger*innen einen Beitrag, um bedürftige Mitglieder der Gesellschaft zu unterstützen. Der Staat koordiniert die Erbringung dieser Hilfspflichten und sorgt für eine faire Verteilung der Lasten.

Lesart II: Versicherung

Eine komplementäre Interpretation des Sozialstaats betont dessen *Versicherungs*charakter. Der Markt macht das Wirtschaftsleben dynamisch und hilft, „einen größeren Kuchen zu backen" – aber er bringt auch hohe Risiken und die Möglichkeit, dass Einzelne unverschuldet ihren Job verlieren, mit sich. Deswegen sind Ausgleichmechanismen, etwa in Form einer allgemeinen Sozial*versicherung* nötig. Mit ihrer Hilfe werden die existenziellen Risiken, denen die Individuen in einer Marktwirtschaft ausgesetzt sind, reduziert.[21]

Formen des Sozialstaats

Sozialstaatssysteme nehmen unterschiedliche Formen an. Der dänische Sozialwissenschaftler Gøsta Esping-Andersen (*1947) hat diese in drei „Regime" unterteilt: In (1) „liberalen" Regimen dominieren bedarfsabhängige, niedrige Transferzahlungen. In (2) „korporatistischen" Wohlfahrtsregimen findet aufgrund traditioneller Vorstellungen im Hinblick auf soziale Schichten nur eine begrenzte Umverteilung statt, gleichzeitig

20 Siehe dazu z.B. der bereits in Kapitel 2.3 erwähnte Text von Marshall: *Bürgerrechte und soziale Klassen – Zur Soziologie des Wohlfahrtsstaates.*

21 Vgl. auch Frank Cunningham: „Market Economies and Market Societies", *Journal of Social Philosophy* 36(2) (2005), 129–142.

wird die Rolle familiärer Solidarität betont. In (3) „sozialdemokratischen" Regimen, wie sie v.a. in Skandinavien zu finden sind, werden umfassende Sozialversicherungsansprüche geltend gemacht; hier soll Gleichheit auf hohem Niveau gewährleistet werden, um Klassenunterschiede abzubauen.[22] Eines der Probleme vieler Sozialstaatssystemen ist, dass sie zwar das Überleben der Bürger*innen sichern, nicht aber ihre soziale Teilhabe.

„Predistribution"

Nachdem in vielen westlichen Ländern der Sozialstaat in den letzten Jahrzehnten zurückgefahren wurde, wird in der politischen Philosophie intensiv darüber nachgedacht, ob es überlegene Alternativen zum gängigen Sozialstaatsmodell gibt. Ein möglicher Ansatz besteht darin, sich stärker der *direkten* Regulierung von Märkten zuzuwenden und deren Verteilungswirkung in den Blick zu nehmen, anstatt die gewünschte Verteilung rückwirkend durch Besteuerung anzustreben.[23] Der Staat kann sowieso nicht vermeiden, dass er durch die Rahmensetzung von Märkten auch deren Verteilungswirkung beeinflusst – er sollte dies also bewusst tun. Die Begriffe der „pre-distribution"[24] oder „process distribution"[25] (im Gegensatz zu „redistribution") benennen diesen Gedanken.

Rawls: „Property-owning democracy" oder „demokratischer Sozialismus"

Andere Ansätze knüpfen an Vorschläge von Rawls an, die dieser aber nicht im Detail ausgeführt hat. Sie beziehen sich auf die Stichworte der „property-owning democracy" und des „demokratischen Sozialismus".[26] In beiden Fällen geht es um die Frage, wem das Eigentum an den Produktionsmitteln gehört, und wie damit die Kluft zwischen „Arbeit" und „Kapital" überwunden werden kann – also zwischen denjenigen, die ihren Lebenshalt durch Arbeit verdienen müssen und denjenigen, die über Eigentum verfügen, aus dem sie Gewinne ziehen können. Die Kernidee ist, dass durch eine breite gesellschaftliche Teilhabe am Kapital die aus ihm erzielten Einkünfte allen gleichermaßen zugute

---

22 Siehe insb. Gøsta Esping-Andersen: „Three political economies of the welfare state", *International Journal of Sociology* 20(3) (1990), 92–123.

23 Dazu z.B. Peter Dietsch: „The Market, Competition, and Equality", *Politics, Philosophy and Economics* 9(2) (2010), 213–244.

24 Jacob S. Hacker: „The institutional foundations of middle-class democracy", *Policy Network*, 6.5.2011.

25 Siehe Dietsch: „The Market, Competition, and Equality".

26 Rawls erwähnt diese beiden möglichen institutionellen Formen u.a. in *A Theory of Justice: Revised Edition* (Cambridge, MA: Harvard University Press, 1999). Für die Debatte über „property-owning democracy" siehe v.a.: Martin O'Neill und Thad Williamson (Hrsg.): *Property-Owning Democracy: Rawls and Beyond*. Hoboken: Wiley-Blackwell, 2012.

kämen. Wie genau dies erreicht werden könnte, bedarf allerdings weiterer empirischer und normativer Forschung.

Bedingungsloses Grundeinkommen

Dies gilt auch für einen Ansatz, der in letzter Zeit an Popularität gewonnen hat: Die Idee eines bedingungslosen Grundeinkommens.[27] Einige Theoretiker*innen sind der Auffassung, dass nur durch ein bedingungsloses Grundeinkommen ein kapitalistisches System gerecht werden könne. Nur so nämlich hätten Arbeitnehmer*innen eine wirklich freie Wahl, welcher Tätigkeit sie beruflich nachgingen. Aber der Vorschlag bringt viele Fragen mit sich; diese betreffen nicht nur die finanzielle Realisierbarkeit, sondern auch die erhoffte Unabhängigkeit vom Arbeitseinkommen. Kritiker*innen bezweifeln, dass das Problem der fehlenden sozialen Teilhabe und des ungleichen Zugangs zu guter Arbeit allein durch ein bedingungsloses Grundeinkommen gelöst werden kann.[28]

10.5 Die Frage der Macht

Machtfrage zwischen Wirtschaft und Politik

Ob Reformen der Sozialversicherungssysteme umsetzbar sind, hängt von dem Machtverhältnis zwischen Wirtschaft und Politik ab. Die unterschiedlichen theoretischen und auch praktischen Strategien im Umgang mit Märkten bilden dahingehend zwei Lager: Auf der einen Seite stehen Denker*innen, die davon ausgehen, dass Märkte legitim sein können, solange die Politik die Oberhand behält, und die dies auch für möglich halten. Auf der anderen Seite stehen diejenigen, die dies für eine gefährliche Illusion halten und die deswegen für radikalere Reformen plädieren.

„Primat der Politik“

Auf der Seite derjenigen, die Märkte politisch gestalten wollen, steht eine lange Tradition von Denker*innen, zu denen – trotz so mancher entgegengesetzter Interpretation – schon Smith gehörte. Er beschrieb sein Werk *Der Wohlstand der Nationen* als „science of a legislator“[29], also als wissenschaftlichen Beitrag zur Gesetz-

---

27 Dazu siehe z.B. Philippe van Parijs: *Real Freedom for All: What (if anything) can justify capitalism?* New York: Oxford University Press, 1995 oder Karl Widerquist: *Independence, Propertylessness, and Basic Income: A Theory of Freedom as the Power to Say No.* Basingstoke: Palgrave Macmillan, 2013.

28 Siehe z.B. Robert Jubb: „Basic Income, Republican Freedom, and Effective Market Power“, *Basic Income Studies* 3(2) (2008), 1–19.

29 Für eine Diskussion siehe z.B. Knud Haakonssen: *The Science of a Legislator: The Natural Jurisprudence of David Hume and Adam Smith.* Cambridge: Cambridge University Press, 1981.

gebung, mit dem er sich an die Regierung wandte, die die Strukturen der Märkte zum Wohl der Gesellschaft gestalten solle. Viele Denker*innen der Folgezeit, z.B. Georg Wilhelm Friedrich Hegel, John Stuart Mill, John Maynard Keynes und John Rawls, teilten die grundlegende Prämisse, dass das „Primat der Politik" zu gelten habe. Märkte können und sollen ihnen zufolge durch politische Maßnahmen reguliert werden, damit sie dem Wohl der ganzen Gesellschaft dienen.

Marx: Kapitalismusdiagnose

Deutlich düsterer ist das Bild, das Karl Marx zeichnete. Er erlebte den Kapitalismus des 19. Jahrhunderts, eine Zeit, in der der soziale Gegensatz zwischen Kapitaleigentümer*innen und Arbeiter*innen besonders groß war. Marx entwarf in seinem unvollendeten Hauptwerk *Das Kapital*[30] eine detaillierte, bis heute kontrovers diskutierte Diagnose des Kapitalismus', und entwickelte die Ideen von Sozialismus und Kommunismus entscheidend weiter. Manche Kommentator*innen halten Marx' Ideen für überholt, weil die kommunistische Planwirtschaft des „real existierenden Sozialismus", die sich auf ihn berief, von den kapitalistischen Staaten wirtschaftlich überholt wurde und weil viele dem eigenen Selbstverständnis nach marxistische Regime zu totalitären Diktaturen wurden. Doch man sollte nicht übersehen, dass Marx primär eine Analyse der kapitalistischen Produktionsweise – nicht den Vorschlag einer Alternative – erarbeitet hat, die bis heute relevant ist.

Staat als „Überbau"

Im gegenwärtigen Kontext ist vor allem von Bedeutung, dass Marx die Vorstellung vom „Primat der Politik", wie er sie z.B. bei Hegel fand, mit einem Argument ablehnte, dessen Relevanz auch heute wieder zur Debatte steht. Marx ging davon aus, dass die gesellschaftlichen Machtverhältnisse durch die ökonomischen Verhältnisse bestimmt würden. Der Staat, und auch Kultur und Religion, seien nur der „Überbau" der wirtschaftlichen Machtverhältnisse.[31] Wenn das wahr ist, dann ist der Versuch, Märkte durch politische Reformen zu regulieren, einigermaßen aussichtslos.

Marx' Behauptung, dass nur eine proletarische Revolution eine gerechtere Gesellschaft bringen könnte, ist bis heute umstritten. Im Westen nahm die Geschichte einen anderen Lauf: Schon im

---

30 Insbesondere: Karl Marx: *Das Kapital, Band 1. Marx-Engels-Werke, Band 23*. Berlin: Dietz Verlag, 1962 [1867].

31 Siehe z.B.: Karl Marx: *Zur Kritik der politischen Ökonomie*, Vorwort, in: *Marx-Engels-Werke, Band 13*. Berlin: Dietz Verlag, 1961 [1859], 7–11.

Abb. 26: Samstags gehört Vati mir: Plakat des Deutschen Gewerkschaftsbunds zum 1. Mai 1956

19. Jahrhundert setzten – nicht zuletzt aus der Furcht vor einer Arbeiterrevolution – politische Maßnahmen ein, die die Märkte einhegten und z.B. Kinderarbeit verboten. Die Gewerkschaften organisierten sich als Gegengewicht zu den Arbeitgeber*innen und entwickelten das Instrument des Streiks weiter, um Druck auf Arbeitgeber und Politik ausüben zu können. Vor allem in den Jahren zwischen 1950 und 1970 profitierten tatsächlich große Teile der Bevölkerung westlicher Staaten von der kapitalistisch organisierten Wirtschaft, so dass sich mit Blick auf diese Zeit mit einem gewissen Recht von einem „Wohlstand für alle" sprechen lässt, wie es das gleichnamige Buch des deutschen Wirtschaftsministers Ludwig Erhard (1897–1977) aus dem Jahr 1957 nahelegt.[32]

Sozialdemokratie: Einbettung der Märkte

Aber viele Institutionen, die als Gegengewichte und Einbettungsmechanismen für Märkte dienlich wären, sind seit langem auf dem Rückzug, insbesondere in den angelsächsischen Ländern. Manche Kommentator*innen, unter ihnen der britische Politikwissenschaftler Colin Crouch (*1944), sind inzwischen davon überzeugt, dass die Märkte, statt von demokratischer Politik, von einer mächtigen und eigennützigen Elite kontrolliert werden, die aus Politiker*innen und Manager*innen großer Unternehmen besteht.[33]

Globalisierung: entfesselte Märkte

Aber auch dies ist kein Schicksal, sondern selbst eine Frage politischer Entscheidungen. Und es ist eine der wichtigsten Aufgaben der Gegenwart, die Macht demokratischer Politik über die Märkte zu stärken, etwa indem Länder untereinander Abkom-

Wiedereinbettung als politische Aufgabe

32 Ludwig Erhard: *Wohlstand für alle*. Düsseldorf: Econ-Verlag, 1957/2000.

33 Vgl. Colin Crouch: *Das befremdliche Überleben des Neoliberalismus. Postdemokratie II*. Übersetzt von Frank Jakubzik, Berlin: Suhrkamp, 2011.

men gegen Steuerhinterziehung schließen.[34] Ob für einen Großteil der Bevölkerung die wirtschaftliche Situation zunehmend prekär wird, hängt nicht zuletzt davon ab, wie die nationale Politik die Arbeitsmärkte regelt und die Sozialversicherungssysteme ausgestaltet. Das „Primat der Politik" ist nicht einfach gegeben – aber das heißt nicht, dass es nicht wieder erkämpft werden könnte.

Weiterführende Literatur:

Als Gründungsdokument der Ökonomie als moderner Wissenschaft gilt Adam Smiths *Der Wohlstand der Nationen – Eine Untersuchung seiner Natur und seiner Ursachen* (übersetzt von Horst Claus Recktenwald, München: Beck, 1974 [1776]); der Text ist um einiges vielschichtiger, als das Klischee von Smith es vermuten ließe. Eine Auswahl historischer und systematischer Texte zu Märkten findet sich in Lisa Herzog und Axel Honneth (Hrsg.): *Der Wert des Marktes. Ein philosophisch-ökonomischer Diskurs vom 18. Jahrhundert bis zur Gegenwart* (Berlin: Suhrkamp, 2014). Ein hilfreicher Aufsatz zur Rolle von Märkten in Gesellschaften ist auch Frank Cunningham: „Market Economies and Market Societies", *Journal of Social Philosophy* 36(2) (2005), 129–142.

34 Vgl. dazu Dietsch: *Catching Capital: The Ethics of Tax Competition.*

Teil III
Politisches Handeln und gegenwärtige Herausforderungen

11. Die Spezifika des Politischen – Utopie oder Dystopie?

11.1 Einleitung

Prinzipien, Institutionen, Handeln

In den vorherigen Kapiteln ging es um die Institutionen, die unsere politische Ordnung ausmachen (*staatliche Autorität, Demokratie, Rechtsstaatlichkeit, Wirtschaftssystem*). Sie sollen die Prinzipien, die in Teil I vorgestellt wurden (*Freiheit, Gleichheit bzw. Gerechtigkeit, Solidarität*), verwirklichen. Sie tun dies jedoch nie perfekt, und die Bürger*innen einer Demokratie stehen stets vor der Aufgabe, wie sie den institutionellen Rahmen an sich wandelnde soziale oder technische Umstände anpassen können, so dass sie diese Prinzipien weiterhin verkörpern.

Politisches Handeln

In Teil III soll es daher einerseits um *politisches Handeln* und andererseits um gegenwärtige Herausforderungen gehen. Die erste Aufgabe ist dabei, einer weitverbreiteten These nachzugehen, nämlich der, dass Politik ein Handlungsfeld mit ganz besonderen Spielregeln sei. Allerdings gehen die Ansichten darüber, was diese Besonderheit ausmacht, weit auseinander.

Utopie oder Dystopie?

Grob lassen sich dabei positive und negative, oder utopische und dystopische, Ansätze unterscheiden. Zunächst zur Positivität oder Utopie: Für manche Denker*innen ist politisches Handeln gleichbedeutend mit der höchsten Verwirklichung des Menschseins. Weil die höchste Form aber schwer erreichbar und vielleicht nie vollständig zu erringen ist, haftet diesem Bild politischen Handelns etwas Utopisches an. Am anderen Ende des Spektrums stehen Denker*innen, die Politik als einen negativen Raum beschreiben, in dem es hart und gnadenlos zugeht. Hier ist Politik eine Wirklichkeit gewordene Dystopie.

Arendt und Machiavelli

Dieses Kapitel kontrastiert zur Vorstellung dieser unterschiedlichen Bilder von Politik zwei Autor*innen: Hannah Arendt (1906–1975) und Niccolò Machiavelli (1469–1527). Arendt schrieb u.a. in den 1950er und 1960er Jahren als deutsche Exilantin in den USA – sie musste vor den deutschen Nationalsozialist*innen fliehen. Ihr Konzept des Politischen macht plausibel, warum ihr Staatenlosigkeit als ein so großes Übel erschien (wie wir im vorletzten Kapitel sahen). Zu einer anderen Zeit, aber ebenfalls von politischen Auseinandersetzungen umgeben, schrieb Machiavelli: Er verfasste sein Werk *Der Fürst*

(*Il Principe*) im Jahr 1513, in einer Epoche tumultuöser Konflikte zwischen den italienischen Stadtstaaten und zwischen den verschiedenen Parteien in ihnen.

Vorschau

Aus Arendts und Machiavellis Überlegungen lassen sich verschiedene Argumente über die Natur des politischen Handelns destillieren, die im Folgenden vorgestellt werden sollen. Um dann zu entscheiden, welche Position die überzeugendere ist, wird der Begriff der „schmutzigen Hände" eingeführt werden. Er hilft bei der Unterscheidung zwischen wenig plausiblen Rationalisierungen unmoralischen Verhaltens und echten Herausforderungen politischen Handelns. Abschließend wird die selbsterfüllende Natur unterschiedlicher Bilder politischen Handelns betrachtet.

11.2 Die Utopie des Politischen – Arendt

„zoon politikon"?

Seit Aristoteles ist es ein Gemeinplatz der politischen Philosophie, den Menschen als „politisches Tier" („zoon politikon") zu betrachten (Kapitel 4 erläuterte dies bereits). Demnach liegt Politik in der Natur des Menschen. Folgt man den Ausführungen des antiken Philosophen, so stellt sich das Leben in der Polis als ein *gutes* Leben dar: Es beteiligen sich dort die Einzelnen – zumindest die männlichen Staatsbürger –, die als Gleiche gelten, an der gemeinsamen Entscheidung über politische Angelegenheiten, wozu sie Sprache und Vernunft gebrauchen.

Arendt: Pluralität

Arendt kritisierte diesen philosophiegeschichtlich dominanten Gedanken, von einem bestimmten Wesen *des* Menschen auszugehen. Sie möchte sich stattdessen von der Verschiedenheit der Menschen leiten lassen. Politik, so betonte sie in einem im Nachlass enthaltenen Fragment, „beruht auf der Tatsache der Pluralität der Menschen", und „handelt von dem Zusammen- und Miteinander-Sein der *Verschiedenen*."[1] Sowohl Philosophie als auch Theologie hätten sich in der Vergangenheit nur mit „dem" Menschen beschäftigt, nicht mit der menschlichen Vielfalt. Damit würde aber verkannt, was Politik eigentlich ausmache: Wenn (mindestens zwei) Menschen zusammenfinden

1 Hannah Arendt: „Fragment 1", in: dies.: *Was ist Politik?* München: Piper, 1993/2010 [1950], 9. Vgl. auch dies.: *Vita activa – oder: Vom tätigen Leben*, Kapitel 5.

Abb. 27: Hannah Arendt

„schiebt sich Welt zwischen sie“[2]: „Politik entsteht in dem *Zwischen-den-Menschen*.“[3]

Arendt lehnte zwar den biologistischen Bezug auf eine angebliche „Natur“ des Menschen ab, nicht jedoch die Vorstellung, dass Politik ein unverzichtbarer Bestandteil menschlichen Lebens sei. Die Gleichheit, die Aristoteles – zumindest für freie, männliche Staatsbürger – als von Natur aus gegeben betrachtete, verstand Arendt als eine *Errungenschaft*, nämlich als Errungenschaft gleicher Rechte: „*Der* Mensch, wie ihn Philosophie und Theologie kennen, existiert – oder wird realisiert – in der Politik nur in den gleichen Rechten, die die Verschiedensten sich garantieren.“[4] Hier zeigt sich die Verbindung zu ihrem Begriff des „Rechts, Rechte zu haben“ – die allgemeine Anerkennung eines solchen ist es, die als Grundlage von Politik hergestellt werden muss.

Gleichheit als Bedingung von Politik

Wie nun zeigt sich für Arendt die Vielfalt der Individuen im Reich der Politik? Arendt unterscheidet in einem ihrer Hauptwerke, *Vita activa oder Vom tätigen Leben*, drei Bereiche des menschlichen Lebens: Arbeiten, Herstellen und Handeln. Die ersten beiden finden für Arendt, der griechischen Tradition folgend, im privaten Bereich statt. *Arbeiten* meint Tätigkeiten, die aufgrund der biologischen Prozesse des menschlichen Lebens immer wieder aufs Neue erbracht werden müssen, z.B. die tägliche Bereitstellung von Nahrung; es richtet sich auf das physische Überleben eines Menschen. *Herstellen* meint das Schaffen einer fortdauernden, nicht den ständigen Prozessen von Werden und Vergehen ausgesetzten Welt, z.B. durch das Errichten von Gebäuden oder die Anfertigung von Möbeln oder Kunstwerken.

Arbeiten, Herstellen...

2 „Fragment 2b“, in: *Was ist Politik?*, 25.
3 „Fragment 1“, ebd., 11.
4 Ebd.

… und Handeln

Vom Arbeiten und Herstellen grenzt Arendt das *Handeln* ab, das sie, anders als die beiden anderen menschlichen Tätigkeitsformen, in der Öffentlichkeit verortet. Handeln muss ihr zufolge als eine genuin andere Form menschlichen Tätigseins verstanden werden: Grundlage des Handelns ist das „Faktum menschlicher Pluralität“[5], wohingegen sowohl Arbeiten als auch Herstellen ohne einen Bezug zur menschlichen Vielfalt auskommen. Dabei spielt sowohl die Gleichheit als auch die Verschiedenheit der Menschen eine Rolle: Ohne Gleichheit wäre keine Verständigung *möglich*, ohne Verschiedenheit wäre Verständigung nicht *nötig*.

Einzigartigkeit

Die Einzigartigkeit einer Person wird in ihrem Sprechen und Handeln sichtbar, im „In-Erscheinung-Treten eines grundsätzlich einzigartigen Wesens.“[6] Mit seinen Worten und Taten antwortet der Mensch auf die Frage „Wer bist Du?“[7] – er tritt als ein spezifischer Jemand in Erscheinung. Der Raum des Sprechens und Handels ist ein Raum des *gleichberechtigten Miteinanders*. Es unterscheidet sich sowohl von einem *Für*einander, bei dem sich eine Seite für die andere aufopfert, als auch von einem *Gegen*einander, das von verfeindeten Interessen bestimmt wird.[8] Die „Helle“ der Öffentlichkeit kann für Arendt nur durch dieses Miteinander entstehen.[9]

„Natalität“

In dem Raum zwischen Menschen, in dem Sprechen und Handeln stattfinden, kann das Handeln etwas Neues schaffen. Arendt verwendet in diesem Zusammenhang die Begriffe „zweite Geburt“ und „Natalität“.[10] Mit der ersten Geburt gelangt der Mensch in eine schon vor ihm existierende Welt. Sprechend und handelnd macht er sich diese Welt zu eigen: Er tritt mit der „zweiten Geburt“ bewusst in sie ein und übernimmt die Verantwortung für sein Dasein. Das Prinzip der „Natalität“ beschreibt, dass mit dem menschlichen Handeln stets etwas Neues beginnen kann. Darin drückt sich menschliche Freiheit aus: Der Mensch kann Dinge hervorbringen, die sich der Berechenbarkeit und statistischen Erwartbarkeit entziehen.

„Macht“

Innerhalb des menschlichen „Erscheinungsraums“ spielt sich auch das Phänomen ab, das Arendt als *Macht* beschreibt, und das sie kategorisch von der Ausübung von *Gewalt*, als der Anwen-

---

5 Arendt: *Vita activa – oder: Vom tätigen Leben*, 213.
6 Ebd., 214.
7 Ebd., 217.
8 Ebd., 220.
9 Ebd., 220–221.
10 Ebd., 215–220.

dung von *Kraft* oder *Stärke*, unterscheidet.[11] Gewalt kann nur im Modus des Herstellens verstanden werden, während Macht im Modus des Handelns stattfindet. Und: „Macht ist immer ein Machtpotential“, denn „Macht [...] besitzt eigentlich niemand, sie entsteht zwischen Menschen, wenn sie zusammen handeln, und sie verschwindet, sobald sie sich wieder zerstreuen.“[12] Diese Macht, die Arendt charakterisiert, kann – als gemeinschaftliches *Handeln* – Neues schaffen, zum Beispiel durch die Gründung neuer politischer Einheiten. In *Über die Revolution* hat Arendt die Gründungsmomente der Revolutionen in Frankreich und den USA untersucht – sie stellen für sie paradigmatische Momente *politischen Handelns* dar.[13]

Enger Politikbegriff

Wie wir sahen, ist Arendts Politikbegriff auf die Tätigkeit des Handelns festgelegt. In der Diskussion zur Rolle des Gesetzgebers in der antiken griechischen Philosophie räumt sie aber ein, dass es auch Aspekte der Politik gibt, die dem Herstellen entsprechen.[14] Das Herstellen einer Sphäre, in der Politik möglich ist, ist selbst nicht politisch; nichtsdestotrotz kann es ein angemessenes Mittel sein, um die Freiheit zu ermöglichen, die im Sprechen und Handeln liegt. Das Stiften einer guten neuen Verfassung wurde in der Antike als eine der größten Wohltaten überhaupt gesehen; Arendt bestreitet dies nicht. Aber sie beharrt darauf, dass politisches *Handeln* etwas genuin anderes und an sich wertvoll ist.

Raum für Handeln?

Was Arendt für ihre eigene Zeit, die zweite Hälfte des 20. Jahrhunderts, befürchtete, war, dass das Handeln immer weniger Platz in der Gesellschaft eingeräumt bekommen würde. Die Konsumgesellschaft kenne nur die Kategorien des Notwendigen und des Nicht-Notwendigen, also Arbeiten und Nicht-Arbeiten („Spielen“).[15] Die nutzenorientierte Gesellschaft wende die dem Herstellen zugehörige Zweck-Mittel-Kategorie auf alle Bereiche des menschlichen Daseins an, so dass an die Stelle des *Sinns* der *Zweck* rücke.[16] Damit würden Arbeiten und Herstellen und die ihnen zugehörigen Denkmuster das Handeln verdrängen. Ge-

11 Zum Unterschied von Macht und Gewalt siehe insbesondere Hannah Arendt: *Macht und Gewalt*. Übersetzt von Gisela Uellenberg, München: Piper, 1970/2014 [1970] sowie auch *Vita activa – oder: Vom tätigen Leben*, Kapitel 28.

12 *Vita actica – oder: vom tätigen Leben*, 252.

13 Hannah Arendt: *Über die Revolution*. München/Berlin: Piper, 1965.

14 Siehe *Vita activa – oder: Vom tätigen Leben*, Kapitel 27.

15 Vgl. ebd., Kapitel 17, bes. 151–152.

16 Vgl. ebd., Kapitel 21, bes. 184.

mäß Arendts Verständnis von Politik stünde dabei viel auf dem Spiel: Es geht in der Politik um die Momente, in denen zwischen den Menschen ein Raum aufscheint, in dem sie gemeinsam etwas Neues schaffen. Diese Dimension des Politischen darf Arendt zufolge nicht durch ein technokratisches oder ökonomistisches Verständnis von Politik verdrängt werden.

11.3 Die Dystopie des Politischen – Machiavelli

„Machiavellismus"

Die Besonderheiten politischen Handelns betonte auch Machiavelli, jedoch auf sehr andere Weise – bei ihm ist Politik ein Ort, an dem die normalen Regeln menschlichen Miteinanders nicht gelten (siehe Kapitel 1). Sein Buch *Der Fürst* erschien im traditionellen Format des „Fürstenspiegels", also eines Texts, der einem Herrscher Verhaltensanweisungen geben will. Anstatt aber Tugend und Weisheit im klassischen Sinne zu predigen, schrieb Machiavelli über List, Gewalt und die Notwendigkeit, diese zur Verteidigung der eigenen politischen Position einzusetzen. Damit löste er einen Skandal aus, der über Jahrhunderte anhielt: „Machiavellismus" wurde zum geflügelten Wort.

Vielschichtigkeit Machiavellis

Allerdings ist bis heute umstritten, wie radikal Machiavellis Vorstellungen von Realpolitik wirklich waren – so klingen andere Texte von ihm deutlich gemäßigter. In seinen verschiedenen Schriften – nicht nur politische Untersuchungen oder Ratgeber, sondern auch Theaterstücke, eine Geschichte seiner Heimatstadt Florenz und diverse kürzere Abhandlungen – zeigte sich Machiavelli als vielschichtiger, von der Grundüberzeugung her republikanisch gesinnter Denker, der stark von der griechischen und römischen Antike inspiriert war.

Zwei zentrale Begriff Machiavellis sind die „virtù", die Tugend oder Handlungsfähigkeit, und die „fortu-

Abb. 28: Niccolò Machiavelli, posthum portraitiert von Santi di Tito

Abb. 29: Fortuna als nackte, blinde Frau: Der Wagen der Fortuna, Gemälde von Taddeo Kuntze, 1754

na“, das Schicksal.[17] Diese sind nach Geschlecht kodiert: „virtù“ kommt vom Lateinischen „vir“, also Mann, und weckt Assoziationen an Tapferkeit und Standfestigkeit, während „fortuna“ traditionell als eine weibliche Göttin dargestellt wird. Hinter diesen vormodernen Metaphern steht die grundsätzliche Frage: Wie können Politiker*innen mit dem wankelmütigen Schicksal umgehen?

Menschenbild

Machiavelli gab an, sich auf praktische Erfahrungen berufen zu wollen, er wolle die Welt so sehen, wie sie sei und keinen naiven Utopien aufsitzen. Dazu gehörte für ihn, die Menschen als „undankbar, wankelmütig, unaufrichtig, heuchlerisch, furchtsam und habgierig“[18] wahrzunehmen. Die Frage, die Machiavelli in *Der Fürst* beantworten möchte, ist, wie ein Fürst angesichts dieser Eigenschaften der Menschen und angesichts des wankelmütigen Schicksals seine Herrschaft stabilisieren kann.

17 Machiavelli: *Der Fürst*, Kap. VI.
18 Ebd., Kap. XVII, 72.

Realismus?

Wie bereits erwähnt, möchte Machiavelli „der Wirklichkeit der Dinge“ nachgehen, nicht „den bloßen Vorstellungen über sie“.[19] Dementsprechend enthält sein Ratgeber zahlreiche Beispiele, sowohl aus der Antike als auch aus seiner eigenen Zeit. Diese Beispiele erfolgreicher Staatsmänner und -frauen haben Vorbildfunktion; besonderen Fokus legt Machiavelli dabei auf die militärische Verteidigungsfähigkeit. Von den historischen Vorbildern ausgehend resümiert er, dass „alle bewaffneten Propheten gesiegt haben und die unbewaffneten gescheitert sind.“[20] Zudem sei ein eigenes Heer besser als Söldner oder Hilfstruppen, die keine echte Treue zeigen würden.[21]

Ruf des Fürsten

Bei der Unterwerfung neuer Herrschaftsgebiete müsse ein Fürst „die Menschen entweder verwöhnen oder vernichten.“[22] Wichtiger als wahre Tugend sei dabei der Ruf, den der Fürst bei den Menschen habe.[23] Manche scheinbaren Tugenden, wie die Freigiebigkeit, könnten langfristig gefährlich sein, während scheinbare Laster, z.B. Knausrigkeit, langfristig die eigene Position absicheren würden.[24] Überhaupt sei es für einen Fürsten besser, „gefürchtet als geliebt“[25] zu werden; auch vor dem Ruf, grausam zu sein, solle man nicht zurückschrecken.[26]

„Fuchs“ und „Löwe“

Wie bereits deutlich geworden sein dürfte, empfiehlt Machiavelli den Gebrauch von sowohl List als auch Gewalt. Wir sahen dies auch schon in Kapitel 1: Der Fürst solle listig sein wie ein Fuchs, um den Fallen zuvorzukommen, die seine Gegner*innen ihm stellten, und er solle bereit sein, wie ein Löwe Gewalt anzuwenden, um anderen zu drohen.[27] Außerdem rät Machiavelli: „Ein kluger Herrscher kann und darf [...] sein Wort nicht halten, wenn ihm dies zum Nachteil gereicht und wenn die Gründe fortgefallen sind, die ihn veranlaßt hatten, sein Versprechen zu geben.“[28] Seine Begründung ist: Die Menschen seien „schlecht“ und würden ihr Wort nicht halten, deswegen sei auch der Fürst nicht daran gebunden.

19 Ebd., Kap. XV, 66.
20 Ebd., Kap. VI, 28.
21 Ebd., Kap. XII und XIII.
22 Ebd., Kap. III, 14.
23 Ebd., Kap. XV
24 Ebd., Kap. XVI.
25 Ebd., Kap. XVII, 71.
26 Ebd., Kap. XVII.
27 Ebd., Kap. XVIII.
28 Ebd., 131.

„Anti-Machiavellismus"

Solche Ansichten sorgten dafür, dass Machiavellis Schriften von der katholischen Kirche auf den Index gesetzt wurden. Es entstanden über die Jahrhunderte hinweg zahlreiche Schriften, die sich unter dem Stichwort „Anti-Machiavellismus" damit auseinandersetzte, ob ein Fürst tatsächlich unmoralisch sein dürfe oder gar müsse.

Charakter von Politik

Allerdings muss hier mehr als die Moralität des einzelnen Individuums betrachtet werden. *Wenn* Politik wirklich so funktioniert, wie Machiavelli sie schildert – nämlich als ein gnadenloses Machtspiel –, dann stellt sich in der Tat die Frage, wie eine einzelne Person damit umgehen soll. Aber ist Politik *notwendigerweise* so, wie Machiavelli sie schildert, oder war dies nur ein Charakterzug der Politik *seiner Zeit*? Um diese Fragen zu beantworten, ist es hilfreich, sich ihnen mithilfe des Begriffs der „schmutzigen Hände" zu nähern.

11.4 „Schmutzige Hände"

Zwang zur Unmoral?

In der Diskussion über „schmutzige Hände"[29] – eine der wenigen Diskussionen der jüngeren politischen Philosophie, die sich mit politischem *Handeln* befasst – geht es um die Frage, ob Politiker*innen manchmal gezwungen sind, Dinge zu tun, die wir in anderen Lebensbereichen als unmoralisch bezeichnen würden. In dem gleichnamigen Theaterstück des französischen Philosophen und Schriftstellers Jean-Paul Sartre (1905–1980) fragt ein kommunistischer Anführer seinen Gesprächspartner, ob er glaube, dass es möglich sei, beim Regieren unschuldig zu bleiben – und verneint diese Frage dann.[30] Der Philosoph Michael Walzer hat den Begriff 1973 in diesem Sinne aufgegriffen: Eine realistische Betrachtung des politischen Lebens schließe die Anerkennung der Tatsache ein, dass Politiker*innen manchmal Dinge tun müssten, die wir normalerweise als unmoralisch

29 Zur Thematik der „schmutzigen Hände" („dirty hands") siehe auch: Cecil Anthony John Coady: „The Problem of Dirty Hands", in: *The Stanford Encyclopedia of Philosophy* (Spring 2014 Edition Archive). Hrsg. Edward N. Zalta, http://plato.stanford.edu/archives/spr2014/entries/dirty-hands/.

30 Jean-Paul Sartre: *Die schmutzigen Hände* Übersetzt von Eva Groepler. Hrsg. Vincent von Wroblewsky. Reinbek bei Hamburg: Rowohlt, 1989/2005 [1948].

bezeichnen würden, insbesondere dann, wenn es um den Erhalt ihrer politischen Gemeinschaften gehen würde.[31]

Moralische Konflikte

Was aber steckt hinter der Metapher von den „schmutzigen Händen"? Eine Möglichkeit ist, dass Politiker*innen unweigerlich in moralische Konflikte geraten, in denen unterschiedliche Werte oder Prinzipien miteinander konkurrieren, zwischen denen sie sich entscheiden müssen, wobei keine der möglichen Optionen moralisch unproblematisch ist. So kann z.B. im Fall einer Geiselnahme das Leben einer Geisel gegen die Nicht-Erpressbarkeit des Staates stehen. Derartige Konflikte können aber auch in anderen Bereichen vorkommen; man denke beispielsweise an eine Gruppe von Bergsteiger*innen, von denen eine abstürzt, so dass die anderen sie nur retten könnten, wenn sie alle zusammen ihr Leben aufs Spiel setzte. Es kann moralisch legitim – wenn auch psychologisch schwierig – sein, sich gegen das Leben eines einzelnen Menschen zu entscheiden, wenn damit ein anderer Wert von vergleichbarem Gewicht, etwa das Leben eines *anderen* Menschen, auf dem Spiel steht. Dass es moralische Konflikte geben kann, ist traurige Realität – aber nicht unbedingt ein Spezifikum „des Politischen".

Abb. 30: Schwere moralische Entscheidungen: Als das Flugzeug „Landshut" 1977 durch vier Terroristen entführt wurde, folgte der damalige Bundeskanzler Helmut Schmidt den Forderungen der Geiselnehmer nicht, Fotografie von 1975

31 Michael Walzer: „Political action: The Problem of Dirty Hands", *Philosophy and Public Affairs* 2(2) (1973), 160–180, 161.

Reaktion auf Fehlverhalten anderer

Eine andere Möglichkeit ist, dass Politiker*innen auf das Fehlverhalten anderer reagieren müssen, dass sie also im Zugzwang sind, sich in eine Situation zu begeben, in der bereits ein Schaden entstanden ist. Die amerikanische Theoretikerin Jennifer Cyd Rubenstein hat vorgeschlagen, in Fällen, in denen andere Unrecht tun und Akteur*innen damit unfreiwillig in moralische Konflikte involvieren, nicht von schmutzigen, sondern von „besudelten" („spattered") Händen zu sprechen.[32] Aber auch hier gilt: Dies passiert nicht ausschließlich in der Politik. Rubenstein entwickelt den Begriff am Beispiel von humanitären Hilfsorganisationen, die entscheiden müssen, ob sie in Bürgerkriegsgebieten aktiv bleiben sollen. Einerseits benötigen die notleidenden Menschen ihre Hilfe, andererseits besteht die Gefahr, dass sich Konflikte durch die Anwesenheit der Hilfsorganisationen verlängern könnten.

Charakter von Politiker*innen

Walzer betonte in seinem Aufsatz von 1973, dass derartige Entscheidungen von niemandem leichtherzig gefällt werden sollten. Und er konstatiert, dass wir nicht von Menschen regiert werden wollten, die „ihre Seele verloren haben."[33] Mit diesem Kommentar verweist er auf den *Charakter* von Politiker*innen. Ein oft geäußerter Verdacht ist, dass das Streben nach Macht Politiker*innen skrupellos werden lässt, oder dass nur diejenigen an die Spitze kommen, die immer schon skrupellos waren. Ähnliche Fragen lassen sich jedoch auch in Bezug auf andere soziale Systeme, z.B. das Wirtschaftssystem stellen: Welche Charaktereigenschaften haben diejenigen, die es dort an die Spitze schaffen, und sind dies die Eigenschaften, die man sich wünschen würde? Die Politik weist also auch dahingehend kein Alleinstellungsmerkmal auf.

Gilt Moral in der Politik?

Die vorgeschlagenen Interpretationen zur Erklärung der Unausweichlichkeit „schmutziger Hände" in der Politik verstehen die politische Sphäre weiterhin so, dass dort moralische Regeln gelten – würden sie nicht gelten, wären die Hände von Politiker*innen per definitionem nicht schmutzig. Eine anderslautende Position, und auch eine Weise, in der Machiavelli manchmal gedeutet wurde, besagt, dass die Regeln der Moral in der Politik *grundsätzlich nicht* gelten. Manchmal wird der Begriff „Realismus" in den internationalen Beziehungen so verstanden.

32 Jennifer C Rubenstein: *Between Samaritarians and States: The Political Ethics of Humanitarian INGOs*. Oxford: Oxford University Press, 2015, Kap. 4.

33 Walzer: „Political action: The Problem of Dirty Hands", 177.

Aber *soll* es so sein, dass in der Politik selbst die grundlegendsten Regeln der Moral außer Kraft gesetzt wären? Dies ist eine schwerwiegende Behauptung, die einer soliden Begründung bedürfte.

11.5 Die Spielregeln der Politik

Verhalten anderer in der Politik

Ob die Politik ein so „schmutziges" Spiel ist, wie das Manche behaupten, hängt maßgeblich davon ab, was *andere* dort tun. Dieses Begründungsmuster zeigt sich bereits bei Machiavelli: Der Fürst müsse sein Wort nicht halten, weil andere Menschen dies ebenfalls nicht täten. Es handelt sich dabei um ein *bedingtes* Argument: *Wenn* andere Akteure sich so verhalten, *dann* soll der Fürst darauf so reagieren. Solche Argumente können *unter bestimmten Umständen* gültig sein – aber sie sind auch sehr gefährlich, weil sie sich leicht missbrauchen lassen.

Selbsterfüllende Prophezeiung

Wenn in einer Gruppe von Akteur*innen jede/r denkt, dass die anderen „schmutzig" spielen, werden und er oder sie dies deswegen auch tun darf und soll, dann wird aus der Rede von der Politik als einem „schmutzigen Geschäft" eine selbsterfüllende Prophezeiung. Möglicherweise möchte niemand Politik auf diese Art und Weise betreiben, doch ohne Koordination gelingt es ihnen nicht, daraus auszubrechen – die Situation gleicht einem Gefangenendilemma (dieses wurde in Kapitel 7.4 erläutert).

Applebaum: faire Spielregeln

Der amerikanische Philosoph Arthur Isak Applbaum hat das Argument, dass unter bestimmten Umständen die „Spielregeln" einer Institution ein Abweichen von der Alltagsmoral erlauben würden, einer Analyse unterzogen, und zwar in Bezug auf ein verwandtes Feld, nämlich das juristische.[34] Er stellte die Frage, unter welchen Umständen die Teilnahme an einem bestimmten „Spiel" die Verletzung grundlegender moralischer Standards (z.B. des Verbots der Lüge) rechtfertigt. Zentral ist dabei, dass es „fair play" gibt, dass also die Spielregeln für alle gleich sind. Darüber hinaus gibt es weitere Bedingungen, z.B. müssen die Regeln dafür *notwendig* sein, dass das „Spiel" als eine Form der sozialen Kooperation fortbestehen kann; das Spiel muss für *alle*

34 Arthur Isak Applbaum: *Ethics for Adversaries. The Morality of Roles in Public and Professional Life*. Princeton: Princeton University Press, 1999, bes. Teil II, Kapitel 6.

Beteiligten Vorteile bringen, und die Beteiligten müssen sich in vollem *Bewusstsein* und aus *freien Stücken* darauf eingelassen haben.[35]

Kontextabhängigkeit

Diese Bedingungen können erklären, warum wir es moralisch unproblematisch finden, wenn Pokerspieler*innen sich gegenseitig zu täuschen versuchen. Fraglich ist aber, ob sie auch für andere gesellschaftliche Praktiken, unter ihnen die Politik, Gültigkeit beanspruchen können. „Es ist moralisch legitim, weil alle es so machen" ist nur in begrenzten Fällen ein gültiges moralisches Argument, und in vielen Fällen eine faule Ausrede.

Welche Spielregeln der Politik?

Die sich ergebende Frage ist, welche Spielregeln in der Politik herrschen – und ob und wie sich verhindern lässt, dass sie zu einem so schmutzigen Spiel wird, dass es für die Einzelnen wirklich nicht möglich ist, es mitzuspielen, ohne grundlegende Moralprinzipien zu verletzen. Entscheidend scheint hierbei zu sein, wie die Beteiligten selbst das politische Handeln verstehen. Gehen sie von einem Machiavelli'nischen Bild aus, dann ist (fast) alles erlaubt, das der Stabilisierung der eigenen Macht dient. Haben sie dagegen z.B. Theorien der „agonalen Demokratie" verinnerlicht, dann gehen sie zwar ebenfalls davon aus, dass es in der Politik um Konflikte geht, aber sie akzeptieren einen gemeinsamen Rahmen der Gewaltlosigkeit.[36]

Kollektive Verantwortung für Politik

Es ist dann die gemeinsame Verantwortung der beteiligten Akteur*innen, die Regeln des politischen „Spiels" zu gestalten. Dies ist nicht nur die Verantwortung von Politiker*innen, sondern auch von Journalist*innen und Wahlkampfmanager*innen – und nicht zuletzt auch der Wähler*innen, deren Erwartungen einen großen Einfluss darauf haben, welche Strategien für Politiker*innen erfolgsversprechend sind. Bei der Gestaltung spielen nicht nur formale Regeln, wie Gesetze, sondern auch informelle Normen, z.B. hinsichtlich der Berichterstattung über politische Kandidat*innen, eine wichtige Rolle. Manche „Tabus" in der Politik lassen sich als Normen verstehen, die verhindern sollen, dass die Praktiken ins Machiavelli'nische abgleiten.

Politische Kultur

Die Spielregeln, die in der italienischen Renaissance einst galten, gelten zum Glück heutzutage in demokratischen Staaten nicht mehr: Die hinterlistige Ermordung politischer Gegner*innen ist *kein* normaler Teil des „Spiels" der Politik. Das zeigt: In

35 Ebd., 123ff.

36 Vgl. auch Kapitel 8.3.4. Ein zentraler Text der agonalen Demokratietheorie ist Laclau und Mouffe: *Hegemonie und radikale Demokratie*.

Stein gemeißelte, universell gültige Regeln der Politik gibt es nicht. In Abhängigkeit von der politischen Kultur eines Landes wird auch mit schwierigen Fällen, z.B. Wertekonflikten, unterschiedlich umgegangen. Und vielleicht ist es sogar möglich, eine politische Kultur zu pflegen, in der gelegentlich das passiert, was Arendt beschrieben hat: ein politisches Handeln im Licht der Öffentlichkeit, in der die Individuen gemeinsam über ihr Schicksal entscheiden und Neues schaffen.

Weiterführende Literatur:

Als Einstieg in Hannah Arendts Denken eignet sich besonders *Vita activa – oder: Vom tätigen Leben* (München: Piper, 1967/2014 [1958]) und *Was ist Politik?* (München: Piper, 1993/2010 [1950]). Machiavellis *Der Fürst* ist in zahlreichen Ausgaben verfügbar (z.B. Stuttgart: Reclam, 1986/2007 [1513]).

12. Bürgerschaftliche Verantwortung

12.1 Einleitung

Im letzten Kapitel ging es um die Spezifika der politischen Sphäre und das politische Handeln. Politiker*innen *handeln politisch* – aber was aber ist mit den Bürger*innen? Können sie auch in ihrem Alltag „politisch" sein? Oder müssen sie dafür in die politische Sphäre im klassischen Sinne eintreten, z.B. durch Mitgliedschaft in einer Partei? Kann das Handeln Einzelner etwas verändern? Es gibt zahlreiche Sozialtheorien, die davon ausgehen, dass die Möglichkeit, politisch zu handeln, in modernen Gesellschaften sehr eingeschränkt ist und folglich wenig Raum für das Engagement des einzelnen Individuums besteht.

Handeln von Bürger*innen

Der Soziologe Max Weber hat darauf bereits zu Beginn des 20. Jahrhunderts hingewiesen. Er kritisierte, dass in modernen Industriegesellschaften die bürokratische Verwaltung und der kapitalistische Geist der Zweckrationalität immer stärker überhandnähmen, so dass freies Handeln immer weniger möglich sei. Er sah darin ein „stahlhartes Gehäuse" moderner Gesellschaften. Seine Diagnose war demzufolge pessimistisch; sie findet Ausdruck in der Formulierung: „Fachmenschen ohne Geist, Genuss-

Weber: „stahlhartes Gehäuse"

Abb. 31: Ein Rädchen im Getriebe: Charlie Chaplin im Film *Modern Times* aus den Jahren 1933–36

menschen ohne Herz, dies Nichts bildet sich ein, eine nie vorher erreichte Stufe des Menschentums erstiegen zu haben."[1]

Veränderbarkeit moderner Gesellschaften?

Dieses Thema findet sich in vielen Varianten auch bei anderen Denker*innen. Und auch in alltäglichen Gesprächen hört man oft die Behauptung, in modernen Gesellschaften seien Bürger*innen nur noch Rädchen im System der kapitalistischen und bürokratischen Maschinerie. Für Politik scheint kaum Platz zu sein – weder im Sinne der Teilnahme an der „großen" Politik, noch im Sinne alltäglicher, gelebter Partizipation. Doch mit diesem Bild geht man – ähnlich wie mit dem Machiavelli'nischen Bild von Politik als einem gnadenlosen Machtkampf – das Risiko ein, dass es zu einer selbsterfüllenden Prophezeiung wird: Wenn niemand daran glaubt, dass sich durch politisches Handeln gesellschaftliche Strukturen verändern lassen, dann wird dies dadurch zu einer Tatsache.

Vorschau

In diesem Kapitel wird ein Gegenmodell vorgeschlagen, das einzelnen Individuen Handlungsmöglichkeiten und eine Mitverantwortung für das Funktionieren demokratischer Gesellschaften zuschreibt. Zunächst soll jedoch die Gegenposition näher betrachtet werden, indem zentrale Gedanken der „Systemtheorie" anhand ihres deutschen Hauptvertreters, Niklas Luhmann (1927–1998), vorgestellt werden. Anschließend wird die Frage nach der bürgerschaftlichen Verantwortung und nach den Möglichkeiten politischen Handelns seitens der Bürger*innen gestellt. Dabei werden die die Argumente von Mohandas Karamchandi Gandhi (1869–1948) zu gewaltlosem Widerstand im Mittelpunkt stehen. Das Kapitel schließt mit den Überlegungen des ghanaisch-amerikanischen Philosophen Kwame Anthony Appiah (*1954) zu „moralischen Revolutionen".

12.2 Die Macht der „Systeme" – und ihre Grenzen

Systemtheorie

Eine wichtige Strömung moderner Gesellschaftstheorien ist die sogenannte „Systemtheorie". Sie betrachtet Gesellschaften (und andere Systeme), indem sie die Eigenschaften und Wechselwirkungen gesellschaftlicher Elemente und die Interaktion der Gesellschaft (bzw. des Systems) mit ihrer Umwelt (z.B. anderen Sys-

1 Max Weber: *Die protestantische Ethik und der Geist des Kapitalismus.* Hrsg. Dirk Kaesler. München: Beck, 2004 [1904], 201.

temen) untersucht. Zentral ist dabei der Gedanke, dass die Systeme sich selbst organisieren und erhalten; Vorbild ist der Selbsterhalt lebendiger Organismen, den die *biologische* Systemtheorie beschreibt. Besonders intensiv hat sich die Systemtheorie mit komplexen Systemen beschäftigt, die sogenannte „emergente" Eigenschaften haben, die also mehr sind als die Summe ihrer Teile.

„Soziale Differenzierung"

Ausgangspunkt der *soziologischen* Systemtheorie ist der Gedanke der „sozialen Differenzierung":[2] Gesellschaften sind keine homogenen Massen, sie sind stattdessen räumlich, horizontal und funktional differenziert. Sie spalten sich auf in unterschiedliche Systeme, die jeweils eine ganz bestimmte Funktion im sozialen Ganzen erfüllen. Dadurch entstehen klare Strukturen, in die die Individuen, wenn sie sich im jeweiligen System bewegen, ihre Handlungen einordnen können. Bewege ich mich z.B. im System „Markt", dann weiß ich, dass es um Kauf und Verkauf mithilfe von Geld geht.

Luhmann: Autopoiesis

Der wichtigste deutschsprachige Vertreter der Systemtheorie, Niklas Luhmann, leistete entscheidende Beiträge zur Weiterentwicklung der systemtheoretischen Perspektive.[3] Er betonte dabei stets, dass die Soziologie selbst Teil der Gesellschaft sei, deshalb müsse die eigene Position reflexiv mitgedacht werden. Luhmann führte den Begriff der „Autopoiesis" aus der Biologie in die Soziologie ein, also den Gedanken, dass sich ein System selbst schafft und erhält, und zwar durch Kommunikationsakte. Jedes System hat dabei eine bestimmte „Währung" oder einen „Code", nach dem es funktioniert: In der Politik ist dies *Macht*, in der Wissenschaft *Wahrheit*, in der Wirtschaft *Geld*.[4]

Dezentralität

Luhmann geht es dabei nicht um menschliches Handeln, sondern – deutlich abstrakter – um die „Operationen" der Systeme. In seinem Bild der Gesellschaft gibt es kein Zentrum, keine Spitze der Pyramide wie z.B. den Hobbes'schen *Leviathan*.[5] Vielmehr operieren die Systeme unabhängig voneinander. Sie können sich, wenn überhaupt, nur dadurch gegenseitig beeinflus-

2 Diese Formulierung stammt ursprünglich von Georg Simmel: „Über sociale Differenzierung", ders.: in: *Gesamtausgabe Band 2: Aufsätze 1887–1890*. Frankfurt am Main: Suhrkamp, 1999 [1890], 109–295.

3 Zur Einführung in seine Theorie siehe insbesondere Niklas Luhmann: *Soziale System – Grundriss einer allgemeinen Theorie*. Frankfurt am Main: Suhrkamp 1984 und ders.: *Die Gesellschaft der Gesellschaft*. Frankfurt am Main: Suhrkamp, 1997. Vgl. zum Folgenden auch Ladwig: *Moderne politische Theorie*, Kap. 12.

4 Siehe Luhmann: *Die Gesellschaft der Gesellschaft*, Kap. 2.

5 Siehe Luhmann: *Die Gesellschaft der Gesellschaft*, bes. Kap. 4.

sen, dass ihre Kommunikation in die jeweilige Sprache des anderen Systems übersetzt wird. Zum Beispiel kann die Politik, deren Kommunikationsmedium *Macht* ist, auf die Wirtschaft, die mittels *Geld* operiert, einwirken, indem sie die Kosten bestimmter Praktiken erhöht, z.B. durch Besteuerung.

Konservativismus?

Diese Theorie, die an dieser Stelle nur grob umrissen werden kann, versteht sich als rein *deskriptiv* (wenngleich sie, wie bereits erwähnt, ihren eigenen Standpunkt in die Untersuchung einbeziehen will). *Normative* Aussagen will sie vermeiden. Und es scheint in der Tat überflüssig zu sein, danach zu fragen, wie die Gesellschaft politisch geordnet werden *soll,* wenn man davon ausgeht, dass die Systeme unweigerlich auf ihren Selbsterhalt hinwirken. Diese normativ-neutrale Haltung wirft allerdings die Frage auf, ob die Systemtheorie inhärent konservativ ist, weil sie davon ausgeht, dass alles so bleibt, wie es ist, anstatt von der Möglichkeit gesellschaftlicher Veränderung auszugehen.

Habermas: „System“ und „Lebenswelt“

Eine Auseinandersetzung darüber fand zwischen Luhmann und Habermas, dem Vertreter der Diskursethik und der *deliberativen Demokratie,* statt. Habermas ist keineswegs blind für die Tatsache, dass es in unseren Gesellschaften Phänomene gibt, die sich mit der Logik der Systemtheorie gut erfassen lassen. Für ihn gibt es aber nicht nur „das System“ – insbesondere Wirtschaft und Politik – sondern, als Gegenbegriff zum System, auch die „Lebenswelt.“[6] In der „Lebenswelt“ begegnen sich die Menschen als Individuen, es wird Sinn gestiftet und weitergegeben, und es ist zwischenmenschliche Solidarität möglich. Die Gefahr, die Habermas im Hinblick auf die Vorrangstellung des Systems sah, ist, dass diese Lebenswelt vom System „kolonialisiert“ wird, dass also Mechanismen von Geld und Macht immer weiter in die Lebenswelt vordringen.

Angemessenheit der Systemtheorie?

Die Systemtheorie eignet sich gut dafür, die Schwierigkeiten zu beschreiben, denen Individuen gegenüberstehen, wenn sie in ihrem Alltag Veränderungen anstoßen wollen. Denkt man z.B. an einen Angestellten einer Fabrik, der erreichen möchte, dass die Produktion auf umweltfreundlichere Prozesse umgestellt wird: Er wird von seiner Chefin wahrscheinlich hören: „Das kostet zu viel Geld.“ Wenn er sich daraufhin an Lokalpolitiker*innen wendet, werden diese vermutlich überlegen, wie es ihre Machtposition beeinflussen würde, wenn sie sich für sein Anlie-

---

6 Jürgen Habermas: *Theorie des kommunikativen Handelns. Band 2 – Zur Kritik der funktionalistischen Vernunft.* Frankfurt am Main: Suhrkamp, 1981/2016, Kapitel VI.

gen einsetzen. Gegen die Macht der Systeme, so scheint es, ist das Individuum machtlos.

Veränderbarkeit der Systeme

Blickt man mit Habermas' Theorie auf das Beispiel, so eröffnet sich eine neue Perspektive: Die „Lebenswelt" kann in der beschriebenen Situation eine entscheidende Rolle spielen. Denn in Diskussionen mit Familienmitgliedern und Freund*innen, aber auch im öffentlichen Diskurs, können sich durchaus die besseren Argumente durchsetzen und Positionen verschieben. Ausgehend von der Lebenswelt können diese Argumente in die Währung anderer Systeme „übersetzt" werden und dort Veränderungen anstoßen. Wenn durch eine umweltfreundlichere Produktion z.B. neue, umweltbewusste Kund*innen gewonnen werden können, kann sich ökologisches Handeln auch finanziell lohnen. Wenn Politiker*innen merken, dass Klimawandel und Umweltzerstörung den Wähler*innen nicht egal sind, können sie sich mit umweltfreundlichen Vorschlägen profilieren.

Grenzen der Systemtheorie

Daraus folgt nicht, dass Veränderungen einfach wären. Die Systemtheorie kann helfen, zu verstehen, warum Veränderungsprozesse oft zäh und langwierig sind. Akteur*innen, die etwas verändern wollen, müssen sich im Klaren darüber sein, mit *welchen* Argumenten sie in *welchem* System etwas bewirken können und mit wem sie dazu Allianzen schmieden können. In jedem Fall aber ergibt sich mit der „Lebenswelt" eine andere Prognose als aus der Systemtheorie: Die Individuen sind nicht dazu verdammt, passive „Rädchen im System" zu sein.

Gefahr der Selbsterfüllung

Die Gefahr, die mit der Systemtheorie einhergeht, ist die der Selbsterfüllung: Wenn mehr und mehr Individuen die Gesellschaft als „von Systemen beherrscht" wahrnehmen und sich dementsprechend machtlos fühlen, dann werden sie gar nicht erst versuchen, sich für Veränderungen einzusetzen. Und das kann eine fatale Wirkung auf andere haben: Diese sehen, dass kein Engagement stattfindet und schlussfogern, dass sie nicht darauf hoffen können, Verbündete zu finden. Dann scheint Engagement in der Tat sinnlos – aber nur, weil alle denken, dass außer ihnen niemand zur Veränderung bereit wäre.

12.3 Die geteilte Verantwortung für „das System"

Wer trägt die Verantwortung?

Die Systemtheorie blendet die Frage aus, wer dafür verantwortlich ist, dass die Systeme so laufen, wie sie es tun. Nichtsdestoweniger ist die Beschaffenheit der Systeme das Ergebnis zahlreicher individueller Handlungen und Entscheidungen, wobei die Verantwortung für das System *insgesamt* eine kollektive ist. Die Frage ist nun, wie sich in diesem Zusammenhang *individuelle* Verantwortung verstehen lässt. Manche Akteur*innen, z.B. Menschen, die große Firmen leiten, haben offenkundig mehr Möglichkeiten als andere, Veränderungen anzustoßen – und mit dieser größeren Macht geht auch größere Verantwortung einher.

Konditionale Kooperationsbereitschaft

Die Bereitschaft, Verantwortung zu übernehmen – beispielsweise, indem man sich für klimafreundliche Praktiken einsetzt – hängt oft davon ab, ob andere um einen herum dies ebenfalls tun. Menschen sind soziale Wesen, die dazu neigen, sich an die vorherrschenden Verhältnisse anzupassen. Die Verhaltensökonomie hat in zahlreichen Experimenten herausgefunden, dass sehr viele Individuen „konditional kooperationsbereit“ sind, d.h., sie kooperieren gerne mit anderen, wenn diese ebenfalls kooperativ sind.[7]

Bürgerschaftliche Verantwortung

Zu sehen, dass sich andere engagieren, kann die eigene Bereitschaft zum Engagement erhöhen – und es kann die Verant-

Abb. 32: Spion oder Held? Edward Snowden konnte 2014 wegen laufenden Haftbefehls nur per Videokonferenz an seiner Ehrung mit der Carl-von-Ossietzky-Medaille teilnehmen

7 Siehe z.B. Ernst Fehr, Urs Fischbacher und Simon Gächter: „Are people conditionally cooperative? Evidence from a public goods experiment“, *Economic Letters* 71(3) (2001), 397–404.

wortung auf mehr Schultern verteilen, so dass die Last für alle leichter wird. Die Bereitschaft, sich für die Verwirklichung grundlegender Werte und Prinzipien einzusetzen, ist für demokratische Gesellschaften unverzichtbar. Zugespitzt gesagt: Mit Individuen, die sich nur passiv an bestehende Systeme anpassen, ist kein Staat zu machen, zumindest kein demokratischer.

Demokratie braucht Engagement

Wie bereits in Kapitel 4 erwähnt, besagt das sogenannte *Böckenförde-Paradox oder -Dilemma*, dass Demokratien von Grundlagen leben, die sie nicht selbst schaffen können.[8] Demokratische Gesellschaften benötigen Individuen, die gewisse Werte und Prinzipien akzeptieren und bereit sind, sich für sie einzusetzen. Eine demokratische Haltung und demokratische Gewohnheiten müssen mithilfe von Institutionen wie der Familie und der Zivilgesellschaft entwickelt, gefestigt und dann von dort weitergetragen werden, so dass sie auch in anderen gesellschaftlichen Bereichen ihre Wirkung entfalten können.

Dewey: Demokratie als Lebensform

Der Namensgeber des zuvor genannten Dilemmas, Böckenförde, hatte dabei besonders religiöse Gemeinschaften vor Augen. Aber man kann dieses Argument auch aus einer säkularen Perspektive vortragen. Dies hat zum Beispiel der amerikanische Philosoph und Pädagoge John Dewey (1859–1952) getan. Er wird der Strömung des amerikanischen Pragmatismus' zugeordnet. Dewey betonte, dass Demokratie mehr sein müsse, als ein Institutionengefüge – sie müsse auch eine Lebensform sein.[9] Dabei betonte er besonders die Rolle der Erziehung und der Schulen, aber auch von Arbeitsplätzen und Zivilgesellschaft: Dort können sich Orte des Erlernens und der Entfaltung demokratischer Haltungen und Praktiken finden.

„Zivilgesellschaft"

Der Begriff der *Zivilgesellschaft* wird oft so verstanden, dass es dabei um Gruppen oder Praktiken *außerhalb* des wirtschaftlichen oder politischen Systems im engeren Sinne geht. Gemeint ist der öffentliche Teil der Lebenswelt, in dem die Bürger*innen sich selbst organisieren, zum Beispiel in NGOs und Vereinen.[10] Hier ist direkte Partizipation möglich und demokratische Werte können diskutiert und gelebt werden.

8 Böckenförde: *Staat, Gesellschaft, Freiheit*, 60.

9 Siehe bes. John Dewey: *Demokratie und Erziehung: Eine Einleitung in die philosophische Pädagogik*. Übersetzt von Gudrun Hylla und Harald Hylla, Hrsg. Jürgen Oelkers. Weinheim: Beltz, 1993 [1916].

10 Für die aktuelle Diskussion zur Zivilgesellschaft siehe bes. Jean L. Cohen und Andrew Arrato: *Civil Society and Political Theory*. Cambridge/ London: MIT Press, 1992/1994.

Handeln im „System"

Problematisch wäre es aber, wenn man den Begriff der Zivilgesellschaft so verstünde, dass sich das entsprechende Engagement der Bürger*innen als bloße Freizeitaktivität darstellt. Ihr demokratisch gesinntes Handeln ist kein Hobby, sondern die aus einer spezifischen Haltung hervorgehende Mitgestaltung der geteilten Lebenswelt. Entsprechend stellt sich die Frage, ob die Bürger*innen ihre zivilgesellschaftliche Haltung auch in „die Systeme" hineintragen können. Systeme können eine Eigenlogik entwickeln, die mit den Werten von Freiheit, Gleichheit und Demokratie nicht vereinbar ist. Individuen können dagegen aber auch ihre Stimme erheben und dagegen ankämpfen.

Whistleblowing

Ein Beispiel drohender Eigendynamik eines Systems ist die Entwicklung der amerikanischen National Security Agency (NSA) hin zu einem Apparat der Massen-Online-Überwachung, bei der alles andere als klar ist, ob sie mit den Prinzipien der amerikanischen Verfassung vereinbar ist. Sehr viele Angestellte der NSA haben daran mitgewirkt. Der Whistleblower Edward Snowden dagegen hat die mit fundamentalen liberalen Werten im Widerstreit stehende Tätigkeit der NSA an die Öffentlichkeit gebracht und damit eine internationale Debatte ausgelöst. Whistleblower sind oft in einer psychologisch schwierigen Lage und es kann viel für sie auf dem Spiel stehen. Sie können jedoch maßgeblich zur Verhinderung von Machtmissbrauch und unmoralischen Praktiken in den „Systemen" moderner Gesellschaften beitragen und der Demokratie damit einen großen Dienst erweisen.[11]

Veränderungen von unten

Viele Herausforderungen der heutigen Zeit, insbesondere die Umstellung auf klimafreundliche Wirtschafts- und Lebensformen, sind derart, dass es nicht um einzelne fehlgeleitete Praktiken, sondern um Veränderungen an sehr vielen Stellen in der Gesellschaft geht. Die bestmögliche Lösung wären oft verbindliche politische Abkommen, doch die „große Politik", besonders auf der internationalen Ebene, bewegt sich viel zu langsam. Bürger*innen können an zahlreichen Stellen auf Veränderungen „von unten" hinwirken, z.B. wenn sie ihr technisches Wissen im Beruf dafür einsetzen, dass ihre Firmen sich hin zu klimafreundlicheren Praktiken bewegen.

11 Für eine Diskussion siehe z.B. Emanuela Ceva und Michele Bocchiola: *Is Whistleblowing a Duty?* Cambridge: Polity, 2019.

12.4 Ziviler Ungehorsam – Gandhis Argument für gewaltlosen Widerstand

Thoreau: „ziviler Ungehorsam“

Was aber, wenn in einer Gesellschaft Ungerechtigkeiten hartnäckig bestehen bleiben? Was, wenn es mit den Mitteln legalen Protests nicht gelingt, eine öffentliche Debatte anzustoßen? Die Strategie des „zivilen Ungehorsams“ möchte eine Antwort auf solche Fragen geben.[12] Der Begriff wurde vom amerikanischen Schriftsteller und Philosophen Henry David Thoreau (1817–1862) geprägt, der ihn 1848 verwendete, als er sich weigerte, Steuern dafür zu zahlen, dass die Regierung einen Krieg mit Mexiko führte und entflohene Sklaven aus den Südstaaten der US verfolgte. Sein Essay *Über die Pflicht zum Ungehorsam gegen den Staat* wurde zur Inspiration für zahlreiche Aktivist*innen.[13]

Rawls zu zivilem Ungehorsam

Rawls hat das Thema des zivilen Ungehorsams ebenfalls aufgegriffen und besonders betont, dass es dabei darum gehe, in einer einigermaßen gerechten, aber punktuell ungerechten Gesellschaft Änderungen herbeizuführen.[14] Ihm zufolge muss ziviler Ungehorsam *aus Gewissengründen* erfolgen. Zudem attestierte Rawls dem zivilen Ungehorsam eine wichtige kommunikative Funktion: Dieser weise auf die bestehenden Ungerechtigkeiten hin und versuche, einen Wandel anzustoßen.

Wann ist ziviler Ungehorsam legitim?

Eine wichtige Frage für liberale Demokratien ist, ob in ihnen ziviler Ungehorsam als adäquates Mittel demokratischer Partizipation zulässig ist, oder ob denjenigen, die sich für bestimmte Anliegen einsetzen, genügend andere, legale Mittel zur Verfügung stehen. Wer einen Akt des zivilen Ungehorsams begeht, etwa im Bereich des Tierrechtsaktivismus, der beansprucht oft für sich, dass die Praktiken, gegen die er oder sie ankämpft, so große Ungerechtigkeiten sind, dass das Brechen von Gesetzen

---

12 Einen Überblick liefert z.B. Kimberley Brownlee: „Civil Disobedience“, in: *The Stanford Encyclopedia of Philosophy* (2007/2013). Hrsg. Edward N. Zalta, https://plato.stanford.edu/entries/civil-disobedience/. Aus der Perspektive der radikalen Demokratietheorie hat sich jüngst Robin Celikates mit zivilem Ungehorsam auseinandergesetzt, siehe z.B. „Ziviler Ungehorsam und radikale Demokratie“, in: Thomas Bedorf/Kurt Röttgers. Hrsg.: *Das Politische und die Politik*. Frankfurt am Main: Suhrkamp, 2010, 274–300.

13 Henry David Thoreau: *Über die Pflicht zum Ungehorsam gegen den Staat / Civil Disobedience*. Zweisprachige Ausgabe, übersetzt von Walter E. Richartz. Zürich: Diogenes 2004 [1848].

14 Rawls: *Eine Theorie der Gerechtigkeit*, Kap. VI, Abschnitte 55–59.

Abb. 33: Mahatma Gandhi, 1931

beim Protest dagegen legitimiert ist. Die Frage ist allerdings, ob nicht auch genügend legale Alternativen verfügbar wären, um das jeweilige Anliegen zu verfolgen.

Einer der wichtigsten Denker und Praktiker zivilen Ungehorsams war Mahatma Gandhi (1869–1948), der Indien aus der britischen Kolonialherrschaft herausführte. Zentral für seinen Ansatz ist die Gewaltlosigkeit. Seine Überlegungen basieren auf psychologischen Erkenntnissen und betonen die Gefahren von sich aufschaukelnder Gewalt. Neben dieser empirischen Beobachtung gründet Gandhi die Ablehnung von Gewalt auf eine genuin normative Erwägung. Die Bereitschaft zur Gewalt geht für ihn oft davon aus, dass man selbst genau zu wissen glaubt, was richtig ist und sich deshalb berechtigt fühlt, Gewalt anzuwenden. Doch selbst die wohlmeinendsten Aktivist*innen könnten sich in ihrer Einschätzung irren, deswegen sei Gewalt problematisch.

Hind swaraj

In seiner Schrift *Hind swaraj* („Indische Selbstherrschaft") von 1908 stellt Gandhi diese Überlegungen anhand des Dialogs zwischen einem „Herausgeber" und einem „Leser" vor.[15] Während der Leser stürmisch für die indische Unabhängigkeit kämpfen will, warnt der Herausgeber davor, dass er damit möglicherweise nur die britische Herrschaft mit anderen Mitteln fortsetzen würde. Statt eines gewaltsamen Aufstands schlägt er die Methode des gewaltlosen Widerstands vor. Er beschreibt den parallelen Fall eines Diebstahls, in dem sich die Gewalt hochschaukelt: Der Bestohlene ist voller Wut und will den Dieb bestrafen, er organisiert eine bewaffnete Bande; daraufhin bringt auch der

15 Mahatma Gandhi: *‚Hind Swaraj' and other writings*. Hrsg. Anthony J. Parel, Cambridge: Cambridge University Press, 1997/2009 [1909]. Auszüge in deutscher Übersetzung finden sich in Mahatma Gandhi: *Mittel und Wege. Ausgewählte Reden und Schriften*. Hrsg. von Gita Dharampal-Frick. Stuttgart: Reclam, 1999.

Dieb bewaffnete Genossen zusammen. Die Gewaltspirale dreht sich immer weiter; der Bestohlene hat sich, zusätzlich zu dem Eigentumsverlust, des eigenen Friedens beraubt und muss in ständiger Furcht leben.

Gewaltverzicht

Würde er dagegen dem Dieb, der vielleicht arm ist und aus Not heraus stiehlt, das Diebesgut überlassen und Mitleid mit ihm zeigen, dann könnte er ihn vielleicht zur Einsicht bringen. Es bestünde die Chance, dass der Dieb seine Tat bereut, um Verzeihung bittet und in Zukunft nicht mehr stiehlt.[16] Auch in der Politik, so die Schlussfolgerung, solle man von Gewalt absehen, denn sie würde oft zu noch mehr Gewalt führen, anstatt die Menschen zu Einsicht und Änderung ihres Verhaltens zu bringen. Damit will Gandhi auch die Grenzen rationaler Überzeugung anerkennen: Er möchte das Herz, nicht nur den Kopf, der politischen Gegner*innen gewinnen, und sein Mittel dafür ist das eigene Leiden, das die Ohren der Gegner öffnen soll.[17]

12.5 Wie ist Wandel möglich?

Zynismus oder Hoffnung?

Angesicht der gegenwärtigen Probleme der Welt ist es leicht, in Zynismus zu verfallen und zu denken, dass einzelne Personen nie etwas bewegen können. Aber Zynismus verbittert das Individuum und bringt die Gesellschaft nicht weiter. Es ist sicherlich kein Zufall, dass Philosoph*innen in letzter Zeit angefangen haben, sich intensiv mit dem Phänomen der Hoffnung zu beschäftigen.[18] Hoffnung ist wichtig, wenn es darum geht, für gesellschaftlichen Wandel zu kämpfen und trotz zeitweiliger Rückschläge nicht aufzugeben. Aber die Hoffnung sollte auch nicht naiv sein – sie benötigt einen gesunden Realismus bezüglich der tatsächlichen Herausforderungen.

Appiah: „moralische Revolutionen“

Um diesen psychologischen Balanceakt zu meistern, ist es hilfreich, sich zu fragen, wie in der Vergangenheit moralisch wünschenswerte Veränderungen stattgefunden hat. Dies hat der

16 Gandhi: *Hind Swaraj,* Kap. 16 und 17.

17 Vgl. für eine Diskussion auch Karuna Mantena: „Another Realism: The Politics of Ghandhian Nonviolence“, *American Political Science Review* 106(2) (2012), 455–470.

18 Siehe z.B. Jonathan Lear: *Radical Hope. Ethics in the Face of Cultural Devastation.* Cambridge: Harvard University Press, 2008 oder Darrel Moellendorf: „Hope as a Political Virtue“, *Philosophical Papers* 35(3) (2010), 413–433.

ghanaisch-amerikanische Philosoph und Schriftsteller Kwame Anthony Appiah in seinem Buch *Eine Frage der Ehre* getan.[19] Er untersucht darin „moralische Revolutionen“, also große Umbrüche wie z.B. die Abschaffung des Sklavenhandels. Er kommt zu dem Ergebnis, dass diese Revolutionen mit einem Verständnis dessen einhergingen, was als *ehrenvoll* galt.

Ehre als Motivation

Ehre, so Appiah, sei eine starke motivationale Kraft, denn niemand wolle das Gegenteil von Ehre, nämlich Schande und Gesichtsverlust, erleben. Für gesellschaftliche Veränderungen seien deshalb Veränderungen des Ehrenkodex von zentraler Bedeutung. *Institutionelle* Veränderungen, etwa in Form von Gesetzesänderungen, würden dann oft folgen. Um es an einem historischen Beispiel zu verdeutlichen: Die Gegner*innen der Sklaverei verfolgten die Strategie, diese als ehrenrührig zu beschreiben. Eine Vielzahl einzelner Schritte – z.B. der Boykott von Zucker, der aus Sklavenplantagen stammte, durch englische Hausfrauen – führte dazu, dass sich das Verständnis von Ehre dahingehend verschob, dass es als unehrenhaft galt, Befürworter*in der Sklaverei zu sein.[20]

Langfristige Veränderungen

Allerdings können solche Veränderungsprozesse Jahrzehnte oder sogar Jahrhunderte benötigen. Wie der Bürgerrechtler Martin Luther King Jr. (1929–1968), ein weiterer berühmter Anführer einer Bewegung zivilen Ungehorsams, im Zuge einer Boykott-Rede im Jahr 1956 meinte: „Der Bogen des moralischen Universums ist lang, aber er neigt sich zur Gerechtigkeit.“[21] Um hartnäckige Ungerechtigkeiten abzuschaffen, sind inspirierende Führungspersönlichkeiten wie King oder Gandhi nötig, aber auch die zahlreichen, uns namentlich oft unbekannt bleibenden Individuen, die bereit sind, sich im Alltag für politische Belange einzusetzen, Überzeugungsarbeit zu leisten und mit gutem Beispiel voranzugehen. Das ist dann vielleicht nicht „Politik“ im Sinne der „großen“ Politik, die in den Geschichtsbüchern landet – aber es ist durchaus „Politik“ im Sinne großer geschichtlicher Veränderungen. Und es ist politisches Handeln im Sinne Arendts: Hier zeigen sich die Individuen als diejenigen, die sie wirklich sind, sie treten als ein *Jemand* in Erscheinung.

---

19 Kwame Anthony Appiah: *Eine Frage der Ehre oder Wie es zu moralischen Revolutionen kommt.* Übersetzt von Michael Bischoff, München: Beck, 2011.

20 Ebd., Kap. 3.

21 Eigene Übersetzung; im Original lautet der Ausspruch: „The arc of the moral universe is long, but it bends toward justice.“ Ursprünglich stammt der Satz von Theorore Parker (siehe z.B. John Haynes Holmes: „Salute to Montgomery“, *Liberation* 1(10) (1956), 5).

Weiterführende Literatur:

Wer sich mit Niklas Luhmanns Systemtheorie vertraut machen möchte, dem sei insbesondere *Die Gesellschaft der Gesellschaft* (Frankfurt am Main: Suhrkamp, 1997) empfohlen. Einen Überblick über die philosophische Diskussion zivilen Widerstands findet man in Kimberley Brownlee: „Civil Disobedience“ (in: *The Stanford Encyclopedia of Philosophy* (2007/2013). Hrsg. Edward N. Zalta, https://plato.stanford.edu/entries/civil-disobedience/). Kwame Anthony Appiah: *Eine Frage der Ehre oder Wie es zu moralischen Revolutionen kommt* (übersetzt von Michael Bischoff, München: Beck, 2011) analysiert historische Fallstudien dazu, wie politische Veränderungen zum Besseren möglich sind.

13. Aktuelle Herausforderungen: Klimawandel, Migration, Digitale Transformation

13.1 Einleitung

Klimawandel, Migration, Digitale Transformation

In diesem Kapitel soll es um drei der größten politischen Herausforderungen gehen, die sich für Deutschland, Europa und die Welt heute stellen: *Klimawandel*, *Migration* und *Digitale Transformation*. Alle drei Themen sind sehr breit und vielschichtig; von allen können hier nur einige Aspekte beleuchtet werden.

Hintergrund: Ungleichheit, Globalisierung

Alle drei Themen sind vor dem Hintergrund einer zutiefst ungleichen Weltordnung zu sehen, in der manche Individuen sehr gute und andere kaum vorhandene Chancen darauf haben, ein selbstbestimmtes Leben zu führen. Gleichzeitig ist die heutige Welt eng vernetzt: Zahlreiche Wirkungsketten gehen über die Grenzen der Nationalstaaten hinaus. Der politische Umgang mit Klimawandel, Migration und Digitaler Transformation wird durch die globalen Machtungleichgewichte geprägt.

13.2 Klimawandel

Menschengemachter Klimawandel

Die Fakten zum Klimawandel sind inzwischen allseits bekannt: Durch die Emission von Kohlendioxid und anderen Klimagasen verändert sich weltweit das Klima. Es gibt keine nennenswerte wissenschaftliche Uneinigkeit mehr darüber, dass dies ein von Menschen verursachter Prozess ist.[1] Dies ist nicht das einzige, aber doch das drängendste zahlreicher Umweltprobleme, die

1 Siehe z.B. den letzten Bericht des Intergovernmental Panel on Climate Change (IPCC), verfügbar unter: https://www.ipcc.ch/site/assets/uploads/2018/02/SYR_AR5_FINAL_full.pdf (abgerufen am 17.3.2019).

grundsätzliche Fragen nach dem Umgang des Menschen mit der Natur aufwerfen.[2]

Vergleich: Ozonloch

Warum ist der Klimawandel ein so schwieriges Problem? Interessant ist hier der Vergleich mit einem anderen Umweltproblem, der Zerstörung der Ozonschicht durch Fluorchlorkohlenwasserstoffe (FCKWs), einen Prozess, den man seit den 1970er Jahren wissenschaftlich erklären kann. Als Reaktion auf die Erkenntnis dieses Vorgangs verpflichteten sich viele Staaten in internationalen Abkommen zu einer Reduktion und schließlich einem kompletten Verbot dieser Stoffe. Im Sommer 2016 wurde der Erfolg gemeldet, dass die Ozonschicht sich erholt und sich das Ozonloch wohl in den nächsten Jahrzehnten schließen wird.[3]

Klimawandel: globales Gemeingut

Es gibt eine Reihe von Aspekten des Klimawandels, die ihn zu einem ungleich schwieriger zu lösenden Problem machen.[4] Dazu gehört, dass die Auswirkungen des Klimawandels nicht lokal begrenzt sind, sondern überall auf der Welt eintreten können. Ein stabiles Klima ist ein globales Gemeingut („commons"), von dem alle profitieren, bei dem aber niemand Anreize hat, viel dazu beizutragen. Natürlich gibt es Staaten, denen besonders am Kampf gegen den Klimawandel gelegen ist, etwa weil sie auf niedrig gelegenen Inseln beheimatet sind. Aber diese Staaten sind auf der Bühne der internationalen Diplomatie in der Regel nicht besonders mächtig.

Notwendigkeit grundlegender Transformation

Klimagase sind, anders als FCKW, nicht eine einzelne Klasse von Gasen, die man durch andere Produkte ersetzen könnte. Unser gesamtes Wirtschaftssystem ist auf den Gebrauch fossiler Energie angewiesen und nur eine grundlegende Transformation kann Emissionsreduktionen bringen. Dabei spielen alternative Energiequellen, aber auch ressourcensparende neue Technologien eine zentrale Rolle. An vielen Stellen müssten Individuen oder Staaten zumindest eine Zeit lang gewisse Opfer bringen,

---

2 Für einen Überblick über verschiedene Themen der „environmental ethics" siehe z.B. Andrew Brennan und Yeuk-Sze Lo: „Environmental Ethics", in: *The Stanford Encyclopedia of Philosophy* (2016). Hrsg. Edward N. Zalta, https://plato.stanford.edu/archives/win2016/entries/ethics-environmental/.

3 Siehe Susan Solomon, Diane J. Ivy, Doug Kinnison, Michael J. Mills, Ryan R. Neely Ill, Anja Schmidt: „Emergence of healing in the Antarctic ozone layer", *Science* 353 (6296) (2016), 269–274.

4 Siehe insbesondere Stephen Mark Gardiner: *A Perfect Moral Storm: The Ethical Tragedy of Climate Change*. Oxford: Oxford University Press, 2011. Deutschsprachige Einführungswerke zu diesem Thema sind z.B.: Dominic Rose und Christian Seidel: *Ethik des Klimawandels: Eine Einführung*. Darmstadt: WBG, 2015 oder Dieter Birnbacher: *Klimaethik: Nach uns die Sintflut?* Stuttgart: Reclam, 2016.

Abb. 34: Schuleschwänzen gegen den Klimawandel: Bei den *Fridays for Future* engagieren sich Schüler*innen auf der ganzen Welt für mehr Klimaschutz, hier am 25. Januar 2019 in Berlin

um auf eine nachhaltige Wirtschafts- und Lebensweise umzusteigen. Doch die „commons"-Struktur erschwert die Willensbildung – warum soll man sich bemühen, wenn andere es nicht tun?

Zukünftige Generationen

Hinzu kommt, dass viele Probleme des Klimawandels erst zukünftige Generationen betreffen werden. Diese haben im Rahmen der notwendigen politischen Prozesse in der Gegenwart noch keine Stimme. Zwar könnte man sie gegenwärtig durch Stellvertreter*innen berücksichtigen. Doch je weiter in die Zukunft sich die Folgen von Entscheidungen ausdehnen, umso schwieriger ist es, heute schon die Motivation aufzubringen, diese Entscheidungen so zu treffen, dass sie aus Sicht *aller* Generationen fair wären. Entsprechend herrscht beim Klimawandel also das vor, was der amerikanische Philosoph Stephen Mark Gardiner (*1967) die „Tyrannei des Gegenwärtigen" nennt.[5]

Generationengerechtigkeit

Gerechtigkeit zwischen Generationen ist ein philosophisch kontroverses Thema.[6] Mit zukünftigen Generationen stehen wir

5 Gardiner: *A Perfect Moral Storm*, 125.

6 Überblicksdarstellungen über das Thema der Generationengerechtigkeit bieten: Lukas Meyer: „Intergenerational Justice", in: *The Stanford Encyclopedia*

in keinem direkten Austauschs- oder Kooperationsverhältnis, sondern in einer Relation zeitlicher Asymmetrie: Heutige Generationen beeinflussen, was mit zukünftigen Generationen passieren wird, aber nicht umgekehrt. Im 19. und 20. Jahrhundert ging man davon aus, dass spätere Generationen es aufgrund von Wirtschaftswachstum und technologischen Entwicklungen besser haben würden. Klimawandel und andere Umweltprobleme stellen dies in Frage und machen eine Auseinandersetzung mit dem Thema der gegenwärtigen Verantwortung für künftige Lebensbedingungen dringlich.

„Diskontieren“

Eine Form des Umgangs mit zukünftigen Generationen ist die ökonomische Methode des „Diskontierens“. Dabei werden die Nutzensummen aller Individuen aufaddiert; diejenigen, die erst in der Zukunft erlangt werden, werden jedoch mit einem Diskontierungsfaktor versehen, der ihren Gegenwartswert verringert.[7] Die Idee ist, dass zukünftiger Nutzen einen geringeren Wert hat als gegenwärtiger – nicht nur, weil sein Eintreten der Unsicherheit unterliegt, sondern auch, weil heutige Geldbeträge investiert und dadurch vergrößert werden können (zumindest, wenn es entsprechende Investitionsmöglichkeiten gibt). Dabei gilt: Je höher die Diskontierungsrate, umso stärker wird die Gegenwart gegenüber der Zukunft bevorzugt, indem man zukünftige Schäden „kleinrechnet“. Es gibt eine heftige Debatte darüber, ob das eine aus Gerechtigkeitsperspektive angemessene Methode ist; nimmt man an, dass sie es ist, so stellt sich ferner die Frage, welche Diskontierungsrate angenommen werden soll.[8]

„Arme heute“ vs. „Arme morgen“?

Weiter verkompliziert wird die Lage dadurch, dass nicht nur die Rechte verschiedener Generationen, sondern auch der Armen und der Reichen *innerhalb* dieser Generationen berücksichtigt werden müssen. Um Armut zu bekämpfen, wird Energie benötigt, z.B. für den Aufbau der Infrastruktur, und das ist derzeit meistens fossile Energie. Armutsbekämpfung kann daher zum Klimawandel beitragen. Zugleich muss man davon ausgehen, dass der Klimawandel die ärmeren Teile der Weltbevölkerung am

of Philosophy (2016). Hrsg. Edward N. Zalta, http://plato.stanford.edu/archives/sum2016/entries/justice-intergenerational/ und Jörg Tremmel: *Eine Theorie der Generationengerechtigkeit*. Münster: Mentis, 2012.

7 Eine Einführung aus philosophischer Perspektive bietet z.B. John Broome: *Weighing Lives*. Oxford: Oxford University Press, 2004/2006.

8 Für eine Diskussion siehe z.B. Simon Caney: „Climate change, intergenerational equity and the social discount rate“, *Politics, Philosophy & Economics* 13(4) (2014), 320–342.

härtesten treffen wird, weil diese am wenigsten dazu in der Lage sind, sich an die neuen klimatischen Verhältnisse anzupassen. Der Klima-Ethiker Darell Moellendorf schlägt ein „Anti-Armuts-Prinzip" vor, demzufolge die Kosten von Klimawandel und Klimapolitik nicht von den global Armen getragen werden sollen.[9] Dies legt nahe, dass insbesondere die reicheren Länder die Kosten von Klimagasverringerung und Anpassung tragen sollten.

Verursacher-Prinzip

Es gibt eine Reihe von Vorschlägen, wie die Kosten des Klimawandels zwischen den Ländern aufgeteilt werden könnten.[10] Ein erster Ansatz ist das Verursacher-Prinzip, oder „Polluter Pays Principle": *Wer Emissionen verursacht, trägt die Kosten des Klimawandels.* Das ist intuitiv einleuchtend, ein Problem ist jedoch, dass zahlreiche Emissionen aus der Vergangenheit stammen und ihre Verursacher*innen bereits verstorben sind.

Nutznießer-Prinzip

Doch auch die Nachfahren derjenigen, die in der Vergangenheit CO2 emittiert haben, können verantwortlich gemacht werden. Ein zweites Prinzip, das Nutznießer-Prinzip oder „Beneficiary Pays Principle", besagt, *dass diejenigen einen höheren Beitrag leisten sollen, die davon profitieren, dass es Emissionen gab.* Da der Lebensstandard in westlichen Ländern heute viel höher ist als in vielen anderen Ländern, und dies u.a. damit zu tun hat, dass sich eine emissionsreiche Wirtschaftsform etabliert hat, sollen diese Länder entsprechend mehr dazu beitragen, den Klimawandel einzudämmen.

Zahlungsfähigkeitsprinzip

Diese Prinzipien werden in der Debatte um Klimagerechtigkeit heftig diskutiert. Manche Theoretiker*innen sind aber skeptisch, ob man angesichts der Dringlichkeit der Bekämpfung des Klimawandels überhaupt auf vergangenheitsorientierte Prinzipien setzen sollte. Eine Möglichkeit ist, dass man Emissionen aus der Vergangenheit ignoriert, und „Polluter Pays" oder „Beneficiary Pays" nur auf die Gegenwart anwendet. Oder aber man wendet sich einem dritten Prinzip zu, nämlich der Zahlungsfähigkeit („Ability to Pay"). Es besagt: *Wer fähig ist, die Kosten des Klimawandels zu tragen, muss sie tragen.*

Verhinderung von Schäden

Plausibel ist dieser Ansatz vor allem, wenn man den Klimawandel als eine Notfallsituation betrachtet, in der es um die Ab-

9 Darrel Moellendorf: *The Moral Challenge of Dangerous Climate Change: Values, Poverty, and Policy.* Cambridge/New York: Cambridge University Press, 2014.

10 Einen Überblick bietet z.B. Simon Caney: „Cosmopolitan Justice, Responsibility, and Global Climate Change", in: *Climate Ethics: Essential Readings.* Hrsg. Stephen Mark Gardiner. Oxford: Oxford University Press, 2010, 122–145.

wendung drohender Gefahren geht. Manche Autor*innen, zum Beispiel der britische Philosoph Simon Caney (*1966), betonen, dass es dabei um *Menschenrechte* geht: Individuen haben ein Menschenrecht darauf, nicht durch den Klimawandel massiv geschädigt zu werden.[11] Caney schlägt vor, Verantwortlichkeiten erster und zweiter Ordnung zu unterscheiden.[12] Verantwortlichkeiten *erster Ordnung* betreffen die Pflichten von Akteur*innen zur Minimierung des Klimawandels oder der Abmilderung der durch ihn verursachten Schäden. Bei Verantwortlichkeiten *zweiter Ordnung* geht es darum, *andere* Akteur*innen zur Einhaltung dieser Verantwortung zu bewegen. Damit ist politische Überzeugungsarbeit gemeint, an der neben politischen Akteur*innen im engeren Sinne auch Universitäten, NGOs und Privatpersonen beteiligt sein können.

Pariser Klimaabkommen

Einige solcher Prozesse sind bereits in Gang. Ein wesentlicher Meilenstein war das Pariser Klimaabkommen vom Dezember 2015, für das im Oktober 2016 das Quorum für eine Ratifizierung erreicht wurde. Allerdings haben einige Länder, so etwa die USA, ihre Beteiligung wieder aufgekündigt. Ein großes Problem ist, dass es außer dem Reputationsverlust auf der internationalen Bühne keine Sanktionsmechanismen gibt, durch die die Einhaltung erzwungen werden könnte.

Umsetzungsmöglichkeiten

Die Mechanismen, durch die Emissionsverringerungen erreicht werden können, sind vielfältig. Technologische Entwicklungen spielen dabei eine große Rolle. Allerdings muss der sogenannte „Rebound"-Effekt berücksichtigt werden, der beschreibt, dass Energieeinsparungen oft dazu führen, dass die Individuen ihr Verhalten ändern, wenn die Nutzung weniger Energie verbraucht und dadurch billiger wird. Da Kosten ein wesentlicher motivationaler Faktor sind, geht der Ökonom William D. Nordhaus (*1941) davon aus, dass nennenswerte Emissionsreduktionen nur möglich sind, wenn der Preis für fossile Energie steigt.[13]

Individuelle Pflichten

Eine Frage, die viele Individuen umtreibt, ist, ob sie auch als Privatpersonen eine Pflicht zur Reduzierung von Klimagasen haben. Wenn man davon ausgeht, dass durch den Klimawandel zukünftige Generationen geschädigt werden, und es eine moralische

11 Simon Caney: „Human rights, responsibilities, and climate change", in Charles Beitz and Robert Goodin (Hrsg.): *Global Basic Rights*. Oxford: Oxford University Press, 2009, 227–47.

12 Simon Caney: „Two Kinds of Climate Justice: Avoiding Harm and Sharing Burdens", *Journal of Political Philosophy* 21(4) (2013), 125–149.

13 Nordhaus: *A Question of Balance*.

Pflicht ist, Schädigungen zu vermeiden, dann lautet die Antwort: Ja.[14] Dagegen wird manchmal eingewandt, dass der Beitrag einzelner Individuen zum Klimawandel vernachlässigbar klein sei. Aber dieses Argument ist nicht haltbar: Nach einer groben Überschlagsrechnung verursachen die durchschnittlichen Emissionen eines im Westen lebenden Menschen ungefähr die Zerstörung von sechs Monaten eines Menschenlebens in der Zukunft.[15] Wer sich um einen klimafreundlicheren Lebensstil bemüht, verringert diese negativen Auswirkungen – und kann außerdem Anstoß für andere sein, ihre Gewohnheiten ebenfalls zu überdenken, und so zum Wandel der Lebensgewohnheiten beitragen.

13.3 Migration

Klimawandel und Migration

Eine der Auswirkungen, die der Klimawandel heute schon hat, ist, dass er zu weltweiten Migrationsbewegungen beiträgt, weil ein sich veränderndes Klima die Lebensgrundlage vieler Menschen, besonders in agrarisch geprägten Regionen, gefährdet.[16] Neben den klimatisch verursachten existentiellen Nöten können Kriege, Bürgerkriege, oder die generelle materielle Ungleichheit zwischen verschiedenen Regionen und Staaten eine Fluchtursache darstellen. Die philosophische Debatte muss sich den damit verbundenen Fragen stellen. Sie tut dies in letzten Jahren vor allem mit Blick auf das Recht von Staaten, potentielle Immigrant*innen *auszuschließen*, oder indem sie umgekehrt das Recht von Individuen *auf* Migration diskutiert.[17]

Recht auf Ausschluss

Das Recht auf Ausschluss lässt sich einerseits systematisch, andererseits pragmatisch begründen. Auf der systematischen Ebene wurden vor allem das *Recht auf freie Vereinigung* und das *Recht auf Selbstbestimmung* angeführt. Der amerikanische Philosoph Christopher H. Wellman (*1967) argumentiert beispielsweise, dass zum Recht auf Vereinigungsfreiheit auch gehört,

14 Siehe z.B. John Broome: *Climate Matters: Ethics in a Warming World*. New York: W.W. Norton & Company, 2012, Kap. 4 und 5.

15 Ebd., 74.

16 Siehe zum Zusammenhang von Klimawandel und Migration z.B. die Hintergrundinformationen der IOM: https://www.iom.int/migration-and-climate-change-0 (abgerufen am 17. 3. 2019).

17 Eine deutschsprachige Sammlung von Texten ist z.B. Andreas Cassee und Anna Goppel (Hrsg.): *Migration und Ethik*. Münster: Mentis, 2012/2014.

sich mit bestimmten Individuen oder Gruppen *nicht* vereinigen zu müssen, etwa, weil damit eine Veränderung der eigenen Kultur einhergehen würde, die man ablehnt.[18] Zwar hätten Staaten eine Pflicht zur Hilfeleistung gegenüber notleidenden Menschen in anderen Ländern, aber dies bedeute nicht, dass sie diesen Menschen die Immigration gestatten müssten.

Willkürlicher Ausschluss?

Das führt zu der Frage, ob Staaten völlig willkürlich beschließen können, wen sie aufnehmen und wen nicht. Wellman gesteht zu, dass es problematisch ist, wenn ein Land z.B. nur Migranten*innen mit einer bestimmten Hautfarbe aufnehmen will. Dies würde an Menschen mit dieser Hautfarbe, die bereits im Land leben, das Signal senden, dass man sie als unerwünscht betrachtet. Aber es ist fraglich, ob dies eine hinreichende Erklärung für das eigentliche Problem ist. Kritiker*innen der Wellman'schen und vergleichbarer Positionen bezweifeln, dass das Recht auf Vereinigungsfreiheit als Grundlage eines Rechts auf Ausschluss dienen kann, denn ein Staat ist nicht das Gleiche wie ein privater Verein.[19]

Pragmatische Gründe für Ausschluss?

Wenngleich man Wellmans Argumentation nicht überzeugend finden mag, so lassen sich doch alternativ *pragmatische* Gründe für eine Begrenzung und Steuerung von Migration anführen. Diese hängen allerdings von empirischen Prämissen ab. Als Einwand gegen Immigration wird oft genannt, dass offene Grenzen die ökonomische Leistungsfähigkeit und Integrationsfähigkeit einer Gesellschaft überforderten. Ob dies wirklich so ist, ist eine empirische Frage, die umso schwerer prognostizierend beantwortet werden kann, je unklarer ist, mit wie vielen Migrant*innen tatsächlich zu rechnen wäre. Eine empirische Auswertung könnte unter Umständen ergeben, dass Migration statt der befürchteten Überforderung auch zahlreiche positive Effekte auf die Wirtschaft eines Landes hätte.

Recht auf Migration

Dem Lager der Befürworter*innen eines *Rechts auf Ausschluss* stehen diejenigen gegenüber, die dieses Recht grundsätzlich anzweifeln. Zu ihnen gehört der in Toronto lehrende Philosoph Joseph H. Carens (*1945).[20] Sein Ausgangspunkt ist ein morali-

---

18 Christopher Heath Wellman: „Immigration and Freedom of Association“, *Ethics* 119(1) (2008), 109–141. Siehe auch Christopher Heath Wellman und Philip Cole: *Debating the Ethics of Immigration: Is there a Right to Exclude?* Oxford: Oxford University Press, 2011.

19 Diese Kritik äußert z.B. Sarah Fine: „Freedom of Association Is Not the Answer“, *Ethics* 120(2) (2010), 338–356.

20 Joseph H. Carens: „Aliens and Citizens: The Case for Open Borders“, *Review of Politics* 49(2) (1987), 251–273, sowie ders.: *The Ethics of Immigration*. Oxford:

Abb. 35: Eine Welt ohne Grenzen? Graffiti an der Wand eines Flüchtlingscamps auf der griechischen Insel Lesbos, 2016

scher Egalitarismus, der allen Individuen weltweit den gleichen moralischen Status zuspricht. Er bestreitet dabei nicht, dass es legitim ist, dass die Welt aus unterschiedlichen Nationalstaaten besteht. Aber er hinterfragt, ob Staaten ihre Grenzen abschotten und potentiellen Migrant*innen die Einreise verweigern dürfen.

Privileg der Geburt?

In einem reichen, stabilen Land zu leben sei, so Carens, ein Privileg, das manchen Individuen zufiele, ohne dass sie etwas dafür könnten. So wie im Feudalismus die Zugehörigkeit zur adeligen Schicht als ein natürliches Privileg betrachtet worden sei, wir dies heute aber als ungerechtfertigt betrachten, so würden wir in Zukunft auch über das Privileg denken, in einem bestimmten Land geboren worden zu sein. Carens plädiert deswegen dafür, dass Grenzen grundsätzlich offen sein sollten, auch wenn pragmatische Gründe für eine gewisse Steuerung der Migration sprechen könnten.

Oxford University Press, 2013. Eine ähnliche Position vertritt im deutschsprachigen Raum Andreas Cassee: *Globale Bewegungsfreiheit*. Berlin: Suhrkamp, 2016.

Argumente für offene Grenzen

Carens argumentiert, dass sich offene Grenzen aus einer Reihe unterschiedlicher philosophischer Positionen herleiten lassen: Hinter einem weltweit gedachten Rawls'schen Schleier des Nichtwissens würde man ein Recht auf Migration zulassen; aus utilitaristischer Perspektive würde man die Wohlfahrtsgewinne von Migrant*innen gegen die möglichen Wohlfahrtsverluste der ansässigen Bevölkerung abwägen und Erstere würden Letztere vermutlich überwiegen; aus libertärer Perspektive überwöge das Recht, Verträge mit Menschen aus aller Welt abzuschließen und sie dadurch z.B. als Arbeitskräfte ins Land zu holen.[21]

Grenzen als Zwang

Zum gleichen Schluss, aber von einem anderen Argument ausgehend, kommt der ebenfalls in Kanada lehrende Philosoph Arash Abizadeh.[22] Sein Ausgangspunkt ist das Prinzip demokratischer Legitimität, demzufolge zwangsbewehrte Entscheidungen denjenigen gegenüber gerechtfertigt werden müssen, die dem Zwang ausgesetzt sind. Staatsgrenzen werden mit Zwang durchgesetzt: Es werden Mauern gebaut, Zäune gezogen, und Übertritte mit Waffengewalt verhindert. Dieser Einsatz von Zwang muss Abizadeh zufolge, um legitim zu sein, auch vor den davon betroffenen potentiellen Migrant*innen gerechtfertigt werden.

Kritik an Argumenten für offene Grenzen

Kritiker*innen überzeugt das nicht. So hat Wellman beispielsweise gegenüber Carens eingewandt, dass der gleiche moralische Status aller Menschen zwar Hilfspflichten der reicheren Länder, nicht aber generell offene Grenzen begründen könne. Und der britische Philosoph David L. Miller (*1946) hat gegen Abizadeh eingewandt, dass es falsch sei, bei der Sicherung der Staatsgrenzen von Zwang zu sprechen; hier liege nur „Vorbeugung" oder „Verhinderung" („prevention") vor.[23]

Recht auf Asyl

Bislang haben wir nicht zwischen „Asyl" und anderen Formen von Migration unterschieden. Rechtlich macht dies einen großen Unterschied, denn das Recht auf Asyl ist nicht nur in zahlreichen nationalen Verfassungen, sondern auch völkerrechtlich verankert. *Dass* reiche, politisch stabile Staaten Hilfspflichten gegenüber Individuen haben, die vor lebensbedrohlichen Situationen wie zum Beispiel Bürgerkriegen fliehen, steht außer Frage. Aber oft muss

21 Carens: „Aliens and Citizens", 252–264.

22 Arash Abizadeh: „Democratic Theory and Border Coercion: No Right to Unilaterally Control Your Own Borders", *Political Theory* 36(1) (2008), 37–65.

23 David L. Miller: „Why Immigration Controls Are Not Coercive: A Reply to Arash Abizadeh", *Political Theory* 38(1) (2010), 111–120.

in langwierigen Verfahren geklärt werden, ob die rechtliche Grundlage für einen Asylantrag im Einzelfall vorliegt.

Abgrenzungsprobleme

Aus einer philosophischen Perspektive ist die Unterscheidung zwischen „Asyl“ und anderen Formen der Migration weniger klar als im positiven Recht. Was ist mit Flüchtenden, die einer zwar nicht direkt lebensbedrohlichen, aber doch langfristig aussichtslosen ökonomischen Lage entkommen wollen? Wo soll man die Grenze ziehen zwischen denjenigen, die „nur“ ihre Lage verbessern wollen, und denjenigen, deren Situation völlig hoffnungslos ist?[24]

Frage nach globaler Gerechtigkeit

Man kommt hier nicht umhin, sich wieder Fragen nach der globalen Gerechtigkeit zu stellen – und danach, ob das internationale System unserer Welt so gerecht ist, dass diejenigen, die in ärmeren Ländern leben, mit guten Gründen aufgefordert werden können, dort zu bleiben. Es ist vom Grundsatz her plausibel, wenn in der Politik die Rede davon ist, „Fluchtursachen“ bekämpfen zu wollen – aber es ist fraglich, ob, wie und wie schnell es möglich ist, die globalen Strukturen so zu verändern, dass wirklich überall auf der Welt hinreichende Chancen auf ein selbstbestimmtes Leben bestehen. Solange dies nicht der Fall ist, muss die Debatte über Migration vor diesem Hintergrund einer ungerechten Weltordnung geführt werden.

Internationale Koordination

Wenn man davon ausgeht, dass weltweit eine bestimmte Zahl an Asylsuchenden und Menschen, die aussichtslosen Situationen entkommen wollen, existiert, stellt sich die Frage, wie diese Aufgabe zwischen verschiedenen Ländern verteilt werden soll. Diese Debatte wurde in den letzten Jahren auf der Ebene der EU heftig geführt, allerdings vielfach auf eine Weise, die zu übersehen schien, dass Migrant*innen Subjekte mit eigener Würde und Autonomie sind. Einen Menschen lediglich als Kostenfaktor zu behandeln, wird seinem Status als Mensch nicht gerecht. Die Wünsche der Migrant*innen, der Unwille mancher Länder, sich an der Aufnahme von Geflüchteten zu beteiligen sowie die politische Instrumentalisierung des Migrationsthemas durch Rechtspopulist*innen bilden eine schwierige Gemengelage. Bei vielen der sich ergebenden politischen Fragen ist unklar, ob es eine richtige Antwort oder nur die Wahl des kleineren moralischen Übels gibt.

---

24 Siehe z.B., für den Kontext der USA, Harry van der Linden und Josh Clark: „Economic Migration and Justice“, *International Journal of Applied Philosophy* 19(1) (2005), 45–61, die für offene Grenzen für Wirtschaftsmigrant*innen argumentieren.

13.4 Digitale Transformation

„onlife“

Die technologischen Entwicklungen, die unter dem Stichwort „Digitale Transformation“ zusammengefasst werden, haben viele Strukturen unserer Gesellschaft verändert und werden dies auch weiterhin tun. Durch die ständige Präsenz von Smartphones können große Mengen von Daten über das tägliche Leben von Individuen gesammelt werden. Lernende Algorithmen können diese nutzen, um immer präzisere Vorhersagen zu treffen. Computer können mit den elektronischen Schaltkreisen von Gegenständen vernetzt werden, nicht nur in Haushalten, sondern vor allem auch in der Arbeitswelt. Viele können sich ein Leben ohne das Internet nicht mehr vorstellen. Der Philosoph Luciano Floridi (*1964) spricht deswegen vom „onlife“ als der Verschmelzung von „online“ und „offline“, die viele von uns heute leben.[25]

Optimismus vs. Pessimismus

Auch für die politische Philosophie werfen diese Veränderungen neue Fragen auf. Was bedeutet es für Gesellschaften, die Freiheit, Gerechtigkeit und Solidarität verwirklichen wollen, wenn sich das Leben ihrer Bürger*innen immer stärker in den digitalen Raum verlegt? Die aus dieser Frage hervorgehende Debatte ist stark polarisiert: Auf der einen Seite gibt es die Technik-Optimist*innen, die die großartigen Möglichkeiten hervorheben, die das Internet und die digitale Transformation bringen. Auf der anderen Seite gibt es Pessimist*innen, die vor allem auf die potentiellen Gefahren hinweisen, z.B. die Dominanz durch Internetkonzerne – oder gar die Unterjochung der Menschheit durch intelligente Maschinen.[26]

Ende der Privatheit?

Im Roman *Der Circle* beschreibt der amerikanische Autor Dave Eggers (*1970) eine Welt, in der ein allgegenwärtiger Internetkonzern das Leben der Menschen überwacht.[27] Nicht nur ihre Online-Aktivitäten finden über dieses Netzwerk statt; mehr und mehr Menschen tragen auch Kameras, mit denen sie ihr Leben streamen – ein Ansatz, der im Namen der Transparenz gepriesen wird. Dieser Roman ist eine Dystopie und steht in einer Rei-

25 Luciano Floridi: *The Fourth Revolution. How the Infosphere is Reshaping Human Reality*. Oxford: Oxford University Press, 2014.

26 Einen Überblick bietet z.B. Vincent C. Müller und Nick Bostrom: „Future Progress in Artificial Intelligence: A Survey of Export Opinion“, *Fundamental Issues of Artificial Intelligence*. Hrsg. Vincent C. Müller. Berlin: Springer, 2016, 553–571.

27 Dave Eggers: *Der Circle*. Übersetzt von Ulrike Wasel und Klaus Timmermann. Köln: Kiepenheuer & Witsch, 2014.

he mit anderen Dystopien, die die komplette Überwachung der Gesellschaft skizzierten, wie etwa George Orwells *1984*.[28] Doch *The Circle* und anderer heutige Auseinandersetzungen mit dem Thema, z.B. die Serie *Black Mirror,* wirken viel lebensnäher – die technischen Entwicklungen sind inzwischen in greifbare Nähe gerückt.[29]

Soziale Kontrolle

Was stünde auf dem Spiel, wenn das, was wir heute „Privatsphäre" nennen, durch ständige Online-Überwachung zerstört würde? Soziale Kontrolle spielt eine wichtige Rolle in unserem Leben: Menschliches Verhalten ändert sich, wenn man sich beobachtet fühlt. Ein sehr einfaches Experiment konnte dies belegen: Über der Kaffeekasse eines Universitätsdepartments wurden unterschiedliche Bilder aufgehängt, unter anderem das Bild eines Augenpaares, das einen direkt anblickte. In den Wochen, in denen Augenpaare dort hingen, zahlten die Nutzer*innen mehr als doppelt so viel Geld in die Kaffeekasse als in anderen Wochen – und dies, obwohl nicht einmal eine tatsächliche Beobachtung vorlag.[30]

Transparenz?

An dieser und vielen anderen Stellen ist soziale Kontrolle wünschenswert, weil sie Menschen dazu motiviert, das zu tun, was sie tun *sollten* (z.B. einen angemessenen Beitrag in die Kaffeekasse zahlen). Befürworter*innen von mehr Transparenz und weniger Privatsphäre argumentieren denn auch mit den positiven Seiten des beschriebenen Effekts, also mit der Reduktion sozial unerwünschten Verhaltens. Zugunsten der positiven Wirkung verschärfter sozialer Kontrolle wird oft in Kauf genommen, die Kontrolle auf diejenigen auszudehnen, die in keiner Weise verdächtig sind, sich unerwünscht zu verhalten.

„Recht auf Privatheit"

Dieser Position steht allerdings das Argument entgegen, dass Individuen ein *Recht auf Privatsphäre* haben. Samuel Dennis Warren (1852–1910) und Louis Dembitz Brandeis (1856–1941), zwei Juristen aus den USA, prägten den Begriff „Recht auf Privatheit" bereits im Jahr 1890: Damals ging es um die Klatschpresse und die aufkommende Massenfotografie, und das Recht

---

28 Georg Orwell: *1984*. Übersetzt von Michael Walter. Frankfurt am Main: Ullstein, 1994 [1949].

29 Vgl. dazu auch Shoshana Zuboff: *Das Zeitalter des Überwachungskapitalismus*. Übersetzt von Bernhard Schmid. Frankfurt am Main: Campus, 2018.

30 Melissa Bateson, Daniel Nettle und Gilbert Roberts: „Cues of Being Watched Enhance Cooperation in a Real-World-Setting", *Biology Letters* 2(3) (2006), 412–414.

der Individuen, „in Ruhe gelassen zu werden" („to be let alone").[31] Im deutschen Rechtssystem wird der Schutz der Privatsphäre aus dem allgemeinen Persönlichkeitsrecht abgeleitet und durch zahlreiche weitere Rechtsvorschriften, z.B. die Unverletzlichkeit der Wohnung (GG, Art. 13) und das Post- und Fernmeldegeheimnis (GG, Art. 10), konkretisiert.

Wert der Privatsphäre

Die Privatsphäre ist vor allem deswegen ein wertvolles Gut, weil sie den Einzelnen einen geschützten Raum bietet, in dem sie ihr Leben nach eigenen Vorstellungen leben können, ohne sich vor anderen rechtfertigen zu müssen. Privatsphäre kann also als ein Aspekt von *negativer* Freiheit verstanden werden (diese hatten wir in Kapitel 2.2 thematisiert). Gerade in pluralistischen Gesellschaften, in denen unterschiedliche Wertvorstellungen nebeneinander existieren, ist diese Rückzugsmöglichkeit wertvoll.

Bedeutung für Autonomie

Aber Privatheit kann nicht nur als Abwehrrecht verstanden werden, sondern auch als Voraussetzung für *positive* Freiheit im Sinne von Autonomie (diese war Gegenstand von Kapitel 2.3). Menschen brauchen Rückzugsräume, in denen sie zu sich selbst kommen können und darüber nachdenken können, wer sie sind und wer sie sein wollen.[32] Sicherlich sind private Räume dafür nicht ausreichend; es ist oft gerade das Wechselspiel von Sozialität und Privatsphäre, das persönliche Entwicklung ermöglicht. Aber auch für bestimmte Arten von Beziehungen ist Privatsphäre wesentlich: Privatsphäre ermöglicht es, intime Beziehungen zu führen, die nicht der Beobachtung durch Dritte ausgesetzt sind.[33]

„Dienstleistung gegen Daten"

Ob ein „Ende der Privatheit" droht, wie von Kritiker*innen staatlicher oder privatwirtschaftlicher Überwachung befürchtet, ist noch nicht abzusehen. Unklar ist dabei sowohl, ob es wirklich eintreffen wird, als auch, was es bedeuten würde. Vielen Individuen scheint es wichtiger zu sein, im Internet Dinge über sich preiszugeben, als ihre Privatsphäre zu schützen (zugespitzt formuliert: „Vanity trumps privacy"[34]). Dies liegt allerdings auch daran, dass viele Online-Angebote derzeit nach dem Modell

31 Samuel Dennis Warren und Louis Dembitz Brandeis: „The Right to Privacy", *Harvard Law Review* 4(5) (1890), 193–220, 193.

32 Für eine Diskussion siehe auch Beate Rössler: *Der Wert des Privaten*. Frankfurt am Main: Suhrkamp, 2001.

33 Dazu siehe z.B. Jeffrey H. Reiman: „Privacy, Intimicy, and Personhood", *Philosophy and Public Affairs* 6(1) (1976), 26–44.

34 Diese Formulierung stammt von Kevin Kelly: *The Inevitable. Understanding the 12 Technological Forces that Will Shape Our Future*. New York: Viking, 2016, 261.

Abb. 36:
Intime Geste? Kuss-Selfie als Liebesbeweis

„Dienstleistungen gegen Daten" funktionieren: Man erhält eine (vermeintlich) kostenlose Dienstleistung, z.B. ein Email-Konto, muss dafür aber in Kauf nehmen, dass die eigenen Daten gesammelt und z.B. für Werbezwecke genutzt werden (d.h., dass die Grenzen der Privatsphäre aufgeweicht werden).[35]

Aber nicht nur Firmen haben ein Interesse an Daten. Auch staatliche Behörden können sich diese zunutze machen und mittels online-Überwachung Informationsflüsse steuern, sowohl durch Zensur als auch durch Propaganda, und missliebige Meinungen unterdrücken oder Kritik im Keim ersticken. Mit demokratischen Prinzipien ist ein solches Vorgehen unvereinbar, denn es verletzt nicht nur das Recht der Bürger*innen auf Privatheit, sondern auch ihre Meinungs- und Informationsfreiheit und ihr Recht auf freie Wahl der (virtuellen) Gemeinschaft. In einigen autokratischen Systemen werden solche Strategien dagegen systematisch genutzt, um Widerstand im Keim zu ersticken. Viel diskutiert wird derzeit auch das chinesische „social credit"-System, das in naher Zukunft weite Teile der Bevölkerung erfassen und sozial erwünschtes Verhalten belohnen und unerwünschtes Verhalten bestrafen soll.[36]

Mögliche Gegenmaßnahmen

Anders als in Autokratien ist es in demokratischen Staaten keineswegs unvermeidbar, dass das „Ende der Privatheit" eintritt. Die technischen Fortschritte im Bereich der Kryptographie sind rasant, und es werden vermehrt auch für Laien bedienbare Angebote zur Verfügung gestellt. Gleichzeitig steigt der Druck auf Konzerne wie Facebook, die Mechanismen offenzulegen,

35 Siehe auch Zuboff: *Das Zeitalter des Überwachungskapitalismus.*

36 Siehe z.B. Rachel Botsman: „Big data meets Big Brother as China moves to rate its citizens", *Wired* 6 (11/2017), https://www.wired.co.uk/article/chinese-government-social-credit-score-privacy-invasion.

nach denen sie ihre Nutzer*innen beobachten und ihnen z.B. Werbung zeigen. Durch mehr Transparenz können die manipulativen Praktiken der Online-Überwachung ihrerseits von Individuen, NGOs oder auch staatlichen Stellen überwacht und ggf. reguliert werden.[37]

Auswirkungen auf die Demokratie

Die Fragen nach dem „Ende der Privatheit“ stehen im Kontext der größeren Debatte um die Auswirkungen der digitalen Transformation auf die Demokratie. Wenn Individuen keine oder nur eine eingeschränkte Privatsphäre haben und sich ihre politische Meinung vor allem im Internet bilden, sind sie anfälliger für die Beeinflussung ihrer politischen Präferenzen, weil der politische Diskurs im Netz eigenen Dynamiken unterliegt. Der Internetaktivist Eli Pariser (*1980) prägte hierfür den Begriff der „Filterblase“ („filter bubble“): Die Präferenzen eines/einer Nutzer*in in der Vergangenheit führen aufgrund algorithmischer Berechnun-

Abb. 37: Solidaritätsbekundung mit Edward Snowden und Chelsea Manning bei Protesten gegen das Überwachungsprogramm PRISM im Juni 2013

37 Siehe dazu auch Kelly: *The Inevitable*, 250ff.

gen zur Anzeige ähnlicher Nachrichten oder Internetseiten.[38] Allerdings ist bislang unklar, wie stark dieser Effekt ist und ob er für alle politischen Richtungen gleichermaßen gilt.[39]

Ursprüngliche Euphorie

Ursprünglich wurde die Ankunft des Internets als große Chance für die Demokratie gesehen, weil sich dort alle Bürger*innen frei äußern könnten. Zwischen der Bevölkerung und ihren Vertreter*innen ist ein direkter, schnellerer Austausch möglich, z.B. über soziale Medien. Auch die Organisation von Protesten war auf einmal deutlich einfacher. Dies spielte u.a. für den sogenannten „arabischen Frühling" eine Rolle, der aus einer Welle von Protesten zwischen 2010 und 2015 bestand, bei denen besonders junge Leute gegen autoritäre Strukturen auf die Straße gingen.

„liquid democracy"

Auch für innerparteiliche Strukturen erhoffte man sich vom Internet Beschleunigung und stärkere Partizipation. Der von den europäischen Piratenparteien entwickelte Begriff „flüssige Demokratie" („liquid democracy") schlug vor, den ganzen politischen Prozess zu „verflüssigen", und z.B. die eigene Stimme flexibel je nach Thema und Stand der politischen Debatte zu vergeben.[40] Doch das Konzept hat sich bislang nicht durchgesetzt.

„Digitale Öffentlichkeit"

Was sich durchaus etabliert hat, ist eine „digitale Öffentlichkeit" im Internet: In diversen Foren wird heftig über Politik diskutiert und im Prinzip kann sich jede*r beteiligen. Allerdings geht es dabei nicht immer um den „zwanglosen Zwang des besseren Arguments",[41] wie deliberative Demokratietheoretiker*innen sich dies erhofften. Stattdessen ist oft eine starke Emotionalisierung von Debatten, im Positiven wie im Negativen, zu beobachten.

„Echokammern"?

Intensiv diskutiert wird auch, in welchem Maß die Dynamik des Internets zu einer Polarisierung der Diskussion beiträgt, weil sich Gleichgesinnte in ihren Positionen gegenseitig bestärken können. Zum oben erwähnten Phänomen der „Filterblasen" kommt der der „Echokammern" („echo chambers") hinzu: Er

38 Vgl. Eli Pariser: *Filter Bubble: Wie wir im Internet entmündigt werden*. Übersetzt von Ursula Held, München: Hanser, 2012/2017.

39 Eine Analyse der politischen Öffentlichkeit in den USA bietet z.B. Yochai Benkler, Robert Faris, Hal Robersta, and Ethan Zuckerman: „Study: Breitbart-led right-wing media ecosystem altered broader media agenda", *Columbia Journalism Review* (3.3.2017), https://www.cjr.org/analysis/breitbart-media-trump-harvard-study.php.

40 Siehe https://wiki.piratenpartei.de/Liquid_Democracy (abgerufen am 17.3.2019).

41 Diese berühmt gewordene Formulierung findet sich in Jürgen Habermas: „Wahrheitstheorien", in: ders.: *Vorstudien und Ergänzungen zur Theorie des kommunikativen Handelns*. Frankfurt am Main: Suhrkamp, 1984, 127–183, 161.

meint, dass gleichlautende Meinungen hin und her gespielt werden und so der Eindruck entsteht, sie würden breiter geteilt, als es tatsächlich der Fall ist. Soziale Medien sind an diesen Effekten maßgeblich beteiligt.[42]

Polarisierung durch Digitalisierung?

Eine Frage, die sich nicht nur in Bezug auf den Diskurs im Internet, sondern auf die digitale Transformation insgesamt, stellt, ist, inwiefern diese Prozesse dazu beitragen, die gesellschaftliche Polarisierung zu verstärken. Unsere Gesellschaften sind schon jetzt in vielen Hinsichten ungleich und von Gegensätzen geprägt – besteht die Gefahr, dass sie noch weiter auseinandergetrieben werden? Eine Gefahr könnte z.B. sein, dass Algorithmen, die über den Zugang zu Universitäten, die Einladung zu Vorstellungsgesprächen oder die Vergabe von Krediten entscheiden, die Position materiell benachteiligter Bewerber*innen weiter verschlechtern.[43] Ob solche Szenarien eintreten und ob die Betroffenen sich dann dagegen wehren können, hängt maßgeblich von den gesetzlichen Rahmenbedingungen, z.B. im Bereich der Antidiskriminierungsgesetzgebung, ab.

Veränderungen in der Arbeitswelt

Viel diskutiert wird auch, wie sich die Arbeitswelt durch die digitale Transformation verändert. Zahlreiche Jobs entstehen derzeit in der sogenannten „Gig economy“, in der kurzfristig kleine Aufträge an zumeist selbstständig, freiberuflich oder geringfügig beschäftigte Arbeitende vergeben werden, z.B. für Kurier- oder Reinigungstätigkeiten. Diese Jobs verfügen über wenig oder gar keine soziale Absicherung. Die so Beschäftigten – die oft nicht in einem Anstellungsverhältnis stehen, sondern als freie Vertragspartner*innen fungieren – sind von den algorithmisch gesteuerten Onlineplattformen abhängig. Das Verhältnis zwischen ihnen und den Plattformen unterliegt aber rechtlichen Vorgaben und kann je nach Organisationsform unterschiedlich gestaltet sein. Die solidarische Bewegung des „Platform Cooperativism“ versucht, Plattformen nach dem Prinzip der Genossenschaften zu gestalten und so die auftragsabhängigen Nutzer*innen an der Steuerung und an den Gewinnen teilhaben zu lassen.[44]

42 Siehe z.B. Cass R. Sunstein: *#Republic: divided democracy in the age of social media*. Princeton University Press, 2017.

43 Dazu siehe Cathy O'Neil: *Angriff der Algorithmen. Wie sie Wahlen manipulieren, Berufschancen zerstören und unsere Gesundheit gefährden*. München: Hanser, 2017.

44 Zur Idee der kooperativen Plattformen siehe: https://platform.coop/about (abgerufen am 17. 3. 2019).

Anpassung der Sozialversicherungssysteme

Eine wichtige politische Aufgabe ist die Anpassung der Sozialversicherungssysteme an die digitale Ära. Wenn sich durch technische Veränderungen die Arbeitswelt wandelt, müssen Individuen im Lauf ihres Lebens voraussichtlich öfter den Job wechseln. Welche Tätigkeiten dies betreffen wird, ist unklar, weil schwer abzuschätzen ist, in welchen Berufen welche Aufgaben an Computer und Roboter delegiert werden können. Die Rolle des Sozialstaats als Sozial*versicherung* (wie in Kapitel 10.4 dargelegt), die Individuen auch im Fall drastischer Veränderungen auffängt, gewinnt daher an Bedeutung.

„Recht auf Internet"

In Bezug auf die weltweite Ungleichheit bietet der Zugang zum Internet große Chancen – schließlich können Informationen, Bildungsinhalte, und Gelegenheiten für Online-Beschäftigung im Prinzip jedem Menschen weltweit zugänglich gemacht werden. Im günstigsten Fall kann der Zugang zu Online-Kommunikation dazu beitragen, Armut und globale Ungleichheit zu bekämpfen. Allerdings trennt die „digitale Kluft" diejenigen, die tatsächlich daran teilhaben können, von denjenigen, vor allem im Globalen Süden, für die das bislang nicht der Fall ist. Der Zugang zum Internet wird von manchen Kommentator*innen als ein Recht, von einigen sogar als ein Menschenrecht, betrachtet, dessen Sicherung für Staaten hohe Priorität haben sollte.[45]

Fähigkeit und Wille zur politischen Steuerung

Eine zentrale Frage des Umgangs mit der digitalen Transformation ist, wie fähig und willens demokratisch gewählte Regierungen sind, diese durch entsprechende Gesetzgebung zum Wohl der Bevölkerung als Ganzer zu gestalten – notfalls auch gegen den Willen mächtiger Internetkonzerne. Jede Rhetorik, die von „Unausweichlichkeit" oder „Unabänderlichkeit" spricht, sollte dabei kritisch hinterfragt werden, denn sie könnte – wie wir in den vorhergehenden Kapiteln bereits mit Blick auf andere theoretische Überzeugungen sahen – zur selbsterfüllenden Prophezeiung werden. Demokratische, freiheitliche Gesellschaften müssen bereit sein, ihre Werte und deren Verwirklichung für *alle* Individuen auch und gerade angesichts der Veränderungen, die durch die digitale Transformation bevorstehen, zu verteidigen.

45 Siehe z.B. Frank William La Rue: *Report of the Special Rapporteur on the promotion and protection of the right to freedom of opinion and expression*, 2011, Paragraph 85, 22. https://www2.ohchr.org/English/bodies/hrcouncil/docs/17session/A.HRC.17.27_en.PDF.

Weiterführende Literatur:

Gut zugängliche deutschsprachige Bücher zu den drei in diesem Kapitel behandelten Themenblöcken sind: Dominic Rose und Christian Seidel: *Ethik des Klimawandels: Eine Einführung.* (Darmstadt: WBG, 2015), Andreas Cassee und Anna Goppel (Hrsg.): *Migration und Ethik.* (Münster: Mentis, 2012/2014) sowie die provokanten Thesen von Shoshana Zuboff: *Das Zeitalter des Überwachungskapitalismus.* Übersetzt von Bernhard Schmid (Frankfurt am Main: Campus, 2018).

14. Schluss: Politische Philosophie und Praxis

Politische Philosophie und Empirie

Die Debatten um aktuelle Herausforderungen wie Klimawandel, Migration und Digitalisierung zeigen, dass die politische Philosophie wichtige begriffliche Unterscheidungen und Argumente vorlegen kann, um über aktuelle politische Herausforderungen nachzudenken. Sie zeigen aber auch, dass die philosophischen Diskussionen oft recht abstrakt bleiben. Um von abstrakten Prinzipien hin zu konkreten politischen Lösungsvorschlägen zu gelangen, ist die Zusammenarbeit mit empirischen Forscher*-innen gefragt.

Interdisziplinarität

Das Stichwort der „Interdisziplinarität" wird oft bemüht, um verstärkte Zusammenarbeit zwischen akademischen Fächern einzufordern. Dieser Ruf nach fächerübergreifender Kooperation hat auch die politische Philosophie nicht unberührt gelassen. Allerdings sind die Herausforderungen, sich tatsächlich über Fachgrenzen hinweg zu verständigen, in der Praxis oft groß. Außerdem muss sich die politische Philosophie in der Zusammenarbeit mit sozial-, politik- und wirtschaftswissenschaftlichen Disziplinen auch mit deren Methodik und den möglicherweise darin implizit enthaltenen normativen Prämissen auseinandersetzen.[1]

„Realismus" und „nicht-ideale Theorie"

Im Nachgang von Rawls' *Theorie der Gerechtigkeit* hatte sich der überwiegende Teil der angelsächsischen politischen Philosophie auf der Ebene abstrakter Prinzipien bewegt. In den letzten Jahren kam es jedoch zu verschiedenen Methodendebatten. Unter den Stichworten „Realismus" und „nicht-ideale Theorie" mahnten verschiedene Kommentator*innen an, sich wieder stärker realen politischen Phänomenen und den Ungerechtigkeiten des Hier und Jetzt zuzuwenden.[2]

---

1 Dies betrifft z.B. ökonomische Methoden; siehe dazu Peter Spiegler: *Behind the Model: A Constructive Critique of Economic Modeling*. Cambridge: Cambridge University Press, 2015.

2 Für Überblicksdarstellungen dieser Debatten siehe Enzo Rossi and Matt Sleat: „Realism in Normative Political Theory", *Philosophy Compass* 9/10 (2014), 689–701 und Laura Valentini: „Ideal vs. Non-Ideal Theory: A Conceptual Map", *Philosophy Compass* 7(9) (2012), 654–664.

Teilnahme am öffentlichen Diskurs

Auch im deutschsprachigen Raum ist das Interesse an Formen des Philosophierens, die sich den Fragen der Gegenwart zuwenden und mit empirischen Disziplinen zusammenarbeiten, stark ausgeprägt, nicht zuletzt durch die Tradition der „Kritischen Theorie".[3] Zudem werden Philosoph*innen hier in der Regel als öffentliche Intellektuelle anerkannt, wozu nicht zuletzt Jürgen Habermas einen wichtigen Beitrag geleistet hat. Dies sollte jedoch nicht als eine Form des „Philosophenkönigtums" verstanden werden, bei dem politische Philosoph*innen wohlmeinenden Herrscher*innen Ratschläge geben. Vielmehr geht es darum, den Bürger*innen in der öffentlichen Debatte Angebote zu machen, das politische Geschehen durch die Einordnung in theoretische Zusammenhänge in ein neues Licht zu stellen.

Kritisches Hinterfragen

Eine wichtige Aufgabe ist dabei, Überzeugungen zu hinterfragen, die im öffentlichen Diskurs als selbstverständlich betrachtet werden. Aus der Geschichte des politischen Denkens heraus lässt sich oft erklären, wo derartige Annahmen herkommen; dies kann der Ausgangspunkt für eine kritische Analyse ihrer heutigen Gültigkeit sein. Im Idealfall regt dies die Leser*innen zum eigenen Nachdenken an, auch und gerade dann, wenn sie mit den Argumenten nicht einverstanden sind.

Machtfelder

Politischen Philosoph*innen muss dabei allerdings bewusst sein, dass sie nicht im luftleeren Raum agieren. Der öffentliche Diskurs ist durchzogen von Machtstrukturen; es gibt unterschiedliche Akteur*innen und Interessensgruppen, die unterschiedliche Strategien verfolgen. In umstrittenen Feldern wie z.B. der Klimapolitik laufen Wissenschaftler*innen und auch Philosoph*innen, die sich öffentlich äußern, Gefahr, von der einen oder der anderen Seite instrumentalisiert zu werden. Dies darf kein Grund sein, sich nicht zu positionieren, doch es bedeutet, dass man sich der jeweiligen Konstellationen bewusst sein muss und sich genau überlegen muss, mit welchen Individuen oder Organisationen man Allianzen eingeht und mit welchen nicht.

Ressource für Demokratie

Der fachliche Kern der politischen Philosophie, also die Arbeit an Begriffen, Argumenten und Theorien, und die immer wieder neue Auseinandersetzung mit der Geschichte des politischen Denkens, auch über den etablierten Kanon hinaus, sollte

3 Als Gründungsdokument siehe Horkheimer: „Traditionelle und kritische Theorie."

bei allem Interesse an interdisziplinärer Forschung und Vermittlung von Ideen im öffentlichen Diskurs nicht vergessen werden. Denn nur eine politische Philosophie, die diesen Kern pflegt, kann auf Dauer eine produktive und kreative Ressource für den demokratischen Austausch sein. So kann sie immer wieder aufs Neue Impulse geben, die über die tagespolitischen Debatten hinausgehen. Zwar ist sie dabei nur eine Stimme von vielen, worüber sie sich immer im Klaren sein muss. Aber nichtsdestoweniger ist das, was sie ausmacht – das kritische Nachfragen, das Überprüfen und Diskutieren von Begriffen, Argumenten und Theorien – für den demokratischen Diskurs unverzichtbar.

Danksagung

Simon Derpmann gab den Anstoß zu diesem Buch, indem er mich aufforderte, meine Vorlesung „Politische Theorie – Grundlagen“ in einen Einführungsband zu verwandeln. Ihm, Just Serrano Zamora und Martin Oppelt möchte ich für das Durchsehen des Textes und hilfreiche Kommentare herzlich danken. Beim Edieren des Textes und beim Erstellen von Fußnoten und Bibliographie hat Léonie Droste unschätzbare Dienste geleistet. Nicht zuletzt möchte ich Nadine Albert vom W. Fink Verlag für die konstruktive Zusammenarbeit danken.

Literatur

Abizadeh, Arash: „Democratic Theory and Border Coercion: No Right to Unilaterally Control Your Own Borders“, *Political Theory* 36(1) (2008), 37–65.

Alvaredo, Facundo, Lucas Chancel, Thomas Piketty, Emmanuel Saez und Gabriel Zucman (Hrsg.): *Die weltweite Ungleichheit – Der World Inequality Report 2018*. München: C. H. Beck, 2018.

Anderson, Benedict: *Die Erfindung der Nation – Zur Karriere eines folgenreichen Konzepts*. Frankfurt am Main: Campus, 1988/2005 [1983].

Anderson, Elizabeth S.: *Value in Ethics and Economics*. Cambridge/ London: Harvard University Press, 1993.

Anderson, Elizabeth S.: „What is the Point of Equality?“, *Ethics* 109(2) (1999), 287–337.

Appiah, Kwame Anthony: *Eine Frage der Ehre oder Wie es zu moralischen Revolutionen kommt*. Übersetzt von Michael Bischoff. München: Beck, 2011.

Applbaum, Arthur Isak: *Ethics for Adversaries. The Morality of Roles in Public and Professional Life*. Princeton: Princeton University Press, 1999.

Arendt, Hannah: „Es gibt nur ein einziges Menschenrecht“, *Die Wandlung* 4 (1949), 754–770.

Arendt, Hannah: *Was ist Politik*. München: Piper, 1993/2010 [1950].

Arendt, Hannah: *Elemente und Ursprünge totaler Herrschaft*. München: Piper Verlag, 1986/2015 [1951].

Arendt, Hannah: *Vita activa – oder: Vom tätigen Leben*. München: Piper, 1967/2014 [1958].

Arendt, Hannah: Über die Revolution. München/Berlin: Piper, 1965 [1963].

Arendt, Hannah: *Macht und Gewalt*. Übersetzt von Gisela Uellenberg, München: Piper, 1970/2014 [1970].

Aristoteles: *Nikomachische Ethik*, Stuttgart: Reclam, 1969/2013.

Aristoteles: *Politik*. Reinbek: Rowohlt, 1965/2014.

Arrow, Kenneth: *Social Choice and Individual Values*. New York: Wiley, 1963 [1951].

Avineri, Shlomo und Avner De-Shalit (Hrsg.): *Communitarism and Individualism*. New York: Oxford University Press, 1992.

Axelrod, Robert: *The Evolution of Cooperation*. New York: Basic Books, 1984.

Baltzly, Dirk: „Stoicism“, *The Stanford Encyclopedia of Philosophy* (2019). Hrsg. Edward N. Zalta, https://plato.stanford.edu/archives/spr2019/entries/stoicism/.

Barry, Brian M.: *Why Social Justice Matters*. Cambridge: Polity Press, 2005.

Bateson, Melissa, Daniel Nettle und Gilbert Roberts: „Cues of Being Watched Enhance Cooperation in a Real-World-Setting“, *Biology Letters* 2(3) (2006), 412–414.

Bavel, Bas van: *The Invisible Hand? How Market Economies have Emerged and Declined since AD 500*. Oxford: Oxford University Press, 2016.

Beauvoir, Simone de: *Das andere Geschlecht. Sitte und Sexus der Frau*. Hamburg: Rowohlt, 1992/2008 [1949].

Beck: Valentin: „Theorizing Fairtrade from a Justice-Related Standpoint“, *Global Justice: Theory, Practice, Rhetoric* 3 (2014), 1–21.

Beitz, Charles R.: *Political Theory and International Relations*. Princeton: Princeton University Press, 1979/1999.

Beitz, Charles R.: *The Idea of Human Rights*. Oxford: Oxford University Press, 2009.

Bell, Daniel: „Communitarianism“, in: *The Stanford Encyclopedia of Philosophy* (2001/2016). Hrsg. Edward N. Zalta, https://plato.stanford.edu/entries/communitarianism/.

Benkler, Yochai, Robert Faris, Hal Robersta, and Ethan Zuckerman: „Study: Breitbart-led right-wing media ecosystem altered broader media agenda“, *Columbia Journalism Review* (3.3.2017), https://www.cjr.org/analysis/breitbart-media-trump-harvard-study.php.

Bentham, Jeremy: „Nonsense upon Stilts, or Pandora's Box Opened“, in: *Rights, Representation and Reform. Nonsense Upon Stilts and Other Writings on the French Revolution – The Collected Works of Jeremy Bentham*. Hrsg. Philip Schofield, Catherine Pease-Watkin und Cyprian Blamires. Oxford: Oxford University Press, 2002 [1795].

Bentham, Jeremy: *An Introduction to the Principles of Morals and Legislation*, Oxford: Clarendon Press, 1907 [1780/1789].

Bergès, Sandrine: *The Routledge Guidebook to Wollstonecraft's A Vindication of the Rights of Woman*, London/ New York: Routledge, 2013.

Berlin, Isaiah: „Zwei Freiheitsbegriffe“, *Deutsche Zeitschrift für Philosophie* 41 (4) (1983), 741–776.

Berlin, Isaiah: *Two Concepts of Liberty: An Inaugural Lecture Delivered before the University of Oxford on 31 October 1958*. Oxford: Clarendon Press, 1958.

Berman, Sheri: *The Primacy of Politics. Social Democracy and the Making of Europe's Twentieth Century*. Cambridge: Cambridge University Press, 2006.

Betzler, Monika (Hrsg.): *Autonomie der Person*. Münster: Mentis, 2013.

Birnbacher, Dieter: *Klimaethik: Nach uns die Sintflut?* Stuttgart: Reclam, 2016.

Black, Antony: *The History of Islamic Political Thought: From the Prophet to the Present*. Edinburgh: Edinburgh University Press, 2011.

Böckenförde, Ernst-Wolfgang: *Staat, Gesellschaft, Freiheit – Studien zur Staatstheorie und zum Verfassungsrecht*. Frankfurt am Main: Suhrkamp, 1976.

Boëtie, Étienne de La: *Von der freiwilligen Knechtschaft*. Übers. u. hg. v. Horst Günther. Frankfurt am Main: EVA, 1980 [1574].

Botsman, Rachel: „Big data meets Big Brother as China moves to rate its citizens“, *Wired* 6 (11/2017), https://www.wired.co.uk/article/chinese-government-social-credit-score-privacy-invasion.

Bowles, Samuel: „Is Liberal Society a Parasite on Tradition?“, *Philosophy and Public Affairs*, 39(1) (2011), 46–81.

Bratu, Christine und Moritz Dittmeyer: *Theorien des Liberalismus*. Hamburg: Junius Verlag, 2017.

Brennan, Andrew und Yeuk-Sze Lo: „Environmental Ethics“, in: *The Stanford Encyclopedia of Philosophy* (2016). Hrsg. Edward N. Zalta, https://plato.stanford.edu/archives/win2016/entries/ethics-environmental/.

Brighouse, Harry: *School Choice and Social Justice*. Oxford: Oxford University Press, 2000.

Brock, Gillian: „Global Justice", in: *The Stanford Encyclopedia of Philosophy* (Spring 2017 Edition). Hrsg. Edward N. Zalta, https://plato.stanford.edu/archives/spr2017/entries/justice-global/.

Broome, John: *Weighing Lives.* Oxford: Oxford University Press, 2004/2006.

Broome, John: *Climate Matters: Ethics in a Warming World.* New York: W.W. Norton & Company, 2012.

Broszies, Christoph und Henning Hahn (Hrsg.): *Globale Gerechtigkeit: Schlüsseltexte zur Debatte zwischen Partikularismus und Kosmopolitismus.* Berlin: Suhrkamp, 2010.

Brownlee, Kimberley: „Civil Disobedience", in: *The Stanford Encyclopedia of Philosophy* (2007/2013). Hrsg. Edward N. Zalta, https://plato.stanford.edu/entries/civil-disobedience/.

Brunkhorst, Hauke: *Solidarität – Von der Bürgerfreundschaft zur globalen Rechtsgenossenschaft.* Frankfurt am Main: Suhrkamp 2002.

Buchanan, James McGill und Gordon Tullock: *The Calculus of Consent.* Ann Arbor: University of Michigan Press, 1962/2004.

Buchstein, Hubertus: *Demokratie und Lotterie. Das Los als politisches Entscheidungsinstrument von der Antike bis zur EU.* Frankfurt am Main: Campus, 2009.

Buck-Morss, Susan: *Hegel, Haiti, and Universal History.* Pittsburgh: University of Pittsburg Press, 2009.

Butler, Judith: *Das Unbehagen der Geschlechter.* Frankfurt am Main: Suhrkamp, 1991/2012 [1990].

Burmeister, Karl Heinz: *Olympe de Gouges. Die Rechte der Frau 1791.* Bern: Stämpfli Verlag, 1999.

Caney, Simon: „Cosmopolitan Justice and Equalizing Opportunities", *Metaphilosophy* 32 (2003), 113–134.

Caney, Simon: „Cosmopolitan Justice, Responsibility, and Global Climate Change", in: *Climate Ethics: Essential Readings.* Hrsg. Stephen Mark Gardiner. Oxford: Oxford University Press, 2010, 122–145.

Caney, Simon: „Two Kinds of Climate Justice: Avoiding Harm and Sharing Burdens", *Journal of Political Philosophy* 21(4) (2013), 125–149.

Caney, Simon: „Climate change, intergenerational equity and the social discount rate", *Politics, Philosophy & Economics* 13(4) (2014), 320–342.

Caney, Simon: „Human rights, responsibilities, and climate change", in Charles Beitz and Robert Goodin (Hrsg.): *Global Basic Rights.* Oxford: Oxford University Press, 2009, 227–47.

Carens, Joseph H.: „Aliens and Citizens: The Case for Open Borders", *Review of Politics* 49(2) (1987), 251–273.

Carens, Joseph H.: *The Ethics of Immigration.* Oxford: Oxford University Press, 2013.

Carter, Ian: „Positive and Negative Liberty", in: *The Stanford Encyclopedia of Philosophy* (2003/ 2016). Hrsg. Edward N. Zalta, https://plato.stanford.edu/entries/liberty-positive-negative/.

Cassee, Andreas und Anna Goppel (Hrsg.): *Migration und Ethik.* Münster: Mentis, 2012/ 2014.

Cassee, Andreas: *Globale Bewegungsfreiheit.* Berlin: Suhrkamp, 2016.

Celikates, Robin und Stefan Gosepath: *Grundkurs Philosophie. Band 6: Politische Philosophie.* Stuttgart: Reclam, 2013.

Celikates, Robin: „Ziviler Ungehorsam und radikale Demokratie“, in: Thomas Bedorf/Kurt Röttgers (Hrsg.): *Das Politische und die Politik.* Frankfurt am Main: Suhrkamp, 2010, 274–300.

Ceva, Emanuela und Michele Bocchiola: *Is Whistleblowing a Duty?* Cambridge: Polity, 2019.

Christman, John: „Autonomy in Moral and Political Philosophy“, in: *The Stanford Encyclopedia of Philosophy* (2003/2015), Hrsg. Edward N. Zalta, https://plato.stanford.edu/entries/autonomy-moral/.

Churchill, Winston: *Churchill by Himself: The Definitive Collection of Quotations.* Hrsg. Richard Langworth. London: Public Affairs, 2008.

Coady, Cecil Anthony John: „The Problem of Dirty Hands“, in: *The Stanford Encyclopedia of Philosophy* (Spring 2014 Edition Archive). Hrsg. Edward N. Zalta, http://plato.stanford.edu/archives/spr2014/entries/dirty-hands/.

Cohen, Gerald Allan (Jerry): „Capitalism, Freedom and the Proletariat“, in: *The Idea of Freedom. Essays in Honour of Isaiah Berlin.* Hrsg. Alan Ryan. Oxford: Oxford University Press, 1979, 9–25.

Cohen, Jean L. und Andrew Arrato: *Civil Society and Political Theory.* Cambridge/ London: MIT Press, 1992/1994.

Cohen, Joshua und Charles Sabel: „Extra Rempublicam Nulla Justitia?“, *Philosophy & Public Affairs* 34(2) (2006), 147–175.

Condorcet, Nicolas de: *Essay sur l'Application de l'Analyse à la Probabilité des Décisions Rendue à la Pluralité des Voix.* Paris: de l'Imprimerie royale, 1785.

Crouch, Colin: *Post-Democracy.* London: Polity, 2004.

Crouch, Colin: *Das befremdliche Überleben des Neoliberalismus. Postdemokratie II.* Übersetzt von Frank Jakubzik. Berlin: Suhrkamp, 2011.

Cunningham, Frank: „Market Economies and Market Societies“, *Journal of Social Philosophy* 36(2) (2005), 129–142.

Della Porta, Donatella: *Meeting Democracy. Power and Deliberation in Global Justice Movements.* Cambridge: Cambridge: Cambridge University Press, 2015.

Dewey, John: *Demokratie und Erziehung: Eine Einleitung in die philosophische Pädagogik.* Übersetzt von Gudrun Hylla und Harald Hylla, Hrsg. Jürgen Oelkers. Weinheim: Beltz, 1993 [1916].

Dietsch, Peter: „The Market, Competition, and Equality“, *Politics, Philosophy and Economics* 9(2) (2010), 213–244.

Dietsch, Peter: *Catching Capital: The Ethics of Tax Competition.* Oxford: Oxford University Press, 2015.

Downs, Anthony: *An Economic Theory of Democracy.* New York: Harper, 1957.

Du Bois, William Edward Burghardt: *Writings.* Hrsg. von Nathan Irvin Huggins, New York: Literary Classics of the United States, 1986.

Dübgen, Franziska und Stefan Skupien: *Afrikanische politische Philosophie: Postkoloniale Positionen.* Berlin: Suhrkamp, 2015.

Dworkin, Gerald: „Paternalism“, in: *The Stanford Encyclopedia of Philosophy* (2017). Hrsg. Edward N. Zalta, <https://plato.stanford.edu/archives/win2017/entries/paternalism/>.

Dworkin, Ronald: *Was ist Gleichheit?* Berlin: Suhrkamp, 2011.

Dworkin, Ronald: „Rights as Trumps“, in: *Theories of Rights*. Hrsg. Jeremy Waldron. Oxford: Oxford University Press, 1984, 153–167.

Eckert, Andreas: „Aufklärung, Sklaverei und Abolition“, in: *Die Aufklärung und ihre Weltwirkung*. Hrsg. Wolfgang Hardtwig. Göttingen: Vandenhoeck & Ruprecht, 2010, 243–262.

Eggers, Dave: *Der Circle*. Übersetzt von Ulrike Wasel und Klaus Timmermann. Köln: Kiepenheuer & Witsch, 2014.

Eisenberg Avigail und Jeff Spinner-Halev (Hrsg.): *Minorities within Minorities. Equality, Rights and Diversity*. Cambridge: Cambridge University Press, 2005.

Erhard, Ludwig: *Wohlstand für alle*. Düsseldorf: Econ-Verlag, 1957/2000.

Esping-Andersen, Gøsta: „Three political economies of the welfare state“, *International Journal of Sociology* 20(3) (1990), 92–123.

Eucken, Walter: *Grundsätze der Wirtschaftspolitik*. Bern: Francke, 1952.

Fanon, Frantz: *Die Verdammten der Erde*. Übersetzt von Traugott König. Frankfurt am Main: Suhrkamp, 2015 [1961].

Fehr, Ernst, Urs Fischbacher und Simon Gächter: „Are people conditionally cooperative? Evidence from a public goods experiment“, *Economic Letters* 71(3) (2001), 397–404.

Fine, Sarah: „Freedom of Association Is Not the Answer“, *Ethics* 120(2) (2010), 338–356.

Fishkin, James S.: *When the People Speak: Deliberative Democracy and Public Consultation*. Oxford: Oxford University Press, 2009.

Fishkin, James S.: *Democracy When the People Are Thinking*. Oxford: Oxford University Press, 2018.

Floridi, Luciano: *The Fourth Revolution. How the Infosphere is Reshaping Human Reality*. Oxford: Oxford University Press, 2014.

Frank, Robert H.: *Luxury Fever: Money and Happiness in an Era of Excess*. Princeton: Princeton University Press, 2000.

Fourie, Carina, Fabian Schuppert, und Ivo Wallimann-Helmer (Hrsg.): *Social Equality: On What It Means to be Equals*. Oxford: Oxford University Press, 2015.

Gandhi, Mahatma: *‚Hind Swaraj' and other writings*. Hrsg. Anthony J. Parel. Cambridge: Cambridge University Press, 1997/2009 [1909].

Gandhi, Mahatma: *Mittel und Wege. Ausgewählte Reden und Schriften*. Hrsg. Gita Dharampal-Frick. Stuttgart: Reclam, 1999.

Gardiner, Stephen Mark: *A Perfect Moral Storm: The Ethical Tragedy of Climate Change*. Oxford: Oxford University Press, 2011.

Gaus, Gerald, Shane D. Courtland und David Schmidtz: „Liberalism“, in: *The Stanford Encyclopedia of Philosophy* (1996/2018). Hrsg. Edward N. Zalta, https://plato.stanford.edu/entries/liberalism/

Gheaus, Anca: „Feminism and Gender“, in: *The Bloomsbury Companion to Political Philosophy*. Hrsg. Andrew Fiala. London: Bloomsbury, 2015, 167–182.

Gilligan, Carol: *Die andere Stimme: Lebenskonflikte und Moral der Frau*. München: Piper, 1988 [1982].

Godwin, William: *Über die politische Gerechtigkeit*. Berlin: Libertad-Verlag, 1983 [1793].

Goff, Sarah C.: „Fair Trade: Global Problems and Individual Responsibilities", *Critical Review of International Social and Political Philosophy* 21(4) (2018), 521–543.

Göhler, Gerhard, Mattias Iser und Ina Kerner (Hrsg): *Politische Theorie – 25 umkämpfte Begriffe zur Einführung*. Wiesbaden: Verlag für Sozialwissenschaften, 2004/2011.

Goodin, Robert: „What Is So Special About Our Fellow Countrymen?" *Ethics* 98(4) (1988): 663–686.

Gordon, Lewis Ricardo: *An Introduction to Africana Philosophy*. Cambridge: Cambridge University Press, 2008.

Gordon, Lewis Ricardo: *Fanon and the Crisis of European Man: An Essay on Philosophy and the Human Sciences*. New York: Routledge, 1995.

Gosepath, Stefan: *Gleiche Gerechtigkeit – Grundlagen eines liberalen Egalitarismus*. Frankfurt am Main: Suhrkamp, 2004.

Gouge, Olymp de: *Die Rechte der Frau 1791*. Hrsg. Karl Heinz Burmeister. Bern: Stämpfli Verlag, 1999.

Grimshaw, Damian und Jill Rubery: „The motherhood pay gap: A review of the issues, theory and international evidence", in: *Conditions of Work and Employment Series* (57). Genf: International Labour Organization, 2015.

Grotius, Hugo: *The Rights of War and Peace*. Ed. Richard Tuck. Indianapolis: Liberty Fund, 2005 [1625].

Haakonssen, Knud: *The Science of a Legislator: The Natural Jurisprudence of David Hume and Adam Smith*. Cambridge: Cambridge University Press, 1981.

Habermas, Jürgen: *Strukturwandel der Öffentlichkeit*. Frankfurt am Main: Suhrkamp, 1962/2013.

Habermas, Jürgen: *Theorie des kommunikativen Handelns. Band 2 – Zur Kritik der funktionalistischen Vernunft*. Frankfurt am Main: Suhrkamp, 1981/2016.

Habermas, Jürgen: „Wahrheitstheorien", in: ders.: *Vorstudien und Ergänzungen zur Theorie des kommunikativen Handelns*. Frankfurt am Main: Suhrkamp, 1984, 127–183.

Habermas, Jürgen: *Faktizität und Geltung – Beiträge zur Diskurstheorie des Rechts und des demokratischen Rechtsstaats*. Frankfurt am Main: Suhrkamp, 1992.

Habermas, Jürgen: „Drei Normative Modelle der Demokratie", in: ders.: *Die Einbeziehung des Anderen*. Frankfurt am Main: Suhrkamp, 1997, 277–292.

Habermas, Jürgen: „Vorpolitische Grundlagen des demokratischen Verfassungsstaates?", in: ders.: *Zwischen Naturalismus und Religion. Philosophische Aufsätze* Frankfurt am Main: Suhrkamp, 2009, 106–118.

Hacker, Jacob S.: „The institutional foundations of middle-class democracy", *Policy Network*, 6.5.2011.

Harsanyi, John C.: „Review: Can the Maximin Principle Serve as a Basis for Morality? A Critique of John Rawls' Theory", *American Political Science Review* 69(2) (1975), 594–606.

Hayek, Friedrich August von: „The Use of Knowledge in Society", *The American Economic Review* 35(4) (1945), 519–530.

Held, David und Anthony McCrew: *Globalization / Anti-Globalization: Beyond the Great Divide.* London: Polity, 2007.

Herzog, Lisa: *Freiheit gehört nicht nur den Reichen. Plädoyer für einen zeitgemäßen Liberalismus.* München: Beck, 2014.

Herzog, Lisa: „Can incomes in financial markets be deserved? A justice-based critique", in: dies. (Hrsg.): *Just Financial Markets? Finance in a Just Society.* Oxford: Oxford University Press, 2017, 103–121.

Herzog, Lisa und Axel Honneth (Hrsg.): *Der Wert des Marktes. Ein philosophisch-ökonomischer Diskurs vom 18. Jahrhundert bis zur Gegenwart.* Berlin: Suhrkamp, 2014.

Herzog, Lisa: „Markets", in: *The Stanford Encyclopedia of Philosophy* (2013/2017). Hrsg. Edward N. Zalta, https://plato.stanford.edu/entries/markets/.

Hirsch, Fred: *Social Limits to Growth.* Cambridge: Harvard University Press, 1976.

Hobbes, Thomas: *Leviathan.* Hrsg. Hermann Klenner, übersetzt von Jutta Schlösser. Hamburg: Meiner Verlag, 1996 [1651].

Höffe, Otfried: „Subsidiarität als Gesellschafts- und Staatsprinzip", *Swiss Political Science Review* 3(3) (1997), 1–31.

Höffe, Otfried (Hrsg.): *Einführung in die utilitaristische Ethik.* Tübingen: Narr Francke Attempto/UTB, 1992/2013.

Holmes, John Haynes: „Salute to Montgomery", *Liberation* 1(10) (1956).

Honneth, Axel: *Das Recht der Freiheit: Grundriss einer demokratischen Sittlichkeit.* Berlin: Suhrkamp, 2011/2013.

hooks, bell: *Ain't I a Women: Black Women and Feminism.* Boston: South End Press, 1981.

Horkheimer, Max: „Traditionelle und kritische Theorie", in: ders.: *Gesammelte Schriften, Band 4: Schriften 1936–1941.* Frankfurt am Main: Fischer, 1988 [1937], 188–242.

Hountondji, Paulin J.: „Die Stimme des Herrn – Bemerkungen zum Problem der Menschenrechte in Afrika", in: *Afrikanische politische Philosophie: Postkoloniale Positionen.* Hrsg. Franziska Dübgen und Stefan Skupien. Berlin: Suhrkamp, 2015, 149–167.

Hunt, Lynn: *The Family Romance of the French Revolution.* Berkeley: University of California Press, 1992.

Illing, Gerhard und Manfred J. Holler: *Einführung in die Spieltheorie.* Berlin: Springer, 1991/2019.

Intergovernmental Panel on Climate Change (IPCC): Bericht AR5: 2013/2014 https://www.ipcc.ch/site/assets/uploads/2018/11/AR6_brochure_en.pdf.

International Bank for Reconstruction and Development/The World Bank: *Piecing Together The Poverty Puzzle – Poverty and Shared Prosperity 2018.* Washington DC, 2018, https://openknowledge.worldbank.org/bitstream/handle/10986/30418/9781464813306.pdf

Kant, Immanuel: *Grundlegung zur Metaphysik der Sitten.* Hrsg. Bernd Kraft und Dieter Schönecker. Hamburg: Meiner Verlag, 1999 [1785].

Kant, Immanuel: *Die Metaphysik der Sitten.* Hrsg. Hans Ebeling. Stuttgart: Reclam, 1990 [1797].

Kant, Immanuel: *Zum ewigen Frieden – Ein philosophischer Entwurf.* Hsrg. von Theodor Valentiner. Stuttgart: Reclam 2002 [1795].

Karsch, Margret: *Feminismus: Geschichte, Positionen*. Bonn: Bundeszentrale für Politische Bildung, 2016.

Keil, Geert: *Willensfreiheit und Determinismus*. Stuttgart: Reclam, 2009.

Kelly, Kevin: *The Inevitable. Understanding the 12 Technological Forces that Will Shape Our Future*. New York: Viking, 2016.

Kerstin, Wolfgang (Hrsg): *Klassiker auslegen: Thomas Hobbes, Leviathan*. Berlin: Akademie Verlag, 2008.

Keynes, John Maynard: *Allgemeine Theorie der Beschäftigung, des Zinses und des Geldes*. Übersetzt von Fritz Wagner, München/Berlin: Duncker & Humblot, 1960/2009 [1936].

Park, Peter K. J.: *Africa, Asia, and the History of Philosophy: Racism in the Formation of the Philosophical Canon, 1780–1830*. Albany: State University of New York Press, 2013.

Laclau, Ernesto und Chantal Mouffe: *Hegemonie und radikale Demokratie*. Wien: Passagen, 1991 [1985].

Ladwig, Bernd: *Moderne politische Theorie*. Schwalbach am Taunus: Wochenschau, 2009.

Landemore, Hélène: *Democratic Reason: Politics, Collective Intelligence, and the Rule of the Many*. Princeton, Princeton University Press, 2013.

Lear, Jonathan: *Radical Hope. Ethics in the Face of Cultural Devastation*. Cambridge: Harvard University Press, 2008.

Ledyard, John O.: „Market Failure", in: *The New Palgrave Dictionary of Economics*. Hrsg. Steven N. Durlauf und Lawrence E. Blume. London: Palgrave Macmillan, 2008/2017.

Lenz, Ilse: *Die neue Frauenbewegung in Deutschland: Abschied vom kleinen Unterschied – Eine Quellensammlung*. Wiesbaden: Verlag für Sozialwissenschaften, 2008.

Lichtenberg, Judith: „Negative duties, positive duties, and the „new harms"", *Ethics* 120(3) (2010), 557–578.

Linden, Harry van der und Josh Clark: „Economic Migration and Justice", *International Journal of Applied Philosophy* 19(1) (2005), 45–61.

List, Christian: „Social Choice Theory", in: *The Stanford Encyclopedia of Philosophy* (2016). Hrsg. Edward N. Zalta, http://plato.stanford.edu/entries/social-choice/.

Lloyd, Sharon A. und Susanne Sreedhar: „Hobbes's Moral and Political Philosophy", in: *The Stanford Encyclopedia of Philosophy* (2002/2014). Hrsg. Edward N. Zalta, https://plato.stanford.edu/archives/spr2014/entries/hobbes-moral/.

Locke, John: *Zwei Abhandlungen über die Regierung*. Hrsg. Walter Euchner. Frankfurt am Main: Suhrkamp, 1777 [1689].

Lohmann, Georg und Arnd Pollmann: *Menschenrechte – Ein interdisziplinäres Handbuch*. Stuttgart: Metzler, 2012.

Loick, Daniel: *Anarchismus zur Einführung*. Hamburg: Junius Verlag, 2017.

López-Farjeat, Luis Xavier: „Al-Farabi's Psychology and Epistemology", in: *The Stanford Encyclopedia of Philosophy* (2016). Hrsg. Edward N. Zalta, https://plato.stanford.edu/entries/al-farabi-psych/.

Lovejoy, Arthur Oncken: *Die große Kette der Wesen: Geschichte eines Gedankens*. Frankfurt am Main: Suhrkamp, 1985 [1936].

Luhmann, Niklas: *Soziale System – Grundriss einer allgemeinen Theorie*. Frankfurt am Main: Suhrkamp 1984.

Luhmann, Niklas: *Die Gesellschaft der Gesellschaft*. Frankfurt am Main: Suhrkamp, 1997.

Luxemburg, Rosa: „Die Russische Revolution", in: dies.: *Gesammelte Werke*. Bd. 4, Berlin: Dietz, 1974 [1918].

MacAskill, William: „Effective Altruism: Introduction", *Essays in Philosophy* 18(1) (2017), 1–5.

MacCallum, Gerald C. Jr.: „Negative and Positive Freedom", *The Philosophical Review* 76(3) (1967), 312–334.

Machiavelli, Niccolò: *Der Fürst*. Übersetzt von Philipp Rippel. Stuttgart: Reclam, 1986/2007 [1513].

Mantena, Karuna: „Another Realism: The Politics of Ghandhian Nonviolence", *American Political Science Review* 106(2) (2012), 455–470.

Marshall, Thomas Humphrey: *Bürgerrechte und soziale Klassen – Zur Soziologie des Wohlfahrtsstaates*. Frankfurt: Campus Verlag, 1992 [1949].

Marx, Karl: „Zur Judenfrage", in: *Marx-Engels-Werke, Band 1: 1839–1844*. Berlin: Dietz Verlag, 2017 [1843], 347–377.

Marx, Karl: *Das Kapital*, in: *Marx-Engels-Werke, Band 23*. Berlin: Dietz Verlag, 1962 [1867].

Marx, Karl: *Zur Kritik der politischen Ökonomie*, Vorwort, in: *Marx-Engels-Werke, Band 13*. Berlin: Dietz Verlag, 1961 [1859], 7–11.

Mbembe, Achille: *Kritik der schwarzen Vernunft*. Berlin: Suhrkamp, 2014.

McAfee, Noëlle: „Feminist Philosophy", in: *The Stanford Encyclopedia of Philosophy* (2018). Hrsg. Edward N. Zalta, https://plato.stanford.edu/entries/feminist-philosophy/.

Menke, Christoph und Arnd Pollmann: *Philosophie der Menschenrechte zur Einführung*. Hamburg: Junius 2017.

Meyer, Karin: *Theorien der Intersektionalität*. Hamburg: Junius, 2017.

Meyer, Lukas: „Intergenerational Justice", in: *The Stanford Encyclopedia of Philosophy* (Summer 2016 Edition). Hrsg. Edward N. Zalta, http://plato.stanford.edu/archives/sum2016/entries/justice-intergenerational/.

Mill, John Stuart: *Collected Works of John Stuart Mill, Volume XVIII – Essays on Politics and Society Part I*. Hrsg. John Robson, Toronto: University of Toronto Press, London: Routledge and Kegan Paul, 1977.

Mill, John Stuart: *On Liberty/Über die Freiheit*. Stuttgart: Reclam, 2009 [1859].

Mill, John Stuart: *Die Hörigkeit der Frau*. Übersetzt von Jenny Hirsch, Berlin: Berggold 1869/1872 [1869].

Mill, John Stuart: *Utilitarianism/Der Utilitarismus*. Stuttgart: Reclam, 1976/2010 [1861/1871].

Miller, David L.: *On Nationality*. Oxford: Oxford University Press, 1985.

Miller, David L.: *Political Philosophy – A very short Introduction*. Oxford: Oxford University Press, 2003.

Miller, David L.: „Why Immigration Controls Are Not Coercive: A Reply to Arash Abizadeh", *Political Theory* 38(1) (2010), 111–120.

Miller, Fred: „Aristotle's Political Theory", in: *The Stanford Encyclopedia of Philosophy* (1996/2018). Hrsg. Edward N. Zalta, https://plato.stanford.edu/entries/aristotle-politics/.

Mills, Charles Wade: „Retrieving Rawls for Racial Justice? A Critique of Tommie Shelby“, *Critical Philosophy of Race* 1(1) (2013), 1–27.

Mills, Charles W.: *The Racial Contract*. Ithaca: Cornwell University Press, 1999.

Moellendorf, Darrel und Heather Widdows: „Global Ethics: A short Reflection on Then and Now“, *Journal of Global Ethics* 10(3) (2014), 319–325.

Moellendorf, Darrel: „Hope as a Political Virtue“, *Philosophical Papers* 35(3) (2010), 413–433.

Moellendorf, Darrel: *The Moral Challenge of Dangerous Climate Change: Values, Poverty, and Policy*. Cambridge/New York: Cambridge University Press, 2014.

Montesquieu, Charles-Louis Secondat, Baron de la Brède et de: *Vom Geist der Gesetze*. Auswahl, Übersetzung und Einleitung von Kurt Weigand. Stuttgart: Reclam, 1965/2011 [1748].

Moyo, Dambisa: *Dead Aid: Why Aid is Not Working and How There is a Better Way For Africa*. New York: Farrar, Straus and Giroux, 2009.

Mulhall, Stephen und Adam Swift: *Liberals and Communitarians*. Malden/Oxford: Blackwell, 1992/1996.

Müller, Jan-Werner: *Was ist Populismus? Ein Essay*. Berlin: Suhrkamp, 2016.

Müller, Vincent C. und Nick Bostrom: „Future Progress in Artificial Intelligence: A Survey of Export Opinion“, in: *Fundamental Issues of Artificial Intelligence*. Hrsg. Vincent C. Müller, Berlin: Springer, 2016, 553–571.

Nagel, Thomas: „The Problem of Global Justice“, *Philosophy & Public Affairs* 33 (2) (2005), 113–147.

Neuhäuser, Christian: *Reichtum als moralisches Problem*. Berlin: Suhrkamp, 2018.

Nickel, James: „Human Rights“, in: *The Stanford Encyclopedia of Philosophy* (2003/2014). Hrsg. Edward N. Zalta, https://plato.stanford.edu/entries/rights-human/.

Nordhaus, William D.: *A Question of Balance: Weighing the Options on Global Warming Policies*. New Haven: Yale University Press, 2008.

North, Douglas Cecil: *Institutions, Institutional Change and Economic Performance*. Cambridge: Cambridge University Press, 1991.

Nozick, Robert: *Anarchie, Staat, Utopia*. München: MVG-Moderne Verlag, 1983 [1974].

Nussbaum, Martha und Amartya Sen (Hrsg.): *The Quality of Life*. Oxford: Clarendon Press, 1993.

O'Neil, Cathy: *Angriff der Algorithmen. Wie sie Wahlen manipulieren, Berufschancen zerstören und unsere Gesundheit gefährden*. München: Hanser, 2017.

O'Neill, Martin und Thad Williamson (Hrsg.): *Property-Owning Democracy: Rawls and Beyond*. Hoboken: Wiley-Blackwell, 2012.

Okin, Susan Moller: *Justice, Gender, and the Family*. New York: Basic Books, 1989.

Oreskes, Naomi und Erik M. Conway: *Merchants of Doubt – How a Handful of Scientists Obscured the Truth on Issues from Tobacco Smoke to Global Warming*. London: Bloomsbury, 2010.

Orwell, Georg: *1984*. Übersetzt von Michael Walter. Frankfurt am Main: Ullstein, 1994 [1949].

Ottmann, Henning: *Geschichte des politischen Denkens. Von den Anfängen bei den Griechen bis auf unsere Zeit*. Stuttgart: J.B. Metzler, 2003.

Parijs, Philippe van: *Real Freedom for All: What (if anything) can justify capitalism?* New York: Oxford University Press, 1995.

Pariser, Eli: *Filter Bubble: Wie wir im Internet entmündigt werden*. Übersetzt von Ursula Held. München: Hanser, 2012/ 2017.

Parkinson, John und Jane Mansbridge (Hrsg.): *Deliberative Systems: Deliberative Democracy At The Large Scale*. Cambridge: Cambridge University Press, 2013.

Pateman, Carole: *The Sexual Contract*. Cambridge: Polity Press, 1988.

Pettit, Philip: *Gerechte Freiheit: Ein moralischer Kompass für eine gerechte Welt*. Berlin: Suhrkamp, 2015.

Pettit, Philip: *Republicanism: A Theory of Freedom and Government*. Oxford: Oxford University Press, 1997/2010.

Piketty, Thomas: *Capital in the 21st Century*. Cambridge, MA: Harvard University Press, 2014.

Platon: *Der Staat*. Übers. und hg. von Gernot Krapinger. Stuttgart: Reclam, 2017.

Pocock, John Greville Agard: *The Machiavellian moment: Florentine political thought and the Atlantic republican tradition*. Princeton: Princeton University Press, 1975/2003.

Pogge, Thomas Winfried Menko: „Are We Violating the Human Rights of the World's Poor?", *Yale Human Rights and Development Law Journal* 14(2) (2011), 1–33.

Pogge, Thomas Winfried Menko: *Weltarmut und Menschenrechte. Kosmopolitische Verantwortung und Reformen*. Übersetzt von Anna Wehofsits. Berlin/ New York: De Gruyter, 2011 [2002].

Polanyi, Karl: *The Great Transformation – Politische und ökonomische Ursprünge von Gesellschaften und Wirtschaftssystemen*. Übersetzt von Heinrich Jelinek. Frankfurt am Main: Suhrkamp, 1973 [1944].

Proudhon, Pierre-Joseph: *Was ist Eigentum? Erste Denkschrift*. Wien: Monte Verita, 1992 [1896].

Putnam, Robert David: *Bowling Alone – The Collapse and Revival of American Community*. New York: Simon & Schuster, 2000.

Rawls, John: „The Independence of Moral Theory", *Proceedings and Addresses of the American Philosophical Association* 48 (1974–5), 5–22.

Rawls, John: *Das Recht der Völker*. Hrsg. Wilfried Hinsch und Lutz Wingert. Übersetzt von Wilfried Hinsch. Berlin/New York: De Gruyter, 2002 [1999].

Rawls, John: *Eine Theorie der Gerechtigkeit*. Frankfurt am Main: Suhrkamp, 1975/1979 [1971].

Rawls, John: *A Theory of Justice: Revised Edition* (Cambridge, MA: Harvard University Press, 1999).

Rawls, John: „Social Unity and Primary Goods", in: *Utilitarianism and Beyond*. Hrsg. Amartya Sen und Bernard Williams. Cambridge: Cambridge University Press, 1982, 159–186.

Raz, Joseph: *The Morality of Freedom*. Oxford: Oxford University Press, 1986.

Reich, Robert B.: *Rettet den Kapitalismus! Für alle, nicht nur für 1%*. Übersetzt von Bernhard Schmid. Frankfurt/New York: Campus Verlag, 2016.

Reiman, Jeffrey H.: „Privacy, Intimicy, and Personhood", *Philosophy and Public Affairs* 6(1) (1976), 26–44.

Renan, Ernest: *Was ist eine Nation? Rede am 11.März 1882 an der Sorbonne.* Ausgabe unter Mitwirkung von Walter Euchner, Hrsg. Sabine Groenewold. Hamburg: Europäische Verlagsanstalt, 1996 [1882].

Reese-Schäfer, Walter (Hrsg.): *Handbuch Kommunitarismus.* Wiesbaden: Springer Reference Geisteswissenschaften, 2018.

Reybrouck, David van: *Gegen Wahlen. Warum Abstimmen nicht demokratisch ist.* Göttingen: Wallstein, 2016.

Risse, Mathias: „How Does the Global Order Harm the Poor?", *Philosophy and Public Affairs* 33(4) (2005), 349–376.

Robeyns, Ingrid: „The Capability Approach", in: *The Stanford Encyclopedia of Philosophy* (2011/2016). Hrsg. Edward N. Zalta, https://plato.stanford.edu/entries/capability-approach/.

Robeyns, Ingrid: „When Will Society Be Gender Just?" in: *The Future of Gender.* Hrsg. J. Browne. Cambridge: Cambridge University Press, 2007, 54–74.

Ronzoni, Miriam: „The Global Order: A Case of Background Injustice? A Practice-Dependent Account", *Philosophy and Public Affairs* 37(3) (2009), 229–256.

Roodman, David: *Due Diligence. An Impertinent Inquiry into Microfinance.* Washington D.C.: Center for Global Development, 2011.

Roser, Dominic und Christian Seidel: *Ethik des Klimawandels: Eine Einführung.* Darmstadt: WBG, 2015.

Rossi, Enzo and Matt Sleat: „Realism in Normative Political Theory", *Philosophy Compass* 9/10 (2014), 689–701.

Rössler, Beate: *Der Wert des Privaten.* Frankfurt am Main: Suhrkamp, 2001.

Rousseau, Jean-Jacues: *Du Contrat Social/Vom Gesellschaftsvertrag.* Stuttgart: Reclam, 1977/2010 [1762].

Rubenstein, Jennifer Cyd: *Between Samaritarians and States: The Political Ethics of Humanitarian INGOs.* Oxford: Oxford University Press, 2015.

Sachs, Jeff: *The End of Poverty: Economic Possibilities for Our Time.* New York: Penguin Press, 2005.

Sandel, Michael J.: „The Procedural Republic and the Unencumbered Self", *Political Theory* 12(1) (1984), 81–96.

Sandel, Michael J.: *Liberalism and the Limits of Justice.* Cambridge: Cambridge University Press, 1985/1998.

Sartre, Jean-Paul: *Die schmutzigen Hände.* Übersetzt von Eva Groepler, Hrsg. Vincent von Wroblewsky. Reinbek bei Hamburg: Rowohlt, 1989/2005 [1948].

Satz, Debra: *Von Waren und Werten: Die Macht der Märkte und warum manche Dinge nicht zum Verkauf stehen sollten.* Hamburg: Hamburger Edition, 2013.

Scharpf, Fritz W.: *Regieren in Europa. Effektiv und demokratisch?* Frankfurt am Main/New York: Campus, 1999.

Scheffler, Samuel: *Human Morality.* Oxford University Press, 1992.

Schmitt, Carl: *Der Begriff des Politischen.* Berlin: Duncker & Humblot, 1963 [1932].

Schumpeter, Joseph Alois: *Kapitalismus, Sozialismus und Demokratie.* Bern: Francke, 1946/1950 [1942].

Sen, Amartya K.: *Poverty and Famines. An Essay on Entitlement and Deprivation*. Oxford: Oxford University Press, 1983.

Sen, Amartya K.: *Die Idee der Gerechtigkeit*. München: DTV, 2013.

Sen, Amartya K.: „The Moral Standing of the Market“, *Social Philosophy and Policy* 2(2) (1985), 1–19.

Shelby, Tommie: „Race and Ethnicity, Race and Social Justice: Rawlsian Considerations“, *Fordham Law Review* 72(5) (2004), 1697–1714.

Simmel, Georg: „Über sociale Differenzierung“, in: ders.: *Gesamtausgabe Band 2: Aufsätze 1887–1890*. Frankfurt am Main: Suhrkamp, 1999 [1890], 109–295.

Singer, Peter: „Famine, Affluence and Morality“, *Philosophy and Public Affairs* 1(3) (1972), 229–243.

Singer, Peter: „Hunger, Wohlstand und Moral“, in: *Weltarmut und Ethik*. Hrsg. Barbara Bleisch und Peter Schaber. Paderborn: Mentis, 2007/2009, 37–51.

Singer, Peter: *Praktische Ethik*. Stuttgart: Reclam, 1984/2013 [1979].

Skinner, Quentin: „Meaning and Understanding in the History of Ideas", *History and Theory* 8(1) (1969), 3–53.

Skinner, Quentin: *Liberty before Liberalism*. Cambridge: Cambridge University Press, 1998/2008.

Skyrms, Brian: *The Stag Hunt and the Evolution of Social Structure*. Cambridge: Cambridge University Press, 2004.

Smith, Adam: *Der Wohlstand der Nationen – Eine Untersuchung seiner Natur und seiner Ursachen*. Übersetzt von Horst Claus Recktenwald. München: Beck, 1974 [1776].

Solomon, Susan, Diane J. Ivy, Doug Kinnison, Michael J. Mills, Ryan R. Neely Ill, und Anja Schmidt: „Emergence of healing in the Antarctic ozone layer“, *Science* 353 (6296) (2016), 269–274.

Song, Sarah: „Multicalteralism“, in: *The Stanford Encyclopedia of Philosophy* (2017) Hrsg. Edward N. Zalta, <https://plato.stanford.edu/archives/spr2017/entries/multiculturalism/>.

Soroush, ʻAbdolkarim: *Reason, Freedom & Democracy in Islam. Essential Writings of ʻAbdolkarim Soroush*. Translated, Edited, and with a Critical Introduction by Mahmoud Sadri and Ahmad Sadri. Oxford: Oxford University Press, 2000.

Spiegler, Peter: *Behind the Model: A Constructive Critique of Economic Modeling*. Cambridge: Cambridge University Press, 2015.

Stein, Tine: „Religion“, in: *Politische Theorie – 25 umkämpfte Begriffe zur Einführung*. Hrsg. Gerhard Göhler, Mattias Iser und Ina Kerner. Wiesbaden: Verlag für Sozialwissenschaften, 2004/2011, 324–338.

Sternberger, Dolf: „Verfassungspatriotismus. Rede bei der 25-Jahr-Feier der Akademie für Politische Bildung“, in: ders: *Schriften* X. Hrsg. Peter Haungs u.a. Frankfurt am Main: Insel, 1990, 17–31.

Strawson, Peter F.: „Freedom and Resentment“, *Proceedings of the British Academy* 48(1962), 1–25.

Strecker, David: „Multikulturalismus“, in: *Politische Theorie – 25 umkämpfte Begriffe zur Einführung*. Hrsg. Gerhard Göhler, Mattias Iser und Ina Kerner. Wiesbaden: Verlag für Sozialwissenschaften, 2004/2011, 257–272.

Sunstein, Cass R.: *#Republic: divided democracy in the age of social media.* Princeton University Press, 2017.

Swift, Adam: *Political Philosophy: A Beginners' Guide for Students and Politicians.* Cambridge: Polity Press, 2006.

Taylor, Charles: „What's Wrong with Negative Liberty?“, in: *The Idea of Freedom. Essays in Honour of Isaiah Berlin.* Hrsg. Alan Ryan. Oxford: Oxford University Press, 1979, 175–193.

Taylor, Charles: „Atomism“, in: *Communitarism and Individualism.* Hrsg. Shlomo Avineri und Avner De-Shalit. New York: Oxford University Press, 1992, 29–50.

Thoreau, Henry David: *Über die Pflicht zum Ungehorsam gegen den Staat / Civil Disobedience.* Zweisprachige Ausgabe, übersetzt von Walter E. Richartz. Zürich: Diogenes 2004 [1848].

Tocqueville, Alexis de: *Über die Demokratie in Amerika.* Stuttgart: Reclam, 2006 [1835/1840].

Tönnies, Ferdinand: *Gemeinschaft und Gesellschaft. Grundbegriffe der reinen Soziologie.* Darmstadt: Wissenschaftliche Buchgesellschaft, 2010 [1887].

Tolstoi, Leo: *Das Reich Gottes ist in Euch.* Hrsg. Ulrich Klemm. Aschaffenburg: Alibri, 2018 [1894].

Tremmel, Jörg: *Eine Theorie der Generationengerechtigkeit.* Münster: Mentis, 2012.

Valentini, Laura: „Ideal vs. Non-Ideal Theory: A Conceptual Map“, *Philosophy Compass* 7(9) (2012), 654–664.

Valentini, Laura: *Justice in a Globalized World.* Oxford: Oxford University Press, 2011.

Wall, Steven: „Perfectionism in Moral and Political Philosophy“, in: *The Stanford Encyclopedia of Philosophy* (2012). Hrsg. Edward N. Zalta, http://plato.stanford.edu/archives/win2012/entries/perfectionism-moral/.

Walzer, Michael: „Political action: The Problem of Dirty Hands“, *Philosophy and Public Affairs* 2(2) (1973), 160–180.

Walzer, Michael: *Sphären der Gerechtigkeit – Ein Plädoyer für Pluralität und Gleichheit.* Übersetzt von Hanne Herkommer. Frankfurt/ New York: Campus Verlag, 1992/2006 [1983].

Warren, Samuel Dennis und Louis Dembitz Brandeis: „The Right to Privacy“, *Harvard Law Review* 4(5) (1890), 193–220.

Weber, Max: *Die protestantische Ethik und der Geist des Kapitalismus.* Hrsg. Dirk Kaesler. München: Beck, 2004 [1904].

Weber, Max: *Politik als Beruf,* in: ders.: *Wissenschaft als Beruf 1917/1919, Politik als Beruf 1919,* hg. von Wolfgang J. Mommsen und Wolfgang Schluchter in Zusammenarbeit mit Birgitt Morgenbrod. Tübingen: J.C.B. Mohr (Paul Siebeck), 1992 [1917/1919].

Wellman, Christopher Heath und Philip Cole: *Debating the Ethics of Immigration: Is there a Right to Exclude?* Oxford: Oxford University Press, 2011.

Wellman, Christopher Heath: „Immigration and Freedom of Association“, *Ethics* 119(1) (2008), 109–141.

Wenar, Leif: *Blood Oil: Tyrants, Violence, and the Rules that Run the World.* Oxford: Oxford University Press, 2015.

Wenar, Leif: „Rights“, in: *The Stanford Encyclopedia of Philosophy* (2005/2015). Hrsg. Edward N. Zalta, http://plato.stanford.edu/archives/fall2015/entries/rights/.

White, Jonathan und Lea Ypi: *The Meaning of Partisanship*. Oxford: Oxford University Press, 2016.

Widerquist, Karl: *Independence, Propertylessness, and Basic Income: A Theory of Freedom as the Power to Say No*. Basingstoke: Palgrave Macmillan, 2013.

William La Rue, Frank: *Report of the Special Rapporteur on the promotion and protection of the right to freedom of opinion and expression*, 2011, https://www2.ohchr.org/English/bodies/hrcouncil/docs/17session/A.HRC.17.27_en.PDF.

Wolff, Robert Paul: *In Defense of Anarchism*. Berkeley: University of California Press, 1998 [1970].

Wollstonecraft, Mary: *A Vindication of the Rights of Woman with Strictures on Political and Moral Subjects*. Harmondsworth: Penguin, 1972 [1792].

Wurster, Stefan: „Comparing ecological sustainability in autocracies and democracies", *Contemporary Politics* 19(1) (2013), 76–93.

Young, Iris Marion: *Justice and the Politics of Difference*. Princeton: Princeton University Press, 1990/2011.

Young, Iris Marion: *Responsibility for Justice*. Oxford: Oxford University Press, 2011.

Zehnpfennig, Barbara (Hrsg.): *Die Federalist Papers*. München: Beck, 2007.

Zuboff, Shoshana: *Das Zeitalter des Überwachungskapitalismus*. Übersetzt von Bernhard Schmid. Frankfurt am Main: Campus, 2018.

Zürn, Michael: *Regieren jenseits des Nationalstaates: Globalisierung und Denationalisierung als Chance*. Frankfurt am Main: Suhrkamp, 1998.

Bildquellen

Nordsee, St. Peter Ording, Foto: Volker Spörer, 2014, lizensiert als CC unter https://commons.wikimedia.org/wiki/File:Nordsee,_St._Peter_Ording,_Germany.JPG

Isaiah Berlin, Foto: Rob C. Croes (ANEFO) 1983, GaHetNa (Nationaal Archief NL), lizensiert als CC unter https://commons.wikimedia.org/wiki/File:IsaiahBerlin1983.jpg?uselang=de

The American philosopher John Rawls, Harvard University News office

Aushang an dem Wohngebäude Fliederstraße 5 in der Nordstadt von Hannover, Foto: Bernd Schwabe, 2018, lizensiert als CC unter https://commons.wikimedia.org/wiki/File:Fliederstra%C3%9Fe_5,_Nordstadt,_Hannover,_Energieeinsparverordnung_EnEV_Mieterh%C3%B6hung_(11).jpg

Rosenmontagszug Köln 2019, Foto: Raimond Spekking, lizensiert als CC unter https://commons.wikimedia.org/wiki/File:Rosenmontagszug_K%C3%B6ln_2019-6349.jpg?uselang=de

Frau mit Niqab am Toten Meer, Foto: Ji-Elle, 2016, lizensiert als CC unter https://commons.wikimedia.org/wiki/File:2016-Niqab-Mer_Morte-Jordanie_(2).jpg

Mexico City - Palacio Nacional. Mural (1929-1945) by Diego Rivera: Exploitation of Mexico by Spanish Conquistadors, Foto: Wolfgang Sauber, 2008, lizensiert als CC unter https://commons.wikimedia.org/wiki/File:Murales_Rivera_-_Ausbeutung_durch_die_Spanier_1.jpg

PRISM-Demo der Piratenpartei zum Besuch des amerikanischen Präsidenten Barack Obama, Foto: Mike Herbst, 2013, lizensiert als CC unter https://de.wikipedia.org/wiki/Datei:Berlin_2013_PRISM_Demo.jpg

Rainbow Gathering trader circle. Photograph taken on July 5 at the 2005 Rainbow Gathering in Cranberry, West Virginia, Foto: Jaknouse 2005, Public domain

Leitspruch der 50. Aktion: „Es ist genug für alle da!“, Brot für die Welt, 2008, lizensiert als CC unter https://commons.wikimedia.org/wiki/File:Poster_Es_ist_genug_fuer_alle_da.jpg

Leaders not Liars, Foto: Ed Everett, 2016, lizensiert als CC unter https://commons.wikimedia.org/wiki/File:Brexit_June-2016_0016_(27932981406).jpg

Real Fake, Foto: Cole Camplese, 2017, lizensiert als CC unter https://commons.wikimedia.org/wiki/File:Real_Fake_(36373610695).jpg

Börsenmakler vor einer Anzeigetafel die einen Börsencrash zeigt fasst sich an den Kopf, picture alliance #109374453 / imageBROKER, Fotograf: Simon Belcher

Landshut 1975, Foto: Ken Fielding, lizensiert als CC unter https://commons.wikimedia.org/wiki/File:D-ABCE_B737-230C_Lufthansa_MAN_24OCT75_(6141698947).jpg

Festakt zur Verleihung der Carl-von-Ossietzky-Medaille 2014 der Internationalen Liga für Menschenrechte an Edward Snowden, Laura Poitras and Glenn Greenwald. Beginn der Videokonferenz via Google Hangout, Foto: Michael F. Mehnert, 2014, lizensiert als CC unter https://commons.wikimedia.org/wiki/File:Carl-von-Ossietzky-Medaille_2014-12-14_2.jpg

Underaged refugee in a camp located at the northeastern Greek island of Lesbos, 30 January 2016, Foto: Mstyslav Chernov/Unframe, lizensiert als CC unter https://commons.wikimedia.org/wiki/File:Underaged_refugee_in_a_camp_located_at_the_northeastern_Greek_island_of_Lesbos,_30_January_2016.jpg#

The Kiss, Foto: Thomas Leuthard, 2012, lizensiert als CC unter https://commons.wikimedia.org/wiki/File:The_Kiss_(8013366771).jpg

Alle weiteren Abbildungen sind gemeinfrei oder wurden von Autorin oder Verlag selbst erstellt.

Glossar

Autorität
Befugnis zur Machtausübung, die gerechtfertigt und deshalb legitim ist, z.B. durch staatliche Institutionen

Demokratie
Herrschaft durch das Volk, meist als *repräsentative* Demokratie durch Volksvertreter*innen

Digitale Transformation
Veränderung der Gesellschaft durch den Einsatz digitaler Technologien, z.B. sozialer Medien

Egalitarismus, moralischer
Annahme der moralischen Gleichheit aller Menschen

Freiheit
Oberbegriff für geschützte persönliche Freiräume (negative Freiheit), individuelle oder kollektive Autonomie (positive Freiheit) sowie die Abwesenheit von Beherrschung (republikanische Freiheit)

Gerechtigkeit
normative Rechtfertigbarkeit sozialer Beziehungen, oft bezogen auf die Verteilung von Gütern in einer Gesellschaft

Gesellschaftsvertrag
Gedankenmodell eines freiwillig abgeschlossenen Vertrages aller Gesellschaftsmitglieder, das die Zustimmungsfähigkeit von Institutionen überprüfen soll

Gewaltenteilung
Verteilung von Zuständigkeiten auf unterschiedliche Institutionen der Staatsgewalt, klassisch unterteilt in Legislative, Exekutive und Judikative

Gleichheit
Gleichbehandlung oder gleicher Status, z.B. aller Menschen vor dem Gesetz

Institutionen
formelle und informelle „Spielregeln“ der Gesellschaft, in der Regel mit Sanktionen bei Nichteinhaltung verbunden

Klimagerechtigkeit
normativ rechtfertigbare Verteilung der Kosten, die durch den Klimawandel entstehen

Kommunitarismus
Strömung der politischen Philosophie, die die Natur des Menschen als Gemeinschaftswesen betont

Liberalismus
Strömung der politischen Philosophie, die die moralische Bedeutung der Freiheit betont

Migration
Bewegung von Individuen über Landesgrenzen hinweg, oft mit der Absicht, sich ein Leben im Ankunftsland aufzubauen

Politik
Gestaltung der öffentlichen Ordnung einer Gesellschaft und Auseinandersetzung um gesellschaftliche Macht

Recht
mit staatlicher Durchsetzungsgewalt verbundene Ansprüche von Individuen oder Gruppen gegeneinander oder gegen den Staat

„Schleier des Nichtwissens“
Begriff von John Rawls, der das Herausfiltern von Informationen über die eigene Identität beim Abschluss des Gesellschaftsvertrags beschreibt und damit Prinzipien der Gerechtigkeit für die Grundstruktur der Gesellschaft formuliert.

Solidarität
Gefühl der Verbundenheit, das sich in Praktiken oder Institutionen der gegenseitigen Unterstützung ausdrückt

Staat
höchste politische Institution eines Landes, die das Gewaltmonopol inne hat

Utilitarismus
Strömung der politischen Philosophie und Ethik, die das Erreichen einer möglichst hohen Nutzensumme als Kriterium des moralisch Richtigen vertritt

Verfassungspatriotismus
emotionale und kognitive Bindung an die Verfassung eines Landes bei gleichzeitigem kritischen Bewusstsein seiner Geschichte

„Zoon Politikon"
Aristotelischer Begriff, der die Natur des Menschen als soziales und politisches Wesen beschreibt

Erfolgreich schreiben

utb.

Arian Filius, Sibille Mischer
Philosophische Texte schreiben im Studium
Basiswissen Philosophie
ISBN 978-3-8252-4667-9
W.Fink. 1. A. 2018.
162 S., 4 s/w-Abb.
€ 14,99 | € (A) 15,50

Schreibend philosophieren

Schreiben ist wichtig für den Erfolg im Philosophiestudium. Darüber hinaus kann es, wenn es gut von der Hand geht, die Freude am Studium erhöhen. Wie das geht, kann man lernen!
Ariane Filius und Sibille Mischer zeigen nicht nur, wie argumentativ bessere Texte entstehen, sondern auch, wie mithilfe des Schreibens philosophische Probleme verstanden, durchdrungen und geklärt werden können.

Mehr unter www.utb-shop.de